Hermann Langbein
Die Stärkeren

Hermann Langbein

Die Stärkeren

Ein Bericht aus Auschwitz und anderen Konzentrationslagern

Bund-Verlag

CIP-Kurztitelaufnahme der Deutschen Bibliothek

Langbein, Hermann:

Die Stärkeren: e. Bericht aus Auschwitz u. anderen Konzentrationslagern/ Hermann Langbein. – 2., überarb. Aufl. – Köln: Bund-Verlag, 1982.
1. Aufl. im Stern-Verl., Wien
ISBN 3-7663-0542-5

2. überarbeitete Auflage

Lektorat: Gunther Heyder
Herstellung: Heinz Biermann
Umschlagentwurf: Design Granzer & Herbst, Köln
Satz: Satzbetrieb Schäper GmbH, Bonn
Druck: Georg Wagner, Nördlingen
ISBN 3-7663-0542-5
Printed in Germany 1982

Inhalt

Vorwort 7

Das erste Kapitel 13
St. Cyprien 16
Gurs 25
Le Vernet 44
Auf Transport nach Deutschland 55
Dachau 58
Auschwitz 89
Im Bunker 164
Wieder Auschwitz 184
Das letzte Kapitel 255

Das Leben geht weiter 263
Anhang 281

Vorwort

Auch wenn man kein Freund von Vorworten und Einleitungen ist, muß man diesem Buch einiges vorausschicken:
Dieser Bericht über mein Leben in den Lagern – vom Feber 1939 bis zum April 1945 – wurde zwischen Herbst 1947 und dem Winterende 1947/48 geschrieben. Dann blieb er einige Zeit liegen, wurde von mir redigiert, später auf Wunsch des Verlags gekürzt und schließlich im Herbst 1949 herausgegeben. In dieser Zeit war ich gläubiger Kommunist. Am 18. Mai 1945 bin ich nach der langen Reise durch die Lager nach Wien zurückgekommen, am Tag darauf meldete ich mich bei dem Zentralkomitee der KPÖ, und nach den Pfingstfeiertagen begann ich dort mit der Arbeit; anders konnte ich es mir gar nicht vorstellen und offenbar auch nicht die Funktionäre dieser Partei. Ich wurde mit der Leitung einer zentralen Parteischule – später wurden es drei, die parallel zu leiten waren – betraut. Meine Einwände, daß ich selbst nicht genügend geschult war, um eine solche Funktion ausfüllen zu können, schob man beiseite. Später wurde ich den Verdacht nicht los, daß die führenden Funktionäre meine damals noch völlig uneingeschränkte Begeisterung für die Schulung ausnützen wollten, denn mein Hinweis, daß inzwischen viele Genossen nach Wien zurückgekehrt waren, die eine systematische Schulung in der Sowjetunion absolviert hatten und daher weit geeigneter waren, blieb unberücksichtigt. Ihnen waren Illusionen über den »ersten sozialistischen Staat der Welt« dort bereits genommen worden, die ich noch hatte und daher auch auf die Schüler übertragen zu müssen glaubte. (Ich war bis heute nie in der Sowjetunion gewesen.) Mit fanatischem Eifer stürzte ich mich auf die mir zugewiesene Aufgabe. Als ich krank wurde, unterdrückte ich so lang es mir nur möglich war, alle Anzeichen; und als ich schließlich doch ins Spital eingewiesen wurde, bestand ich dar-

auf, daß die Sekretärin der Parteischule täglich hinkam, damit ich mit ihr die dringendsten laufenden Arbeiten erledigen konnte. Viele handelten damals ähnlich: Denn wir glaubten, daß nach der Niederschlagung des mörderischen Nationalsozialismus – den wir so genau kennengelernt hatten – eine neue, andere, bessere Welt entstehen müsse; und daß wir keinen Tag verlieren dürften, um dabei mitzuhelfen.
Im Herbst 1947 wurde ich von der Funktion eines Leiters der zentralen Parteischule abgelöst. Der politische Alltag hat die erste stürmische Zeit des Wiederaufbaus abgelöst und offenbar kam das Politbüro der KPÖ zu dem Schluß, daß nun ein nach allen Regeln der Partei wohlgeschulter Genosse besser zur Leitung der Schulen geeignet sei als einer, der mehr Ergebenheit zur Partei und Begeisterung für ein sozialistisches Ideal als systematische Schulung in der kommunistischen Doktrin aufzuweisen hatte. Ohne Arbeitsgebiet geblieben, schlug ich vor, diese Zeit zu nützen, um meine Erlebnisse in den Lagern niederzuschreiben. Das wurde mir ermöglicht.
Soweit der äußere Anlaß, der mich im Herbst 1947 bewog, mit dem Manuskript dieses Berichts zu beginnen. Ich machte damals diesen Vorschlag, weil ich mich schon die ganze Zeit wunderte – ja, es nicht verstand –, daß mich niemand aufgefordert hatte, meine Erlebnisse in Auschwitz zu beschreiben; denn es war zumindest einigen bekannt, daß ich dort mehr erfahren hatte als viele andere; und daß sich der Charakter des Nationalsozialismus in Auschwitz am krassesten gezeigt hatte, wußte ich genau. Ein weiterer Grund, meine Erinnerungen zu Papier zu bringen, bestand darin, daß zwar in zahlreichen Artikeln und Broschüren die Martern und Leiden dargestellt wurden, welche die Opfer in den Konzentrationslagern zu erdulden hatten, daß aber kaum etwas über die Bemühungen der Häftlinge – und ihre dabei erreichten Erfolge – bekannt wurde, die die Kraft gefunden hatten, dem unmenschlichen Regime der SS selbst im Vernichtungslager Auschwitz Widerstand entgegenzusetzen. Ich kannte diese Versuche, die Opfer, die dabei fielen, die Erfolge, auf die man stolz sein durfte. So nannte ich auch meinen Bericht – der in den zwei Jahren gipfelt, die ich in Auschwitz zu leben hatte – »Die Stärkeren«.
Das Buch erschien in dem der KPÖ nahestehenden Stern-Verlag in kleiner Auflage; Papier war damals rar. Das Echo war nicht sehr groß; am stärksten wurde es vielleicht durch eine

Klage, die Franz Olah gegen mich erhob. Ich hatte Gespräche kurz wiedergegeben, die ich in Dachau mit ihm hatte, der dort ebenfalls als Häftling interniert war. Da ich für diese Gespräche keine Zeugen hatte, endete der Prozeß mit einem Vergleich. Ich lehnte es zwar ab, eine Ehrenerklärung abzugeben, sagte aber zu, die von Olah beanstandeten Äußerungen nicht mehr zu publizieren. Nachdem Olah – damals ein mächtiger Mann in der SPÖ – aus dieser ausgeschlossen und schließlich verurteilt worden war, trat man an mich heran, nun über Olahs Verhalten in Dachau zu schreiben. Ich lehnte das ab; und ich habe auch diejenigen Stellen nicht wieder in das Buch aufgenommen, die damals auf Grund des Vergleichs weggeblieben waren. Denn es widerstrebt mir, mich nun ihm gegenüber anders zu verhalten, nur, weil er nicht mehr den Schutz der mächtigen sozialistischen Partei hat.

Bald waren »Die Stärkeren« vergriffen. Selbst mehrere Wissenschaftler, die sich mit der Geschichte der nationalsozialistischen Konzentrationslager und speziell mit der Geschichte von Auschwitz befassen, kennen diesen Bericht nicht.

Nachdem ich mich nach meinem Bruch mit der Kommunistischen Partei nach der Niederwerfung des Aufstands in Ungarn dem widmete, was übrigblieb von den großen Illusionen, bei einer Umgestaltung der Welt zu etwas Besserem, Höherem mitwirken zu können: nämlich dem Bemühen, den Charakter der nationalsozialistischen Theorie und Praxis darzustellen, um der jungen Generation, wenn möglich, zu helfen, gegen Einflüsterungen rechtsextremistischer Kreise immun zu werden, und nachdem ich mehrere Bücher zu diesem Themenbereich veröffentlicht hatte, lagen mir meine Kinder in den Ohren, doch »Die Stärkeren« wiederaufzulegen. Andere Junge aus ihrem Bekanntenkreis schlossen sich ihnen an und auch Menschen dieser Generation, die – durch meine Publikationen auf diesen Bericht aufmerksam geworden –, ihn in Bibliotheken gelesen hatten, meinten, er sollte einem größeren Leserpublikum zugänglich gemacht werden.

Ich weigerte mich. Denn es widerstrebte mir, nachträglich Änderungen vorzunehmen; andererseits habe ich mich seit den Jahren, in denen ich den Bericht niedergeschrieben hatte, durch viele schmerzvolle Erlebnisse so deutlich geändert, daß mich heute von dem gläubigen Kommunisten dieser Epoche weit mehr als nur das nun fehlende Parteibuch unterscheidet. Kann ich Urteile, Ansichten, Kritiken, ja, den Parteijargon, der da und dort im Bericht anklingt, mehr als drei Jahrzehnte später, durch viele Erfahrungen und harte Enttäuschungen reifer geworden, unverändert wiedergeben? So blieb ich bei meiner Weigerung.

Nachdem ich zwei umfangreiche Arbeiten abgeschlossen hatte – eine Art soziologische Studie über Auschwitz, »Menschen in Auschwitz«, und den Versuch einer Zusammenfassung über den Widerstand in den nationalsozialistischen Konzentrationslagern ». . . nicht wie die Schafe zur Schlachtbank« –, war mir klar, daß ich mir keine weitere Arbeit dieses Umfanges zutrauen darf; für das zuletzt genannte Buch benötigte ich mehr als sieben Jahre und ich bin jetzt 70 Jahre alt.

Wie mancher, der im Alter auf seine Jugend zurückschaut, habe ich die Briefe zur Hand genommen, die ich aus Spanien geschrieben hatte, als ich nach der Annexion Österreichs durch Hitler im März 1938 dorthin ging, um in den Reihen der Internationalen Brigaden der jungen spanischen Demokratie gegen die faschistischen Generale mit Franco an der Spitze – und gegen Mussolini und Hitler, die deren Putsch so wirkungsvoll unterstützten – zu helfen.

Nun, diese Briefe sind ebenfalls von einem jungen, gläubigen Kommunisten geschrieben. Sie enden mit dem Rückzug der Internationalen Brigaden im Feber 1939 nach Frankreich, wo wir interniert wurden – wo der Weg durch die Lager begann, der in »Die Stärkeren« beschrieben ist. Bevor ich mich zu einer Veröffentlichung dieser Briefe entschloß, gab ich sie meinen Kindern und deren Freunden zu lesen. Sie sollten urteilen, ob sie jungen Menschen ihrer Generation etwas zu sagen haben. Ihr Urteil fiel positiv aus. Und damit brachen auch meine Argumente zusammen, die ich bisher gegen eine Neuauflage von »Die Stärkeren« anführte. »Wenn du diese Briefe mit einem entsprechenden Vor- und Nachwort veröffentlichen kannst, warum nicht auch ›Die Stärkeren‹?« So mögen sie also als Fortsetzung der Briefe, die die Gedankenwelt eines jungen, von Idealen geleiteten Österreichers widerspiegeln, der wie so viele in dieser Epoche in den Bannkreis der kommunistischen Bewegung geraten war, neuerlich herauskommen.

Und zwar unverändert, ohne Retusche. Neben den bereits erwähnten Stellen, die Olah betreffen, ließ ich lediglich auf Anregung von Freunden einen Satz aus, der einen führenden

Mann der SPD so beschreibt, daß diese Charakteristik mißdeutet werden könnte. Ich habe aber das Manuskript zur Hand genommen und diejenigen Stellen, die seinerzeit auf Wunsch des Stern-Verlags gestrichen worden waren, wieder aufgenommen, die mir wichtig genug schienen. Und schließlich habe ich einige Abschnitte umgestellt, da ich inzwischen auf Grund der mir damals nicht zugänglichen Unterlagen die Reihenfolge verschiedener Begebenheiten besser kenne als sie mir im Gedächtnis geblieben war. Selbstverständlich ist außer diesem Vorwort auch das Nachwort neu geschrieben.

Inzwischen sind zahlreiche Bücher über die nationalsozialistischen Konzentrationslager erschienen. Auch die Auschwitz-Literatur könnte eine kleine Bibliothek füllen. Vielleicht haben aber diejenigen recht, die mir rieten, das Buch neu herauszugeben: Sie meinen, daß dieser Bericht etwas zeigt, das ihn von vielen anderen unterscheidet: Vor dem Hintergrund all dessen, was in nationalsozialistischen Konzentrations- und Vernichtungslagern möglich war, beschreibt er Bemühungen, sich von dem allmächtig scheinenden Terror nicht brechen zu lassen, sich der Unmenschlichkeit dieses Systems zu widersetzen – eben stärker zu sein als die so demonstrativ auftretende Allmacht der SS.

Wenn nun mein Bericht also wieder erscheint, so mit einer Bitte an die Leser: Wenn Sie ihn zu Ende gelesen haben, mich auf meinem Weg durch die französischen Lager und nationalsozialistischen Konzentrationslager gewissermaßen begleitet haben, begleiten Sie mich auch weiter: Lernen Sie auch im Nachwort kennen, welches Schicksal ein gläubiger Kommunist, der am Kampf in Spanien und an Widerstandsorganisationen in den Konzentrationslagern teilgenommen hatte, später erfahren mußte. Ich wäre froh, wenn das vielleicht dem einen oder anderen jungen Leser helfen könnte, ähnlichen Enttäuschungen später zu entgehen.

Das soll als Einleitung genügen. Nun beginnt der Weg, den ich wie so viele andere nach der Niederlage der spanischen Republik über die Grenze nach Frankreich zu gehen hatte, beginnt mit den ersten Passagen dieses Berichtes, mit denen meine Briefe aus dem spanischen Bürgerkrieg abschließen.

Das erste Kapitel

Die Straße führt in großen Windungen steil aufwärts. Lang ist unser Zug und staubig der Weg. Bei den Biegungen der Straße kann man zurück und vor schauen: Da zieht nun das geschlagene spanische Heer, da ziehen nun die Internationalen Brigaden über den Pyrenäenpaß nach Frankreich.
Neben uns Soldaten gehen Frauen und Kinder, alte Männer, die Mulis am Strick führen, voll beladen mit Säcken und Hausgerät. Unten im Tal, aus dem die Straße kommt, rauchen noch die vielen Lagerfeuer der Nacht.
»Dort ist die Grenze.« Ein Haus wird sichtbar und davor eine Fahnenstange mit der französischen Trikolore.
»Wie werden uns die Franzosen empfangen?« Ein bisserl nervös sind wir alle.
Endlich Frieden! Vor vierzehn Monaten haben wir Teruel im Schneesturm genommen, in der Sommerhitze des vorigen Jahres den Ebro überschritten und den Feind geschlagen. Jetzt ist es Feber 1939, und Katalonien, die Nordostecke Spaniens, ist gefallen. Wie lang wird Madrid noch gehalten werden können? Wir sind besiegt.
Der Zug stockt. Die Waffen müssen abgegeben werden. Rechts neben der Straße ist ein staubiges Stückl Wiese und dort häufen sich die Gewehre. Auch ich nehme mein Gewehr von der Schulter. – Wir *waren* Soldaten.
Noch einmal geht's vorbei an André Marty, dem Chef der Internationalen Brigaden. Da steht er am Straßenrand, groß, mit seiner unvermeidlichen Baskenmütze. Ohne jedes Kommando richten wir unsere Reihen aus. Die Franzosen sollen sehen, daß wir nicht den Kopf hängen lassen.
Vor dem Zollhaus steht Garde mobile. Gute, saubre Uniformen haben sie an. Jetzt sehen wir auch, warum es so langsam vorwärts geht: Wir werden an der Grenze visitiert. Jeder ein-

zelne wird abgetastet, die Taschen, der Brotsack werden durchsucht. Es fällt kaum ein Wort, vielleicht schämen wir uns voreinander.

Wie von selbst hat sich eine Gruppe Österreicher zusammengefunden. Wir brauchen uns nur anzuschauen, wir denken alle dasselbe; viele von uns waren unter Schuschnigg schon im Gefängnis. Rudl Friemel, der Sozialdemokrat, der vor mir geht, ist als Schutzbündler lang in Wöllersdorf gesessen. Leo Engelmann, Kommunist, in Spanien Politkommissar, kennt die »Liesl«, das Polizeigefangenenhaus in Wien, sehr gut. Auch Sioma Lechtmann war trotz seiner Jugend schon ein paarmal eingesperrt.

Die Straße geht nun bergab, aber der Weg wird nicht leichter. Jetzt spüren wir's erst richtig: Wir haben den Krieg verloren. Wir sind nicht mehr Soldaten einer Freiheitsarmee. Neben uns geht ein Garde mobile mit einem Gewehr über der Schulter und ruft uns zu: »Allez, allez!«

Das also ist Frankreich? Eine staubige Straße, ein schreiender Posten neben uns.

»Ja, schrei nur!« Leos Gesicht ist voll Staub und Wut.

»Allez, allez!« Man braucht nicht viel französisch zu können, um diese Worte zu verstehen. Wenn man nur die Gesichter der Gardes mobiles anschaut, dann weiß man schon, was sie zu bedeuten haben.

Immer schärfer: »Allez, allez!«

Es geht durch ein Dorf, dessen Einwohner uns erschreckt nachschaun. Da überwinden wir unsere Müdigkeit und marschieren im Takt, eines unserer Kampflieder singend.

Die Febersonne wärmt nicht. Uns ist kalt, wir haben Hunger und Durst.

»Schau, was dort drüben ist!«

Tatsächlich, dort ist ein ganzes Depot. Kisten, Fässer und Flugzeugmotore, von Frankreich nicht über die Grenze gelassen. Das ist Anschauungsunterricht über die »Nichteinmischungspolitik«. Franco hat alles bekommen, was er wollte; der rechtmäßigen spanischen Regierung dagegen wurden nicht nur Waffen, sondern auch Lebensmittel und Medikamente von der französischen Regierung vorenthalten.

Eine der Kisten am Straßenrand ist geöffnet – Trockenmilch ist drinnen. Ich nehme eine Handvoll davon. Sie schmeckt

gut, wenn man Hunger hat. Nur bekommt man um so mehr Durst.
Nun geht die Straße schon durch die Ebene.
»Allez, allez!« Wir sind viele Stunden marschiert. Wie lange noch? Immer wieder dieselbe Antwort: Noch zwei Kilometer! Nacht wird's. Die Taschenlampen unserer Begleitposten zeigen uns Ausschnitte des Weges.
Am nächsten Morgen noch immer: »Allez, allez!«
Dann sehen wir Stacheldraht. Endlos lang. Frisch gesteckt im Küstensand. Wir schauen uns an, wie wir durch die Öffnung ins Lager hineingehen. Wir haben den Krieg verloren. Fängt jetzt für uns ein Leben hinter Stacheldraht an?

St. Cyprien

So. Also, da wären wir. Wir breiten zuerst einmal im Sand eine Decke aus und setzen uns hin. Sand, das Meer auf der einen Seite, der Stacheldraht auf der anderen. Hinter dem Stacheldraht eingebaute Maschinengewehre, bei ihnen Negersoldaten.
»So schaut also Frankreich aus. Ich habe mir's ein bisserl anders vorgestellt.«
»Du hast doch schon gesehen, wie die Franzosen sind. Sie haben doch schon einen Transport von uns nicht durchgelassen, der die Einreisebewilligung nach Mexiko gehabt hat.«
Tatsächlich hatten sich vor einigen Monaten, nachdem wir Internationale von der Front zurückgezogen worden waren, viele von uns freiwillig zur Emigration nach Mexiko gemeldet. Die mexikanische Regierung bewilligte die Einreise, die Transportkosten waren aufgebracht. Ein Schiff lag im Hafen von Bordeaux bereit. Als unsere Kameraden zur französischen Grenze fuhren, bekamen sie von freundlichen Rote-Kreuz-Schwestern eine Jause und von einem weniger freundlichen französischen Offizier die Mitteilung, daß der Transport nicht über die Grenze kann, weil »die französische Regierung nicht genügend Begleitmannschaften für den Transport nach Bordeaux hat«.
Sich einmal ausstrecken und die Schuh ausziehen, das ist gut. Und nichts denken. Nicht an das, was war und nicht an das, was sein wird. Ich muß geschlafen haben. Eine Stimme weckt mich auf.
»Na, ich sag euch, schön haben sie uns eing'setzt. Bis zum Meer ist's ein paar hundert Meter. Der Stacheldraht geht, soweit man sehen kann, immer parallel zur Küste. Und alles ist voll von Leuten. Hier vorn sind die Internationalen, weiter hinten die Spanier. Und immer kommen noch neue.«

Stacheldraht – Sand – das hat das Frankreich der »Nichteinmischung« für uns Freiheitskämpfer bereit.
Was liegt vor uns? – Was ist unsere Zukunft? – Was ist die Zukunft der Welt? – Politische Soldaten bleiben wir sicher. – Wir hatten in Spanien unser Bataillon »12. Feber-Bataillon« genannt, nach dem Tag, an dem die österreichischen Arbeiter im Jahr 1934 für ihre Freiheit gekämpft hatten. Wie oft haben wir doch im mageren Schatten der Oliven davon gesprochen, daß unser Kampf in Spanien auch unserer Heimat die Freiheit bringen muß. Das war voriges Jahr im Sommer. Im Herbst 1938 ist dann München gekommen. Das war wenige Tage nach der Rückziehung der Internationalen Brigaden von der Front.
Damals waren wir in einem kleinen Dorf einquartiert. Armselige Steinhütten, eine große, stolze Kirche in der Mitte des Ortes, ich kann mich noch genau erinnern. Es hat nur einen funktionierenden Radioapparat gegeben, an dem sind wir gesessen, haben gehört und haben nicht glauben wollen, daß das möglich ist; daß auch die Tschechoslowakei ohne Kampf dem deutschen Faschismus ausgeliefert wird.
Das sind Gedanken, die sich mit denen ablösen, wie man sich etwas zu Essen organisieren kann, wie man sich in der Nacht vor den Frösten schützt. Aber nicht nur diese Gedanken werden in den ersten Tagen nach den Kämpfen in Katalonien, nach dem endlosen Marschieren, nach dem harten Zurück in Spanien geboren. In diesen Tagen entsteht auch etwas anderes hinter dem Stacheldraht von St. Cyprien.

*

Da sind Angehörige einer Armee, die keine Armee mehr ist, da sind Offiziere, die kein Kommando mehr führen. Da sind Soldaten, die keiner Einheit mehr angehören. Die französischen Behörden wollen, daß ein chaotisches Durcheinander unter diesen Menschen entsteht, für die der festgefügte Rahmen der Armee zerbrochen, der Krieg verloren, die Zukunft grau geworden ist.
Da habt ihr euch aber verspekuliert, ihr Oberg'scheiten! Hier habt ihr es nicht mit einer Armee zu tun, die der Zwang und die Angst vor Strafe zusammengehalten hat. Hier sind Freiwillige. Für uns ist »Kamerad«, »Genosse« ein hoher Titel. So hoch wie für die anderen »Major« oder »Oberstleutnant«.

Wer verstehen kann, daß wir in der 11. Brigade in Spanien das Hackenzusammenschlagen und Habtachtstehen nur bei Paraden und festlichen Anlässen kannten, daß wir unserm Brigadechef »Toni« und »du« sagten und doch Disziplin hatten; wer verstehen kann, daß eine Armee von freiwilligen Freiheitskämpfern eine andere, höherstehende Disziplin entwickelt als die, die in den Kasernenhöfen erzeugt wird, der wird auch verstehen, daß jetzt in der Sandwüste eine Organisation ohne Zwang geschaffen wird.

Es ist nur natürlich, daß sich die Ländergruppen zusammenfinden. Wir Österreicher graben uns im Sand nebeneinander Burgen und decken sie mit Zeltplachen zu.

Sehr kalt ist es in der Nacht. Die Haare der Decke sind in der Früh weiß von Reif. Aber langsam bauen wir uns das Leben auf. Die Leiter der Landesgruppen haben sich miteinander verständigt. Ludwig Renn, der deutsche Dichter und Major der Interbrigaden, setzt mit der Autorität seiner Persönlichkeit durch, daß der französische Lagerkommandant unsere Organisation anerkennt und mit ihr verhandelt. So kommt langsam, sehr langsam, Essen ins Lager, so kommen Kochkessel, Brennmaterial, Wellblech...

Viele haben Durchfall. Es ist ja auch kein Wunder. Unterernährt, wie wir sind, schlafen wir in den kalten Febernächten im Freien. Tierkohle ist das einzige, was unser Medico – so nennen wir nach spanischem Brauch noch immer unsere Ärzte – geben kann. Sie haben durchgesetzt, daß am Strand Latrinen gebaut werden.

So stapfe ich denn heute schon zum fünften Mal durch den Sand zum Meer. Bei jedem Schritt sinkt man ein. Und dabei der Wind, der einem den Sand ins Gesicht peitscht, der einem den Mantel aufreißen will, der einen einstaubt. In den Ohren, in der Nase, in den Kleiderfalten, überall ist Sand. Wenn man ißt, knirscht er zwischen den Zähnen.

Am Strand sind auf gut halbmeter hohen Pfosten Latten befestigt. Das ist die ganze Latrine. Bis unter die Latten kommen bei Flut die Wellen und bilden die Wasserspülung. Jedesmal, wenn ich herunterkomme auf meinem Leidensweg, sehe ich die ganze Reihe von Latten dicht besetzt.

*

Im März, nachdem wir schon über einen Monat hier eingesperrt sind, bekommen wir endlich das erste Baumaterial. Großartig sind die Baracken nicht, die wir uns bauen. Drei Wände, ein Wellblechdach, die vierte Wand wird aus Dachpappe notdürftig gebildet. Der Boden ist unser Sandboden. Aber immerhin, es ist ein Dach überm Kopf.

Jetzt geht es ans Arbeiten. Rudl Hinterberger aus Linz, ein Tischler von Beruf, ein Künstler von Veranlagung, Pionieroffizier der spanischen Armee, entwirft die Pläne. Wie kann man mit möglichst wenig Holz möglichst vielen Menschen eine Unterkunft bauen? Rudl schaut hinter dicken Brillen kritisch herum, dann teilt er die Arbeit ein. Und schließlich sind alle Österreicher unter Dach.

Alles Erreichbare wird »organisiert«. In einer Baracke gibt es sogar eine Fensterscheibe. Von einem Auto, wie sie hier in der ersten Zeit herumstanden, wurde eine Windschutzscheibe abmontiert. Die Italiener haben schon etwas für die Verschönerung ihres Lagerplatzes gemacht. Zwischen den Baracken haben sie aus Bruchstücken von roten Ziegelsteinen einen Dreistern, das Zeichen unserer Interbrigaden, ausgelegt und mit weißen Muscheln schön umrahmt. Eßgeschirr ist fabriziert worden, aus allen möglichen Konservendosen sind Heferln mit Henkeln recht künstlerisch gemacht worden. Wir haben uns geholfen. Aber wie lange sollen wir im Lager bleiben?

Gerüchte gibt es viele. Einmal heißt's, daß die Franzosen uns entlassen wollen, ein anderes Mal, daß wir nach Übersee auswandern können. Wieder einmal, daß wir in ein anderes Lager übersiedeln sollen. Viele von uns lernen französisch, vor allem deshalb, weil sie die französischen Zeitungen lesen wollen und weil es immer gut ist, wenn man mehr weiß.

*

Heute ist ein Tag, der aus der langen Kette der sandgepeitschten, kalten Vorfrühlingstage herausfällt. Heute ist der 11. März.

Heute vor einem Jahr hat Schuschnigg im Radio mit seinem »Gott schütze Österreich« dem österreichischen Volk verboten, sich selbst zu beschützen. Jetzt ist eine fremde Macht in unserer Heimat und unser Österreich uns verschlossen. Wir sitzen in unserer Baracke beisammen und sind mit unseren Gedanken zu Hause.

Ein paar von uns – auch ich – sind erst fort, als Hitler mit seinen Tanks und Flugzeugen unsere Heimat überfahren und überflogen hat. Immer wieder muß ich von den letzten Tagen der österreichischen Freiheit erzählen.
Nach dem Kniefall Schuschniggs vor Hitler in Berchtesgaden am 12. Feber 1938 habe ich der Vaterländischen Front einen Brief geschrieben. Ich habe ihr geschrieben, daß ich als kommunistischer Funktionär schon dreimal von der Schuschnigg-Polizei verhaftet und bestraft wurde und jetzt trotzdem bereit bin, in der Vaterländischen Front zum Schutz Österreichs mitzuarbeiten. Ziemlich lange hat's gedauert, bis ich eine Antwort bekommen hab. Dann bin ich auf die Bezirksleitung vom 9. Bezirk, meinem Heimatbezirk, bestellt worden. Sie haben meine Mitarbeit angenommen. Schuschnigg hat für den 13. März eine Abstimmung zur Bestätigung von Österreichs Unabhängigkeit ausgeschrieben. Das war wie ein Frühlingserwachen, wie ein Märzsturm. In der Stadt haben sich die Menschen gesammelt. Es waren auch Nazis dort, aber wir waren mehr, die wir riefen: »Rotweiß-rot bis in den Tod!« Ratlos sind damals die Polizeioffiziere dagestanden. Sie wollten sich, wie immer, auf den Stärkeren orientieren und haben nicht gewußt, wer der Stärkere ist.
Und immer wieder fragen sie mich nach dem 11. März.
Am Nachmittag, da hab ich mir in einer Trafik das rot-weißrote Bandl der Vaterländischen Front gekauft. Am Abend war eine Sitzung in der Bezirksleitung der Vaterländischen Front in der Grüne-Tor-Gasse und ich wollte zeigen, daß ich mich nicht geniere, dieses Abzeichen anzustecken.
In einem Zimmer im ersten Stock war die Konferenz der Bezirksleitung. Um einen langen Tisch saßen sie herum, Zigarettenrauch lag in der Luft. Und wie wir geredet haben, ist einer sehr aufgeregt hereingekommen und hat erzählt, daß die Volksabstimmung abgesagt ist. Nach vielem nervösen Gerede sind wir zum Radio gegangen und kamen gerade zurecht. Nach kurzer Musik hat Schuschnigg gesprochen.
Die Gesichter der Zuhörenden gehörten nicht Menschen, die kämpfen wollten. Im Nebenzimmer ist die Jugend der Vaterländischen Front gewesen. Sie drängte, daß ich ihnen erzählen sollte.
Als ich in das Konferenzzimmer zurückkam, war nur der

Rauch der Zigaretten noch über dem Tisch. Die Kleiderhaken, die vorher noch voll behängt waren, waren leer. Einsam hingen nur noch mein Mantel und mein Hut dort.
Dann sind wir hinaus nach Floridsdorf. Von den Jungen sind die wenigsten weggegangen. Wir haben uns gesagt: Wenn's wo Widerstand gibt, dann wird es in Floridsdorf sein. Das Arbeiterheim dort war gesperrt und abgeriegelt. Lastautos mit Nazis sind vom Land hereingefahren. Sie haben gegrölt und geschrien und kein Mensch hat ihnen Antwort gegeben. Der Heimweg über die Brücke und nach Hause war bitter. Und die nächsten Tage auch. Gar so viele Fahnen hat's auch nicht gegeben am ersten Tag. In den inneren Bezirken schon, aber sonst gab es wenige und die Fenster waren nirgends geschmückt. Die Hakenkreuzfahnen sind erst aufgetaucht, als die Polizei von Haus zu Haus gegangen ist und die Hausmeister dazu aufgefordert hat.
Abends haben wir in unserer Baracke eine Feier. Kerzen brennen. Das ist ein großer Luxus. Alle Österreicher sind beisammen. Eng gedrängt stehen wir und singen: »Wir sind das Bauvolk der kommenden Welt«. Dann setzt Musik ein. Ein rumänischer Kamerad, der ein sehr schönes Akkordeon aus Spanien herübergerettet hat, spielt ganz leise den Donauwellenwalzer. Und dann klingt die Internationale auf, und sie erklingt immer stärker und unser Versprechen klingt in ihr nach.
Der 11. März war ein anderer Tag als die sanddurchwehten grauen Alltage hinter dem Stacheldraht des Lagers St. Cyprien.

*

Man kann auch am Strand spazierengehen. Da gibt es Muscheln und den Schlag der Wellen, das ewige Spiel des Wassers, auf und ab. Und hie und da kann man ein Schiff in der Ferne sehen.
Hier bin ich einmal bis ans Ende des Lagers gekommen. Der Stacheldraht reicht bis zum Meer. Ein paar von uns sind bei Ebbe zwischen Stacheldraht und Meer über das Lager hinaus spazierengegangen. Draußen patroullieren aber Araber auf schönen Pferden und sie jagen unsere Kameraden wieder zurück. Ein schönes Bild, so ein Araberpferd im Galopp.

Ein häßliches Bild, Kameraden gejagt von berittenen Arabern.

*

Langsam organisiert sich unser Leben. In jeder Baracke wohnen zwei Gruppen. Zuerst ist die Gruppeneinteilung getroffen worden, weil ein Eßkübel gerade für eine Gruppe reicht. Später ist diese Gruppe eine Einheit geworden. Und nun ist etwas Neues aufgetaucht. Eine Gruppe hat mit einer Wandzeitung begonnen. Die Kameraden haben über dieses und jenes geschrieben, was man besser machen könnte und wo es etwas gibt, was ihnen nicht gefällt. Der eine berichtet von einem Brief, den er von seinen Angehörigen bekommen hat, von der Stimmung zu Hause, ein anderer schreibt ein kleines Gedicht, und in den holprigen Zeilen klingt die Sehnsucht nach Spanien wieder auf und der Wille zum Kämpfen. Bald haben alle Gruppen Wandzeitungen. Jede schaut anders aus und jede hilft ein bißchen mit, das Leben hier zu erleichtern, die Gedanken zu bereichern.

Da sitzen wir nun zu dritt, Rudl Friemel, ein anderer Wiener und ich, in einem kleinen Verschlag aus Holz und Dachpappe, der sich österreichische Lagerleitung nennt. An den Wänden hängen elf Wandzeitungen. Jede Gruppe hat eine gemacht. Es ist ein Wettbewerb ausgeschrieben worden. Die Gruppe, die die beste Wandzeitung gemacht hat, bekommt als Preis Tabak, und der ist sehr begehrt. Wir drei sind als Schiedsrichter gewählt worden.

Zuerst muß man alle Wandzeitungen studieren und dann muß man wieder von vorn anfangen, denn wenn man elf Wandzeitungen gelesen hat, weiß man nicht mehr, was in jeder einzelnen drinnen steht. Was soll man beurteilen? Den Inhalt? Die äußere Form?

Schließlich einigen wir uns auf eine Wandzeitung, die inhaltlich recht schön und in der Form sehr originell ist. Während andere auf Holz oder Pappendeckel aufgeschlagen sind, sind hier die Artikel auf einer Glasplatte aufgeklebt und auf dem Glas ist mit bunter Kreide gezeichnet.

Ein gutes Gewissen haben wir bei der Preisverteilung nicht. Es gibt auch tatsächlich ein großes Hallo. Die eine Gruppe ist zwar sehr zufrieden und alle rauchen froh, aber die an-

deren zehn machen einen fürchterlichen Markt und schließlich bekommen wir drei den Spitznamen »Neger«:
»Ja, euch hat diese Wandzeitung so gut gefallen, weil das Glas glänzt. Wie die Neger seid ihr!«

*

Schön ist's. Die Sonne scheint und selbst der Wind hat aufgehört. Es ist Frühling geworden. Aber wir sind vom Frühling durch den Stacheldraht ausgeschlossen.
Aus einem Gerücht ist Gewißheit geworden. Es steht schon in der »Dépêche de Toulouse«, der einzigen Zeitung, die wir hier bekommen: Wir sollen nach Gurs, das am Fuße der Pyrenäen in der Nähe des Atlantischen Ozeans liegt, übersiedeln, und zwar bald. Dort soll's richtige Baracken mit Türen und Fenstern geben.
Also in ein neues, stabiles Lager? Das heißt, sie wollen uns noch recht lange Zeit eingesperrt halten. Kann das einer verstehen?
Hitler schluckt Österreich und die Tschechoslowakei, Italien schluckt Albanien. Hier in Frankreich schreit man viel über die faschistische Gefahr, und uns, die wir gegen diesen Faschismus gekämpft haben, läßt man nicht aus?
Also jetzt steht's fest: Übermorgen fahren wir. Fast tut es einem leid, von hier wegzugehen. So viel Arbeit steckt schon in den primitiven Unterkünften, so viele Erinnerungen haben sich in den zweieinhalb Monaten angehäuft.
Einer hat eine gute Idee: »Wißt's was, Gurs liegt nicht am Meer, hier haben wir's Meer und jetzt gehn wir alle noch baden, bevor wir fortmüssen. Es ist gar nicht mehr so kalt.«
So gehen wir am letzten Tag in St. Cyprien ins Meer. Wirklich, es ist gar nicht mehr so kalt. Aber wenn man hinausschwimmt, spürt man erst, wie schwach man durch das armselige Essen geworden ist.
Es ist das letzte Mal für lange, lange Jahre, daß ich schwimmen war.
Zu packen haben wir nicht viel. Wir stehen, werden abgezählt und noch einmal abgezählt, französische Schimpfworte, die wir nicht verstehen und nicht verstehen wollen, fallen. Dann durchsuchen sie unser Gepäck. Endlich geht's auf Lastautos und jetzt kommt eine Fahrt in den Frühling.
Nun bemerken wir erst, daß wir die ganze Zeit nichts Grünes

gesehen haben. Im Sand wächst ja kein Gras und keine Pflanze. Hier aber gibt's Bäume im frischen Grün des April. Hier gibt's Wiesen und Blumen und Menschen.
Wir fahren durch die engen Straßen eines Dorfes. Das wird St. Cyprien sein. Jetzt, wo wir diesen Ort verlassen, lernen wir ihn zum erstenmal kennen.
»Allez, allez!« Der Zug steht aber noch stundenlang. Endlich fahren wir ab.
Perpignan, dann in einem weiten Feld, auf einem Hügel ein großes altes Schloß mit Türmen und Mauern.
»Das ist Carcassonne.«
Abends sind wir in Toulouse. Alle fünf Meter steht ein Soldat und bewacht unseren Zug. Indochinesen sind es, mit geschlitzten Augen, die unter dem Stahlhelm ganz sonderbar ausschaun.
Habt ihr solche Angst vor uns? Sind wir so stark und gefährlich, auch wenn wir keine Waffen haben und Gefangene sind?
Dann rollt der Zug weiter nach Westen, rollt in die Nacht hinein; und in der Früh sind wir da. Wir werden auswaggoniert und auf Lastautos geht es nach Gurs.

Gurs

Zuerst sehen wir auf einer hohen Fahnenstange eine Trikolore. Dann biegen wir auf eine ganz neugebaute Seitenstraße ab, und nun sehen wir eine lange, lange Linie von Stacheldraht und dahinter Baracken, ein Meer von Baracken. Tatsächlich, das Lager ist solid eingerichtet, man merkt es schon an der Umzäunung. In Cyprien war nur eine Reihe Stacheldraht gespannt, hier gibt es ein ganzes Verhau. Kreuz und quer und wirr durcheinander sind die Drähte und über dem Tor steht in freundlichen Buchstaben: »Camp d'accueil« – Empfangslager.

Garde mobile gibt es auch hier genug. Schimpfen können sie ebenfalls, und »Allez, allez!« ist auch hier ihr geflügeltes Wort. Langgestreckt ist das Lager, in der Mitte die Lagerstraße, links und rechts davon die »Îlots«, das sind Barackengruppen, durch Stacheldraht voneinander getrennt. Sie sind mit Buchstaben bezeichnet. In das Îlot I werden wir hineindirigiert.

Die Baracken sind ganz leer. Keine Betten, keine Pritschen, keine Strohsäcke und auch keine richtigen Fenster, sondern nur kleine Klappen, wie man sie in Ställen hat.

Aber die Umgebung ist schön. Man sieht einen Wald und dahinter Berge, die Pyrenäen, richtige Berge mit Felsen und Schneeflecken. Für manchen von uns wird dadurch das Heimweh zu einem wirklichen Schmerz.

»Ich hab nur mehr einen Wunsch: Irgendwo in einen stillen Winkel in Kärnten mich zurückziehen, Bauer werden, arbeiten und nichts mehr von der Welt wissen.«

Mir kommt vor, als hätte sich sogar Freds Stimme verändert, als wäre sie müder geworden.

»Glaubst Du, daß dieser Wunsch in Erfüllung geht? Daß er überhaupt in Erfüllung gehen kann?«

Fred schaut mich an, dann schaut er wieder schweigend vor sich hin.
»Schau, Fredl, eines müssen wir doch gelernt haben. Man kann nicht einen Seitenweg für sich allein suchen, man kann sich nicht aus unserem gemeinsamen Schicksal herausschwindeln.«
Ich denke an die Tage zurück, an denen wir in Wien in heißen Gesprächen uns die Zukunft ausgemalt haben. Vorsichtig erinnere ich ihn daran.
»Unser Kampf ist richtig. Daran kann auch unsere Niederlage nichts ändern. Man darf doch nicht desertieren.«
Seine Gedanken haben sich wundgescheuert am Stacheldraht, der immer mehr zum Symbol für unser jetziges Leben wird. Und wenn die Gedanken an seinen Stacheln hängen bleiben, dann ist es schwer, mit Worten zu helfen.
Manche solche Gespräche gibt es in diesen Tagen. Und manche Wunde heilt unter diesen Aussprachen.

*

Sehr schnell haben wir uns eine neue Leitung gebildet: Ländergruppen, »Îlot«-Gruppen und eine zentrale Lagerleitung. Eine Küche wird eingerichtet. Von allen Ländergruppen kommen Kameraden als Köche hin. Reichlich primitiv schaut sie aus. Drei Holzwände, ein schiefes Dach. Die Feldkessel stehen halb im Freien.
Frankreich ist ein großes Land und wir sind quer durch ganz Südwestfrankreich gefahren, aber hier gibt es genauso viel Bacalau – stark gesalzenen Trockenfisch – und Garbanzos – eine Hülsenfrucht, die überhaupt nicht weichzukochen ist – wie in Cyprien und scheinbar auch nichts anderes.
Ende April war es, als wir übersiedelt sind. Aber in all den Aufregungen und Arbeiten des Neueinrichtens vergessen wir nicht den 1. Mai.
In der Früh weckt Hans, unser Turnvater, mit seiner schrillen Pfeife das Lager auf. Einmal war er Gemeindepolizist im »Roten« Wien, Kommunist ist er geworden im Rauch der Feberkämpfe, dann eingesperrt, dann Leutnant in Spanien. Jetzt im Lager ist er unser Turnvater, und er schaut aus wie einer, der für Turnen Reklame macht. Heute hat er seinen großen Tag. Er leitet ein Schauturnen, das eine Demonstration ist. Alle marschieren wir auf mit nackten Oberkörpern,

in kurzen weißen Hosen. Die schönsten Unterhosen wurden zurechtgerichtet und sauber gewaschen, heute sind sie alle blütenweiß. Hans turnt vor. Nach der Rumpfbeuge aufrichten und den rechten Arm mit geschlossener Faust in die Höhe. Ja, schaut nur zu, ihr Gardes mobiles hinter dem Stacheldraht! Wir Spanienkämpfer feiern unseren 1. Mai. Auch unsere Küche hat sich bemüht, etwas Besseres herzurichten. Feiertagsstimmung gibt es überall.

*

Aber nicht jeden Tag ist 1. Mai. Der Alltag zieht in Gurs ein. Das Schlimmste ist der bodenlose Dreck. Das Lager ist auf Lehmboden errichtet, alle Wiesen in der Umgebung sind sumpfig, und wenn es regnet, dann versinkt man im Matsch. Wenn schönes Wetter ist, dann stolzieren am Sonntag die Bürger von Gurs auf der Straße, die hinter dem Stacheldraht parallel zum Lager zieht, vorbei. Die Bürger und auch die Bürgerinnen. Frühlingskleider lachen zu uns herüber. Es ist zwar hübsch weit bis zur Straße, aber doch gibt es am Sonntagnachmittag den Zaun entlang auch im Lager einen Korso. Und manchen gibt es sogar bei uns, der sich am Sonntag schöner anzieht. Ich habe einen Feldstecher aus Spanien herübergerettet. Der ist sehr begehrt an diesen Sonntagnachmittagen.
Im Lauf der Zeit lernen wir, trotz der Entfernung, einzelne Frauen und Mädchen kennen. Ihr Gang, ihre Gestalt, ihre Kleider sind uns bekannt, obwohl wir nie mit ihnen gesprochen, sie nie aus der Nähe gesehen haben, und bald gibt es ein Winken und Rufen, weit über dreihundert Meter hinweg.

*

Aber es gibt auch Zank und Streit im Lager. Vielleicht hat es beim Essen angefangen, vielleicht beim Einteilen der Schlafplätze, aber es ist mehr als ein Streit um die Portionen. Es gibt welche unter uns, die schwach geworden sind, die glauben, daß es besser ist, sich auf die französischen Behörden zu orientieren, solche, die auskneifen wollen aus den Reihen der Internationalen. Es gibt welche, die Angst haben vor unserer gemeinsamen Zukunft, die fürchten, daß unsere Sache endgültig verloren ist.

Es sind nicht viele und in den meisten Fällen solche, die sich schon früher von einer schlechten Seite gezeigt haben. Reden nützt nichts mehr, sie wollen weg. Eines Tages ziehen sie wirklich aus. Auf der anderen Seite der Lagerstraße bekommen sie ein Îlot zugewiesen. Dort bilden sie die »9. Kompanie«. Wir Internationalen wurden von den Franzosen in acht Kompanien gegliedert. Sie aber wollen nicht mehr unserer internationalen Lagerleitung unterstehen.
So lernen wir auch hier wieder die alte Wahrheit kennen: Bei jeder neuen Steigung des Weges fallen Menschen ab. Bei jeder neuen Schwierigkeit werden einzelne schwach. Aber die anderen, die den Weg weitergehen, werden stärker.
Es ist nur eine armselige Handvoll Österreicher unter denen, die sich von uns Internationalen lossagen – und wir sind sechshundert Österreicher hier in Gurs.

*

Hier in Gurs gibt es auch eine Infirmerie, so nennen die Franzosen die Spitalsbaracke. Sie ist gleich vorn beim Haupteingang und ist immer gesteckt voll, und immer warten noch viele auf einen freien Platz.
Unsere Ärzte behandeln dort. Sie klagen, daß sie zuwenig Medikamente haben.
Heute dürfen wir unsere Kameraden besuchen. Viel anders schauen die Baracken nicht aus als unsere Wohnbaracken, aber es gibt doch Betten oder Pritschen, so ein Mittelding zwischen beiden. Endlich find ich meinen Bekannten, Hansl Pfund heißt er, einen jungen Tiroler. Mager ist er geworden, und die Augen sind viel größer. Ungesund rot ist seine Gesichtsfarbe. Er fragt und grüßt und fragt immer wieder. Er jammert nicht, aber sein ganzes Aussehen ist ein Jammern und Klagen.
Als wir uns alles erzählt haben, wie es den Kameraden geht und was wir tun, wie wir hausen und was wir essen, ob wir Post bekommen haben und was unsere Leute schreiben, was es Neues gibt in den Zeitungen, und immer wieder, wie es dem und jenem geht, kommt die Frage:
»Und sag, was wird mit uns geschehen? Wann werden wir hier herauskommen?«
Jetzt ist's ganz still. Ich schweige. Aber seine Augen sprechen. Dann redet er weiter und ich merke, wie ihm das Spre-

chen weh tut: »Werden wir hier überhaupt noch herauskommen?«
Als wir wieder die Infirmerie verlassen, steht vor uns der Fahnenmast mit der Trikolore und dahinter liegen die Pyrenäen. Die Waldberge vorne, die Schneegipfel über ihnen.
Nein, Hans, du wirst deine Tiroler Berge nicht mehr sehen.
Und Hans ist nicht der einzige, den die Tuberkulose hier bezwingt.
Der Wind spielt mit der Fahne. Die Sonne scheint, Vögel fliegen und zwitschern, das Unkraut zwischen dem Stacheldrahtverhau leuchtet grün, als wollte es den Draht verdekken.
Ich bin voll Haß.

*

Das Wetter ist schön geworden, und mit der schönen Jahreszeit beginnt auch unser »Sportleben«. Zwischen der Küche und der ersten Barackenreihe ist ein etwas breiterer Zwischenraum, und hier entsteht unser Sportplatz. Das richtige Spiel für die engen Platzverhältnisse ist Volleyball. Mannschaften werden zusammengestellt, Meisterschaften ausgetragen, auch »internationale« Matches werden ausgefochten. Schreien und Pfeifen, Lärmen und Rufen, Lachen und Klatschen gibt es dabei.
Aber nicht nur mit dem Spiel vergeht die Zeit, mit Aufräumen und Wäschewaschen, Essenholen und Wegepflastern. Jetzt, wo das Wetter besser ist, sieht man immer häufiger kleine Gruppen beisammensitzen. Überall wird gelernt. Dort französisch, da spanisch, hier englisch.
Aber da sitzen auch Gruppen beisammen, die nicht französisch oder englisch sprechen. Einer liest aus einem Buch vor und dann beginnt ein Gespräch, oft erregt, oft zögernd und nachdenklich. Französische Freunde haben uns ein neues, gerade erschienenes Buch geschickt, den »Kurzgefaßten Lehrgang der Geschichte der Kommunistischen Partei der Sowjetunion«. Sofort haben sich in jeder Baracke Gruppen gebildet, die miteinander das Buch durcharbeiten, Kapitel um Kapitel.
Es ist gut für uns in Gurs, immer wieder zu lesen, daß harte Kämpfe jedem Sieg vorangegangen sind. Und stärkt es nicht, wenn wir hier aus diesem Buch lernen, daß für die russische

Partei Niederlagen immer nur Anlaß waren, um daraus zu lernen, besser zu kämpfen und stärker zu werden?
Ja, ihr werdet uns nicht kleinkriegen, nicht mit den ewigen Garbanzos und dem Bacalau und dem täglichen Hunger, und auch nicht mit dem Stacheldraht und der Sonne und den lockenden Wäldern in der Ferne.

*

Den Zaun entlang führt innerhalb des Stacheldrahtes eine Schmalspurbahn; der Scheißexpreß, wie wir ihn nennen, fährt hier. Die Latrinenkübel werden auf flache Wagen gestellt und mit dieser Bahn weggeführt.
Neben diesem Geleise gehen wir häufig spazieren, Leo Engelmann, der untersetzte, dunkelhaarige, junge Kommunist aus Wien, und ich. Man müßte eigentlich traurig sein, wenn man durch den Stacheldraht die freie Welt sieht, aber wir sind nicht melancholisch. Die trübselige Stimmung des Eingesperrten erwischt uns nur selten.
»Wir sind ja doch die Stärkeren.«
Leo hat recht. So wie unsere russischen Genossen die Stärkeren waren, auch wenn sie verbannt, eingesperrt und geschlagen wurden.
Voll Eifer studieren wir die Geschichte der russischen Kommunistischen Partei.

*

Sonntag ist's. Ich balanciere um den Waschtrog herum. Poldi Spira kommt mir entgegen. Wie immer funkeln seine Brillengläser, und sein lachendes Gesicht strahlt. »Weißt was? Ich hab eine Idee. Die Leute bei uns haben viel Lust zum Lernen. Zeit haben wir auch genug. Man müßte die einzelnen Sprachkurse, die jetzt laufen, zusammenfassen und auch andere Gegenstände unterrichten und eine richtige Volkshochschule machen.«
»Eine Volkshochschule – im Konzentrationslager?«
»Ja, eine Volkshochschule im Konzentrationslager!«
An diesem Sonntag gibt es viele Besprechungen, viele Erwägungen, hie und da Zögern, sehr viel Begeisterung für die neue Idee und schließlich am Abend einen fertig ausgearbeiteten Plan.

Eine österreichische Volkshochschule soll hier entstehen. Jeder soll die Möglichkeit erhalten, zu lernen, was er lernen will und was in unseren Kräften steht. Die Franzosen wollen uns mürb machen und demoralisieren. Das darf ihnen nicht gelingen.
Aber so schön die Idee ist, so schwer wird es sein, sie auszuführen. Wir brauchen auf jeden Fall irgendeinen Platz, wo die Schule gehalten werden kann. Wir brauchen Lehrer, wir brauchen Schreibmaterial, Bücher. Und was haben wir von alldem? Nichts.
»Die Schule bauen wir uns selber. Jetzt ist Sommer, da machen wir sie im Freien. Zwischen den Baracken bauen wir uns ein Podium und Bänke.«
Der Plan mit der Volkshochschule hat gezündet. Am Montag ist die Hälfte der Österreicher bei der Arbeit. Unser Rudl mit den dicken Brillen macht wieder einmal einen Plan. Bankreihen werden so angelegt, daß einzelne Streifen aus dem Boden ausgehoben und die Erdziegel auf den darauffolgenden Streifen aufgetragen werden, so daß ein genügender Höhenunterschied entsteht, damit man sitzen und seine Füße unterbringen kann. Vorn soll ein Podium aus Erde gemacht werden.

*

»Wie viele Bankreihen sollen wir bauen?«
»No, nicht viele. Wie viele werden schon in die Schule gehen? Drei Reihen genügen schon.«
»Was? Zwölf Reihen machen wir, alle müssen Platz haben in unserer Schule.«
Jetzt hat Rudl eine richtige Fachmiene bekommen. Würdig steigt er herum und steckt den Platz ab. Linien werden dort gezogen, wo die Erde ausgehoben werden soll. Wir brauchen Steine und ein bisserl Kies oder Sand für die Wege, Erde für das Podium, Grasziegel für seine Wände, denn sonst schwemmt uns ja jeder Regen das Podium weg. Steine im Lager zu finden ist sehr schwer, Erde findet man schon leichter. Im ganzen Lager gibt es kaum einen grünen Halm. Also kriechen einige in den Stacheldrahtverhau hinein, denn hier gibt es noch Graspolster. Rudl, unser »Ingenieur«, ist zufrieden.
Abends ist die Schule fertig. Da sind im Konzentrationslager

zwischen zwei Baracken Schulbänke entstanden für eine österreichische Volkshochschule. Menschen haben sie gebaut, die nicht wissen, was mit ihnen werden wird.
Es wird schnell dunkel hier im Süden. Mancher von uns ist heute müder als sonst und schläft früher ein. Mancher denkt vielleicht auch, daß er jetzt lernen wird, und daß er manches von dem einholen kann, worum ihn seine Jugend betrogen hat.
Die Schule ist da, aber jetzt brauchen wir Lehrer. Die paar Studenten, die wir haben, werden natürlich eingespannt. Poldi, von dem die Idee stammt, und Fred, der Kärntner Student mit dem Heimweh, müssen unterrichten. Der eine österreichische Arzt, der nicht vorn im Spital arbeitet, muß auch mithelfen.
Nachmittag lehnen wir zu siebent an der schrägen Wand einer Baracke. Eine Lehrerbesprechung – Lehrerkonferenz kann man schon sagen. Die Gegenstände werden festgelegt: Deutsch, Mathematik, Geographie, Geschichte, Naturgeschichte, Physik. Jeder Gegenstand soll drei Wochenstunden haben und außerdem soll jeden Tag zwanzig Minuten Turnunterricht sein.
Hans, der Turnlehrer, hat es am leichtesten mit der Vorbereitung für sein Fach. Aber die andern! Jeder jammert, daß er keine Lehrbücher hat. Wir beschließen, daß wir trotzdem mit der Schule beginnen. Ich werde als ihr Verantwortlicher bestimmt. Man kann sich schon helfen, wenn man nur will, und wir wollen es alle.
So hängt am Dienstag schon ein Zettel auf unserem Anschlagbrett: »Verlautbarungen der Volkshochschule Gurs.« Viele stehen davor und lesen ihn aufmerksam.

*

Unser erster Schultag ist heute. Das Wichtigste: das Wetter ist schön, denn wenn es regnet, können wir nicht mit der Schule beginnen.
Um halb drei hören wir das erstemal unsere »Schulglocke«. Ein Eisenstück hängt frei an einer Telegraphenstange. Gustl, ein Kärntner, der neugebackene Schuldiener, bearbeitet es mit einem Eisenhammer. Laut genug ist die Glocke jedenfalls. Und schon kommen die Schüler aus den einzelnen Baracken heraus. Der eine trägt ein Stockerl unterm Arm, der andere

hat eine Decke, auf die er sich setzen will, da nimmt einer ein Holzbrett als Unterlage zum Schreiben mit, ein anderer fragt, wo er das Papier hernehmen soll und ob ihm nicht wer einen Bleistift borgt.
Pünktlich fängt's an. Der Lehrer steht vorne und beginnt nach ein paar einleitenden Worten mit seinem Vortrag. Da sitzen sie, der Pepi von den Ziegelteichen im Süden Wiens, der Karl, der Hauptmann in Spanien war und schon graue Haare an den Schläfen hat. Er tut sich mit der Rechtschreibung schwer, weil er schon als kleiner Bub arbeiten gehen mußte. Der Poldl, der Franz, da sitzen sie alle nebeneinander mit gebeugtem Rücken. Die Sonne brennt. Ein paar haben sich ein Taschentuch auf den Kopf gelegt. Da sitzen sie und lernen.
Von jetzt an läutet jeden Tag die Schulglocke die Unterrichtsstunden ein und gibt das Zeichen für ihr Ende. Die Tage vergehn und die Wochen, man merkt's kaum und keiner zählt sie.
Unsere Korrespondenz wird intensiver. Wir schreiben an alle nur erreichbaren Bekannten, damit sie unserer Schule helfen. Hefte sollen sie schicken, Bleistifte und Bücher. Einen Atlas brauchen wir und eine Tafel, Kreide und Wörterbücher.
Österreicherinnen, die als Hausgehilfinnen in England arbeiten, sammeln für uns und schicken ein ganzes Paket Hefte und einige gebrauchte Wörterbücher. Wir schreiben einen Dankbrief, in dem wir uns verpflichten, so viel als möglich zu lernen.
Wie doch der Lehrer strahlt, wenn er ein Lehrbuch bekommt! Aber bei jeder Sendung entstehen Wünsche nach neuen Büchern. So werden immer wieder neue Briefe mit neuen Bitten geschrieben.

*

Heute ist ein ganz besonderer Tag. Heiß ist es wie an allen Hochsommertagen hier, drückend heiß sogar. Und eben deswegen rinnt wenig Wasser in unserer Wasserleitung. Ein bisserl haben wir uns ja geholfen. Wir haben Brunnen ausgeschachtet – das Grundwasser steht hier recht hoch – und uns »Brausen« gebaut. Blechdosen sind in Wasserbehälter umgebaut worden, in deren Boden Löcher angebracht wurden.

Wenn einer unter die Brause will, schöpft er sich Wasser aus dem Brunnenloch, gießt es oben in den Blechbehälter hinein und stellt sich schnell darunter. Einen Fußrost gibt es auch unter der Brause und einen Abfluß, damit nicht wieder die ganze Umgebung schwimmt.

Heute wird die Brause noch mehr besucht als sonst, nicht nur, weil es so heiß ist, sondern weil sich viele »schön« machen. Sogar der Stundenplan unserer Schule wird verschoben. Das erste Mal, daß ein Unterricht bei gutem Wetter ausfällt.

Denn heute ist der 14. Juli, der Tag, an dem vor 150 Jahren die Bastille gestürmt wurde. In Frankreich ist dieser Tag Staatsfeiertag und die Lagerleitung kann uns daher schwer unsere Bitte abschlagen, auf der Wiese vor dem Lager ein Fest abzuhalten.

Alle Nationen haben sich angestrengt. Die einen stellen einen Chor, die anderen eine Tanzgruppe, andere lebende Bilder. Wir Österreicher sind mit einer Schuhplattlergruppe vertreten.

Wie schön ist's doch, über die Wiese zu gehen! Über einen Boden, der nicht wie unsere Lagererde festgestampft ist. Sich zwischen Gras und Unkraut zu legen und die Insekten summen zu hören!

Die Lagerkapelle spielt, um das Podium drängen sich die Zuschauer. Ich liege allein im Grünen. Vor dem Podium sind Bänke aufgestellt, dort sitzt der Lagerkommandant, er ist heute unser Gast. Jetzt applaudiert er. Die Kubaner haben gesungen, ein Lied über unser Leben hier. »Allez, allez, reculez«, so fängt der Refrain an.

Musik in der Ferne, Wolken am Himmel, das Summen der Grillen, der Duft des Grases – mir ist, als spüre ich erst jetzt, um was wir betrogen werden, wenn wir junge Menschen hier eingesperrt sind.

*

Wir haben unsere Schule in »Semester« eingeteilt. Heute ist der letzte Tag vom ersten Semester. Wir haben beschlossen, Prüfungen abzuhalten. Die Fragen sind nicht leicht: Eine Satzanalyse, ein Aufsatz über ein literarisches Thema; Fragen aus Geschichte und Wirtschaftsgeographie; Dreiecksberechnungen in der Mathematik. Und über Stickstoff und

Sauerstoff, das Erhaltungsgesetz der Materie und den Darwinismus will der Lehrer auch etwas wissen.
Dann Zeugnisverteilung. Erwartungsvoll sitzen die achtunddreißig, die die Prüfung bestanden haben, da. In großem Umkreis stehen alle anderen und schauen zu. Eine feierliche Ansprache ist unerläßlich. Furchtbar lang dauert sie nicht. Dann bekommt jeder sein Zeugnis, auf Zeichenpapier geschrieben, schön zusammengefaltet. Darauf ist mit Spritzarbeit das Abzeichen der Internationalen abgebildet. Der Pepi von den Ziegelteichen hat in allen sechs Gegenständen erfolgreiche Prüfungen abgelegt und sitzt jetzt mit stolzem Grinsen da. Auch die Volkshochschule bekommt ihr Geschenk an diesem Tag. Ein paar haben liebevoll aus Blech Buchstaben ausgeschnitten und diese auf Holzleisten genagelt, und jetzt werden zu beiden Seiten der Schule an den Barackenwänden Inschriften angebracht. Auf der einen Seite steht: »Österreichische Volkshochschule Gurs«, auf der anderen »Wissen ist Macht«. Die Buchstaben funkeln in der Sonne und man kann ganz stolz werden, wenn man sie schon von weitem sieht.
Nach fünf Tagen fängt das nächste »Semester« an. Alle Gegenstände des ersten Semesters werden weitergeführt. Jetzt gibt es auch schon Vormittagsunterricht. Es haben sich weit mehr Kameraden angemeldet als zum ersten Semester.

*

Eines Nachmittags – ich bin grad dabei, in der Schule den Unterschied zwischen »wieder« und »wider« zu erklären – kommt Gustl, unser Kärntner Schuldiener, auf mich zu. Ich schau ihn ganz bös an, ich habe es nicht gern, wenn der Unterricht gestört wird, aber er läßt sich diesmal nicht abschrecken.
»Hermann, du wirst in die Besuchsbaracke gerufen.«
Ich hab Besuch? Da muß ich schon den Unterricht unterbrechen.
»Êtes-vous le camarade Langbein?«
Drei junge Französinnen stehten in der Besuchsbaracke vor mir, die eine trägt eine große Schultafel. Jetzt verstehe ich auch: Mein Bruder, der Emigrant in Frankreich ist, hat unsere Bitte um eine Schultafel an Freunde weitergeleitet. Wir begrüßen uns, die Französinnen überreichen mir die Tafel

und sagen dazu etwas, was ich nicht verstehe. Dann folgt ein verlegenes Schweigen. Ich halte die Tafel vor meine Hose. Wenn ich gewußt hätte, daß ich Besuch bekomme, hätte ich sie mir wirklich schon gewaschen. Verflixt, daß ich so schlecht französisch kann.
Sie reden wieder, fragen, aber was soll ich antworten, wenn ich sie nicht verstehe? Daß die Franzosen auch so schnell reden müssen!
»Voudriez-vous parler lentement, s'il vous plaît?« – »Bitte sprechen Sie langsam.«
Jetzt geht's schon ein bisserl besser mit der Konversation. Suzanne heißt die, die mir die Tafel gegeben hat. Sie ist jung, frisch, mit einem kecken geschminkten Mund, in kurzen Hosen. Sie sind mit Fahrrädern hergekommen. Suzanne redet auch am meisten. Ich schau ihr immer in die Augen. Helle Frauenaugen sind's.
Dann ist der Besuch zu Ende. Die Tafel wird bewundert und gleich aufgestellt, ich werde ausgefragt und beneidet. Besonders Gustl will genau wissen, wie sie ausgeschaut haben. Er glaubt mir nicht, daß es junge Mädchen waren.
»Und gleich drei! Da hätten sie doch drei von uns hinausrufen lassen können!« Den ganzen Abend ist Gustl gekränkt. Ich bin nicht der einzige, der heute Besuch gehabt hat. Rudi Friemel, unser sozialistischer Kamerad, wurde auch hinausgeholt. Julius Deutsch hat ihn besucht, Deutsch, den unsere Feberkämpfer in keiner besonderen Erinnerung haben, der in Spanien General der Küstenverteidigung war, und der jetzt versucht, die Sozialisten mit allen möglichen Versprechungen davon abzuhalten, im Lager mit den Kommunisten gemeinsam zu leben.
»Der Deutsch soll zu Haus bleiben. In Spanien haben wir ihm eh einmal gesagt, wie er das 12. Feber-Bataillon besuchen war, Leute mit schönen Uniformen, die nicht kämpfen, brauchen wir nicht.«
»Der will unsere SPler zur 9. Kompanie hinüberziehen.«
Rudi sagt nicht recht, was Deutsch von ihm wollte, aber er bleibt bei uns, ist weiterhin ein guter Kamerad.
Bevor ich einschlaf, lach ich leise vor mich hin. Jetzt hat unsere Schule auch eine Tafel! Ich sehe wieder die hellen Augen von Suzanne.

*

Heute ist das ganze Lager in Aufregung. Von allen Ländergruppen gehen heute Kameraden auf einen Transport in die Sowjetunion. Die Invaliden sind's, deren Wunden aus dem Krieg noch nicht verheilt sind, die, die am schlimmsten dran sind hier in Gurs. Jetzt sind sie am besten dran, sie können in die Sowjetunion.
Von uns Österreichern gehen auch welche mit. Ihre Koffer sind gepackt, und viele haben mitgeholfen, Andenken mitgegeben, Zeichnungen, Handarbeiten.
Jetzt gehen sie langsam mit ihren Koffern hinaus. Der eine zieht den Fuß etwas nach, um einen anderen flattert der Militärrock wie um einen Kleiderrechen, so mager ist er. Sie gehen auf der Lagerstraße nach vorn und das ganze Lager steht am Zaun. Ein großes Abschiednehmen ist's und mehr als das, ein Gruß an das Land, das uns nicht im Stich ließ, als Frankreich für uns nur den Stacheldraht übrig hatte.
Winken, Rufen, Grüßen und schließlich die Internationale. Aus den winkenden Händen sind geballte Fäuste geworden, erhoben zum Gruß, der der unsere war in der spanischen Armee.

*

Jeden Tag wird mit größerer Spannung die Zeitung erwartet. Hitler schreit, daß er Danzig will. Uns braucht keiner zu erzählen, was hinter diesem Geschrei steckt, wir kennen Hitler.
Beck fährt nach Berlin. Beck ist polnischer Außenminister. Er tut dasselbe, was unser österreichischer Außenminister Guido Schmidt gemacht hat. Er verrät. Jeden Tag neue Meldungen. Kommt's zum Krieg?
Heute kommt der Zeitungsverkäufer mit der »Dépêche« schneller angelaufen als sonst, man hört schon, bevor man eine Zeitung in der Hand hat, die Hauptüberschrift in allen Winkeln des Lagers.
»C'est la guerre« – Krieg ist.
C'est la guerre. Wir kennen den Krieg. Wir kennen den Faschismus. Jedes kleine Dorf im Hinterland des freien Spanien war von Bomben zerstört. Ohne jeden militärischen Grund wurde verwüstet und gemordet.
Aber wo sind die, die den Faschismus besiegen können? Wie

soll man es begreifen, daß Frankreich einen Krieg gegen das faschistische Deutschland führt und die bewährten Antifaschisten der Internationalen Brigaden, die aus der ganzen Welt zusammengeströmt sind, gefangen hält? Die Rechnung geht nicht auf.
Große Diskussionen gibt es in jeder Baracke.
»Was sollen wir tun?«
Aus den verschiedenen Diskussionen formt sich schließlich der einheitliche Wille unserer österreichischen Gruppe. Wir schreiben an General Gamelin, den Oberbefehlshaber der französischen Truppen, daß wir bereit sind, gegen den Faschismus mit derselben Entschlossenheit zu kämpfen, mit der wir in Spanien gegen ihn gekämpft haben, und daß wir den Wunsch haben, eine österreichische Einheit aufzustellen, die im Verband der französischen Armee den Kampf gegen Hitler führen soll.
In stolzen Worten ist unser Schreiben abgefaßt, kein Bitten und Betteln ist drinnen. In allen Baracken wird es verlesen. Überall wird darüber abgestimmt und alle Österreicher sind damit einverstanden.
Wir schicken den Brief ab. Die »Dépêche« meldet weiterhin, daß im Wäldchen bei Forbach die Franzosen zwei Kilometer vorgedrungen seien, sonst keine Kampftätigkeit. Und Polen ist gefallen.
Wir warten. Aber wir warten umsonst. Nie haben wir eine Antwort auf unser Schreiben bekommen.
Aber eine gewisse Antwort haben wir doch erhalten. Wir sollen für die französische Fremdenlegion geworben werden. In die Fremdenlegion? Sind wir denn Landsknechte?
»Nein, Fremdenlegionär werd ich nicht.« Niemand meldet sich. Daraufhin wird das Essen noch weniger, die Befehle strenger.
Und wieder neue Gerüchte und neue Maßnahmen. Jetzt will man uns für Arbeitskompanien anwerben. Was sollen wir tun? Schützengräben auswerfen, Stacheldrahtverhaue ziehen, wir, die wir kämpfen können? Ja, warum will man uns denn keine Waffen in die Hand geben?
Dann heißt's wieder, Facharbeiter werden für die Rüstungsindustrie gebraucht. Listen müssen geschrieben werden von Drehern, Schlossern, Mechanikern. Aber keiner hat das Lager verlassen. Das Essen ist schlechter geworden, und die

Posten, die um das Lager stehen, wurden ausgewechselt. Alte stehen jetzt da.
Der Herbstregen hat eingesetzt und das Lager ist wieder in tiefen Morast versunken. Der Krieg wird Alltag.
Unser Lager wird kleiner. Die Spanier sind weg, die einen zu den Arbeitskompanien, andere in ein Straflager. Auch sonst hat sich manches verändert. Unsere Lage ist schwerer geworden. Wir bekommen weniger Hilfe von unseren Freunden. Sie haben nun auch andere zu unterstützen.
In diesen Tagen spricht mancher über eine Flucht. Möglich wäre sie, uns kann man nicht so leicht mit einem Stacheldrahtverhau schrecken. Aber wohin sollen wir fliehen? Und mehr noch als diese Frage entscheidet eine andere Überlegung. Wir wollen beisammenbleiben. Wir wollen miteinander unsere Zukunft ertrotzen. Wir sind die »Internationalen«, die »Interbrigadisten«, wir sind stolz darauf, jetzt vielleicht noch mehr als früher. Und so bleiben wir beisammen und keiner flieht.
Schön ist es, daß wir alle die Fragen gemeinsam besprochen und gemeinsam geklärt haben. Schnee ist auf den Bergspitzen der Pyrenäen gefallen. Wenn die Sonne scheint, glitzert und funkelt es weiß. Wie weit ist doch Österreich! Viele hundert Kilometer und die Mauer eines Krieges trennen uns von unserer Heimat.

*

Unsere Volkshochschule läuft auch in der schlechten Jahreszeit weiter. Wir sind freiwillig in einer Baracke eng zusammengerückt und haben einen Teil als Schule abgetrennt. Sie ist nicht groß, die neue Volkshochschule. Aber über der Tür haben wir die Inschrift »Österreichische Volkshochschule Gurs« angenagelt und drinnen über der Tafel von Suzanne steht: »Wissen ist Macht«. Weiterhin klingt jede Stunde der Gong durchs Lager und aus den Baracken stapfen die Schüler durch den Morast mit Heften unterm Arm.
Ich werde gerufen, ein Paket abzuholen. Es nieselt dünn. Ich habe noch eine halbwegs gute Militärjacke, ein Militärkapperl hab ich mir ausgeborgt, aber die Schuhe! Die Füsse sind naß und bleiben naß, sie sind kalt und werden immer kälter. Bei der Postbaracke muß man antreten und im Freien warten. Einzeln wird man hineingerufen und drinnen werden die

Pakete aufgeschnitten und untersucht. Wenn ich Bücher bekomme, habe ich es besonders schwer. Ich bekomme englische und deutsche Bücher. Politische Bücher sind verboten, und nun wissen die armseligen Zensurbeamten nicht, was politisch und was nicht politisch ist. Alles erscheint ihnen verdächtig, und ich muß sie immer wieder beruhigen, besänftigen und ihnen erklären, wofür die Bücher sind.
Heute ist man aber ganz höflich mit mir. Ein älterer Herr in Zivil wartet auf mich, würdig schaut er mit seinem graumelierten Spitzbart aus. Es ist der evangelische Geistliche von Oloron, dem nächsten größeren Ort. Englische Freunde, die uns nun nichts mehr direkt schicken können, haben sich an ihn gewandt und ihm Geld geschickt, damit er es uns übergibt. Gar schnell hat sich das alles allerdings nicht herausgestellt, weil der liebe Franzose einen südfranzösischen Dialekt spricht, zumindest hat er nicht dieselbe Aussprache wie unser Französischlehrer im Lager. Nach einigen vergeblichen Versuchen, das Gespräch in Fluß zu bringen, einigen wir uns darauf, englisch zu sprechen; das können wir beide nämlich gleich schlecht. Der Garde mobile runzelt zwar mißtrauisch die Stirn, aber anscheinend ist sein Respekt vor dem Geistlichen doch zu groß, um uns zu unterbrechen.
Mein Gesprächspartner zeigt bei aller Reserve einigen Respekt, weniger vor mir als vor der großen Geldsumme, die mir geschickt worden ist. Ich nütze das gleich und ersuche ihn, für uns mit dem Geld Einkäufe im Ort zu machen. Er erklärt sich einverstanden, und ich stelle eine Wunschliste zusammen. Er hält jede Woche Gottesdienst im Lager, und so spreche ich ihn jedesmal. Er hilft uns, so gut er kann, und einmal gehe ich sogar ihm zuliebe in den Gottesdienst. Unaufdringlich, aber hartnäckig hat er mich jede Woche darum gebeten.
Naßkalt ist's, scheußliches Wetter. Erst nach längerem Kampf setzt die Lagerleitung durch, daß wir Öfen bekommen. Aber um Heizmaterial herbeizuschaffen, müssen wir unsere eigenen Baracken zerlegen. Der Fußboden wird aufgehoben und das Kantholz, auf dem der Boden ruht, herausgenommen. Immer geringer wird die Unterlage, aber noch steht die Baracke, und der Ofen raucht.
Auch sonst verstehen wir, uns zu helfen. Wir haben im Lager eine ganze Industrie aufgebaut. Schon früher wurde viel ge-

bastelt. Besonders beliebt sind die kleinen Flugzeuge, aus Aluminium gegossen, schön poliert, oft eingelegt mit Stükken von farbigen Zahnbürstelstielen. Diese Bastelarbeiten werden verkauft. Die französischen Posten nehmen sie gern und da gibt's dann Tabak und hie und da auch etwas zu essen.

Seitdem es aber so großen Hunger bei uns gibt, haben wir einen Beschluß gefaßt. Alles Geld, das hereinkommt, seien es Sendungen von Bekannten, sei es der Erlös für die hier im Lager erzeugten Basteleien, gehört zur Gänze dem Kollektiv. Jetzt, wo es Hunger und Not gibt, will keiner mehr essen als der andere.

Als wir diesen Beschluß faßten, gab es Bedenken, ob nicht die Arbeitslust dadurch eingeschränkt wird und daher weniger Geld in das Kollektiv kommt. Diese Besorgnis war unbegründet und das ist unser Stolz.

Drei haben sich zusammengefunden und ein Riesenrad gebastelt, genau dem Riesenrad im Prater nachgebildet. Eine Ansichtskarte diente als Modell. Sie haben auch einen Motor eingebaut, der es dreht. Es ist so schön geworden, daß wir es nicht verkaufen. Schließlich schicken wir's an französische Freunde, die hier in der Nähe wohnen und uns immer geholfen haben, so viel sie nur konnten.

Nach einer Weihnachtsfeier mit einem Festessen und den unvermeidlichen sentimentalen Gefühlen, die an diesem Tag jedem kommen, der fern von zu Hause ist, gibt es ein Silvester mit Lachen, Lärmen und Witzemachen, Sich-mit-Ruß-Anschmieren und Fröhliches-Neujahr-Wünschen.

Und zu all dem Gelächter und den Witzen viele Gedanken über das neue Jahr und das neue Jahrzehnt, das jetzt beginnt. Was wird das Jahr 1940 bringen? Soll es bringen, was es in sich trägt! Wir sind nicht gewillt, alles nur als Schicksal hinzunehmen.

Am nächsten Tag gibt's wieder Garbanzos und Bacalau, die Sorgen wegen dem Heizen und die Kälte in den Füßen. Am nächsten Abend hört man ruhige Atemzüge in allen Barakken, nur hie und da hockt einer bei einem Kerzenstumpf und liest ein Buch.

*

Das »Zweite Büro«, das ist die Nachrichten-, also Spitzelabteilung der französischen Armee, arbeitet mit Hochdruck. Jetzt kommen sie mit einem neuen Schlager: »Wer will sich freiwillig in die französische Armee melden?« Kein Wort mehr von Fremdenlegion? Was soll das heißen? Sehr bald zeigt sich der Haken.

»Wer meldet sich zur französischen Armee zu den Spezialeinheiten, die nach Finnland eingeschifft werden? Jeder erhält den Rang, den er in Spanien gehabt hat.«

Also ihr wollt uns nach Finnland schicken, während Frankreich gegen Deutschland noch keine Kugel verschossen hat? Warum denn? Weil es dort gegen die Sowjetunion geht! Und dazu wollt ihr uns haben? Da gebt ihr uns sogar unsere Dienstgrade wieder. So wißt denn: Wir alle haben uns einen Dienstgrad im spanischen Krieg erworben, den Rang eines Freiwilligen der Internationalen Brigaden, und darauf sind wir stolz. Kein einziger von uns meldet sich für das Expeditionskorps nach Finnland. Nur aus der 9. Kompanie sind einige Österreicher gegangen. Wir wollen ihre Namen aus unserem Gedächtnis streichen.

Jetzt wird es immer härter im Lager. Die Garde mobile kommt jetzt immer häufiger in unsere Îlots herein und durchsucht die Baracken nach politischen Büchern. Jede Ansammlung ist ihr verdächtig. Überall wittert sie die kommunistische Partei. Verhöre werden in steigender Zahl durchgeführt. Nicht selten kommen unsere Kameraden von solchen Verhören mit zerschlagenem Gesicht zurück. Und manche kommen ins Strafcamp.

*

Inzwischen ist's Frühling geworden. Hier im Süden wird es schnell warm und an windstillen Tagen kann man sich schon in der Schwimmhose in die Sonne legen.

Auch sonst hat sich manches verändert. Man hört nichts mehr von den Plänkeleien an der Grenze Frankreichs. Die Zeitungen haben über anderes zu schreiben, denn Hitler hat Dänemark und Norwegen verschluckt, hat Rotterdam zerstört, Belgien überwalzt und die Illusion der Maginotlinie zerschlagen. Täglich tauchen im Heeresbericht neue Ortsnamen auf, die den Rückzug der französischen Armee zei-

gen. Der Krieg ist ernst geworden, auch für Frankreich. Was wird mit uns geschehn?
Wieder kommt eine Liste zur österreichischen Lagerleitung. Über 40 Namen stehen darauf. Hauptsächlich solche, die den Franzosen als besonders aktive und politisch bewußte Menschen bekannt sind. Der Leo Engelmann steht darauf, der Kommissar war in Spanien und in seiner Baracke jetzt Barackenchef ist. Der Walter Wachs steht auf der Liste, ein Wiener Medizinstudent, der in Spanien bei der Sanität war. Der Sioma ist darauf, der unzertrennliche Freund von Leo, und Peter Loisl, ein blasser, magerer Wiener, den alle gern haben, weil er immer mit einem guten Rat bei der Hand ist. Ich bin auch auf der Liste. Schließlich erfahren wir: Wir gehen auf Transport in ein Straflager.
Meine Hauptsorge ist, daß die Schule weiterläuft. Der Lackner Vickerl, ein Steirer Arbeitersohn, Hauptmann in Spanien, übernimmt ihre Leitung.
»Schau nur ja, daß die Schule regelmäßig läuft. Wenn sie einmal unterbrochen ist, dann ist es schwer, die Kurse wieder zu beginnen.«
Zum letztenmal gehen wir die Lagerstraße zwischen den Îlots entlang. Noch einmal drehe ich mich um. Wann werden wir uns wiedersehen? Werden wir uns wiedersehen?
Wir müssen auf ein Lastauto hinauf. Das erstemal seit dem April des vorigen Jahres fahre ich wieder durchs Tor. Das also war Gurs. Hier haben wir miteinander geschwitzt und gefroren, gelacht und gehungert, gelernt und gelebt.
In ein Straflager geht's. Wird's sehr schlimm sein? Aber wenn ich all die anschaue, die mit mir fahren, dann weiß ich: Es kann gar nicht sehr schlimm werden, denn ich bin ja nicht allein.
Ich verscheuche die Gedanken, will nur die Fahrt genießen. Wieder Bäume aus der Nähe sehen, Häuser, Wiesen und Berge, ja selbst der Bahnhof ist etwas Sehenswertes.
Wir fahren Richtung Toulouse. Dann zweigen wir ab nach Le Vernet, das südlich von Toulouse liegt. Marschverpflegung haben wir nur für einen Tag mitgehabt, aber wir sind schon mehr als 24 Stunden unterwegs. So ist das erste Gefühl, das wir haben, als wir ankommen, Hunger. Hunger, das beherrschende Gefühl im Lager Le Vernet.

Le Vernet

In Begleitung von Garde mobile geht's in der Abenddämmerung hinein in unser neues Gefängnis. Eines sehen wir gleich. Hier geht es anders zu als in Gurs, ein viel militärischerer, schrofferer Ton herrscht hier.
Wir werden in eine leerstehende Baracke gestopft, dort sollen wir übernachten, ohne Stroh und auch ohne Essen.
In der Früh schauen wir uns mit krachendem Magen und steifen Gliedern um. Die Umgebung ist schön. Auf der einen Seite geht es bergab zu einem Flußtal und am anderen Ufer des Flusses erheben sich steile Hügel. Einzelne Bäume zeigen den Verlauf eines Weges, sanfte Erdwellen geben dem Bild jenes liebliche Gepräge, das an heimatliche Hügel erinnert. Wir müssen antreten, stehen und warten und werden schließlich in unsere Baracke geführt.
Bald lernen wir das Lager Vernet näher kennen – ein Gemisch von Menschen aller Nationen, die hier zusammengetrieben wurden: Spanienkämpfer und Bibelforscher, bekannte Kommunisten und jüdische Emigranten aus Mitteleuropa, politische und unpolitische Menschen. So unterschiedlich ihre Zusammensetzung, so unterschiedlich ist auch ihre Reaktion auf die Ereignisse dieser Wochen: Paris fällt.
Die Nervosität im Lager ist ungeheuer. Die einen jammern: »Die Deutschen werden bis hierher kommen!« Andere kommen zu uns Internationalen und fragen: »Was sollen wir machen?«, weil sie bei uns die Ruhe und Sicherheit spüren, die dem Unpolitischen abgeht.
Und eines Tages erscheint die »Dépêche de Toulouse«, die auch hier wieder unsere einzige Zeitung ist, mit einem schwarzen Rand. »Armistice« – Waffenstillstand. Frankreich hat kapituliert. Hitler hat seinen billigen Sieg.

Das Lager ist in vollster Aufregung.
»Glauben Sie, daß die Deutschen auch hierher kommen? Das überlebe ich nicht.«
Es sind die aus Mitteleuropa geflüchteten Emigranten, die voll Angst so sprechen.
Und draußen, auf der Straße, fahren ununterbrochen die vollbepackten Autos der Flüchtlinge zur spanischen Grenze.
Jetzt schreibt die »Dépêche« nicht mehr »après le . . . ème jour de guerre« – am soundsovielten Kriegstag –, sondern »après le . . . jour d'armistice« – . . . nach dem Waffenstillstand. Wie schön doch eine Zeitung schreiben kann! Vor einigen Tagen noch glühende Leitartikel gegen Deutschland, und heute wird die Weisheit des neuen »Staatschefs« Pétain, der mit Deutschland den Waffenstillstand schließt, gelobt und gepriesen im selben Stil und mit ganz ähnlichen Worten.
Für uns verändert sich vorderhand nichts. Die Franzosen wollen uns weiter im Lager lassen. Wir erwarten jetzt auch gar nichts anderes mehr. Als Frankreich noch gegen Deutschland Krieg führte, als es zumindest angab, diesen Krieg ernst zu nehmen, hat man uns hinter Stacheldraht gesperrt. Sollte jetzt die vor Deutschland kriechende Vichy-Regierung uns freigeben?
Die ersten Bibelforscher habe ich hier kennengelernt. Zwei junge Russen, die in Frankreich aufgewachsen sind. Mit heiligem Fanatismus sind sie ihrer Sache ergeben. Jeden Tag in der Früh und am Abend, wenn die Lagerfahne auf- und eingezogen wird, muß eine Abteilung von uns Gefangenen nach vorn marschieren und dort der französischen Fahne ihre Achtung erweisen. Die Bibelforscher aber weigern sich, vor der Fahne strammzustehen und stecken dafür viele Schläge ein. Sonderbare Menschen. Ihre Konsequenz zwingt einem Achtung ab.
Das Leben geht weiter wie gewöhnlich. Jeden Morgen aufstehen zum Appell. Wir haben auch schon gelernt, uns vom Appell zu drücken. Die Gardes mobiles sind zu faul, nachzuzählen und so stehen in den letzten Fünferreihen nur mehr vier oder drei, und die von uns, die krank oder zu schwach sind, bleiben liegen.
Fast jeden Tag gibt es irgendwelche Arbeiten, zum Beispiel Topinambur schälen. Topinambur ist das neueste Nahrungsmittel, das die Franzosen hier für uns gefunden haben.

Ich glaube, nicht einmal Schweine würde man damit füttern. Sie schauen aus wie Erdäpfel, die überall knollige Auswüchse haben, haben einen süßlichen, faden Geschmack und stinken dabei.
Ein bisserl spazierengehen tu ich auch jeden Tag. Schön langsam werden die Runden gegangen, wie es sich für hungrige Menschen ziemt. Und dann das Lesen. Von Szymon, einem polnischen Kameraden, borg ich mir täglich stundenweise das »Kapital« von Marx aus. In der Früh und nach dem Mittagessen les ich immer ein paar Absätze, langsam und gewissenhaft. Das sind die Zeiten, wo ich mich am besten konzentrieren kann, weil ich am wenigsten Hunger habe.
Der Gedanke an Essen nimmt immer mehr Raum ein. In den anderen Baracken streiten sie ums Brot. Wir haben uns Waagen konstruiert, das Brot wird gewissenhaft abgewogen, so daß alle Teile gleich groß sind. Immer wieder werden uns die Rationen gekürzt.
»Wie machst du das mit deinem Brot? Ißt du es auf einmal, oder teilst du dir es ein?«
»Was kannst denn da einteilen, das steht sich doch gar nicht mehr dafür. Ich hau's gleich runter, wenn es kommt, so bin ich wenigstens satt bis zum Mittagessen.«

*

Gerüchte, immer wieder Gerüchte: »Die Deutschen kommen her.« Und eines Tages sind sie wirklich da. Zwei deutsche Offiziere kommen herein. Zum erstenmal sehe ich die Offiziersmützen, die schon so viel aussagen über die Arroganz dieser Kaste. Einer erkundigt sich, wo die deutschen Lagerinsassen sind. Dann kommt er zu unserer Gruppe und fragt:
»Welche Nationalität?«
»Österreicher.«
Er wendet sich zum anderen Offizier und sagt: »Hier sind ja auch noch Deutsche.«
»Mal ran! Ostmärker links.«
Dann hält er eine Rede. Zuerst spricht er zu den Deutschen. Dann zu uns:
»Und ihr Ostmärker, ihr seid doch schon nach Spanien, wie noch Schuschnigg in der Ostmark war. Wir sind auch keine Freunde von Schuschnigg gewesen. Ihr habt also nicht das

Reich verlassen. Kommt jetzt zurück! Nach drei bis vier Monaten Umschulungslager kann jeder von euch einen Arbeitsplatz bekommen und wer etwas leistet, kann bei uns im Reich auch etwas werden. Ich erwarte, daß ihr euch alle heimmeldet, die Ostmärker vor allem!«
Dann ist es still. Kleine Wolken huschen vor der Sonne vorbei – man hört einen Zug aus der Station fahren. Langsam fährt er an, immer schneller werden die Dampfstöße und sein Rattern.
Immer wieder muß ich in das arrogante Gesicht des Offiziers schauen. Und dieser deutsche Dialekt!
»Wer Anfragen hat, kann sich nach vorn melden.«
Schroff wendet sich der Offizier ab, offensichtlich ärgert es ihn, daß er keine Antwort bekommen hat. Zwischen den Baracken verschwinden die geschniegelten deutschen Uniformen.
Was machen wir? Eines ist sicher: Wir handeln gemeinsam. Abends hören wir vom Nachbar-Îlot herüber, Heinz Dürmayer, der noch vor uns auf Straftransport nach Vernet kam, hat sich für die Heimfahrt gemeldet, und auch in unserem Îlot haben sich die tschechischen Interbrigadisten nach Hause gemeldet ins »Protektorat«, wie es jetzt heißt.
»Recht haben die Tschechen, daß sie nach Hause fahren. Dort haben sie doch die Möglichkeit, Verbindung mit ihren Leuten aufzunehmen und politische Arbeit zu leisten.«
»No, und wir Österreicher? Ist es für uns anders als für die Tschechen?«
Was sollen wir Österreicher tun? – Ein Abend beginnt und eine Nacht und dann ein neuer Tag mit einem neuen Problem für uns.

*

Heute hat es wieder einmal große Aufregung gegeben. Aufregung, Nervosität und einen schönen Abend.
Es ist nämlich heute der Hund des Kommandanten verschwunden. Der Kommandant hat sich sehr aufgeregt und wir haben ein gutes Nachtmahl gehabt, denn der Hund war groß und gut genährt.
Rudl Had, der einmal in einem bekannten Wiener Hotel Koch war, hat heute seinen großen Tag. Endlich kann er uns etwas vorsetzen, und nach dem Essen fragt er jeden, dem er

begegnet: »Hast du überhaupt geschmeckt, daß das ein Hund war? Man hat es doch überhaupt nicht schmecken können.«
Rudl hat eine Soße gemacht, die in seinem Hotel bestimmt einen vornehmen französischen Namen bekommen hätte. Ansonsten aber gibt es immer wieder diese Topinambur, die so grauslig sind, daß wir uns schon nach den Carabanzen sehnen. Das hätten wir uns vor ein paar Monaten nicht vorstellen können. Jeden Tag gehen die Gespräche über unsere Zukunft weiter.
»Ist das nicht ein Verrat? Wir haben doch gegen den Hitler in Spanien gekämpft und jetzt sollen wir freiwillig zu ihm zurück?«
»Wir haben nicht freiwillig den Krieg verloren und sind nicht freiwillig im französischen Lager.«
»Hier bleiben hat doch überhaupt keinen Sinn. Wir verhungern schön langsam und können nichts machen.«
»Wenn uns auch die Deutschen einsperren, so können wir doch nach Hause schreiben und kriegen auch Post. Ich habe jetzt schon bald ein Jahr nichts von mir zu Haus gehört.«

*

Leo und ich gehen im Lager spazieren. Außerhalb des Zaunes wird der Sarg eines Kameraden auf den Friedhof getragen – immer häufiger gibt es jetzt Begräbnisse von Lagerinsassen.
»Weißt, Leo, ich glaub wirklich, daß es nicht richtig ist, wenn wir noch hier bleiben. Man muß konsequent sein, wir waren es doch sonst immer. Wenn sie uns auch in ein deutsches Gefängnis stecken oder meinetwegen auch in ein KZ, so haben wir dort doch andere Möglichkeiten als hier. Wir können im Lager politische Arbeit leisten, so wie wir es unterm Schuschnigg gemacht haben.«
»Ja, ich glaub jetzt auch schon bald, daß es für Euch das beste ist, zu fahren.«
Leo kann nicht fahren. Er ist Jude. Bis jetzt haben wir überhaupt nicht beachtet, wer von uns Jude ist und wer nicht, oft haben wir es nicht einmal gewußt. Jetzt wird auch das ein Problem. Die Juden unter uns dürfen auf keinen Fall zurück.
»Und was wird aus Euch werden?«
Leo lächelt. Leo ist unser Kollektivvater. Hier, wo es blut-

wenig gibt, haben wir ihn gewählt, um das wenige zu verwalten. Gerechter als er kann keiner sein. Zu ihm kommen die Kameraden, wenn sie ein schweres Herz haben. Er kann so geduldig zuhören und so aufmunternd antworten.
Wir werden also auseinandergehen müssen, jeder einen unbekannten Weg. Unbekannt und gefährlich, wie der Weg eines Kämpfers immer ist.

*

Zuerst haben wir's in der »Dépêche« gelesen: Die Vichy-Regierung will eine Bahn durch die Sahara bauen. Wir haben darüber Witze gemacht. Jetzt lachen wir aber nicht mehr darüber. Einer, der vorne in der Kommandantur die Zimmer reinigt, hat einen Befehl gelesen: Aus den Insassen des Camps sind Arbeitskompanien zusammenzustellen, die zum Bau der Saharabahn nach Afrika transportiert werden.
Bahnbau in der Wüstenhitze, womöglich Fremdenlegionäre als Aufsicht – nein, das darf nicht sein. In der Wüste wollen wir Internationale nicht zugrunde gehen.

*

Der Herbst kommt. Der Wald schimmert in allen Farben. Schöne Tage gibt es jetzt, nicht mehr so heiß. Auch Regen, Wind und Nebel dazwischen. Unsere Dächer halten den Wind und den Regen nicht ab. Immer wieder muß einer hinauf und flicken. Auch die Rationen werden wieder gekürzt. Vor allem das Brot, und das ist doch das Wichtigste.
Viele Gespräche, lange Diskussionen und schließlich ein Beschluß: Wir schreiben einen Brief an die deutsche Repatriierungskommission in Vichy. »Wir sind bereit, in unsere Heimat zurückzufahren.« Wir schreiben nicht Deutsches Reich, und wir schreiben nicht Ostmark. Österreich können wir nicht schreiben, so haben wir das Wort Heimat gewählt. Dann kommen die Unterschriften. Nicht alle unterschreiben, wir haben es miteinander so besprochen. Unsere jüdischen Kameraden und einige Genossen, die politisch zu bekannt sind, unterschreiben nicht.
Der Wind bläst in die Baracke. Es ist kein leichter Tag für uns, an dem der Brief weggeht, und es ist auch nicht leicht, auf die Antwort zu warten. Aber wenn es richtig ist, muß es geschehen.

*

»Lieber Otto! Schau, daß Du auf jeden Fall hierher kommen kannst. Es ist möglich, uns an zwei aufeinander folgenden Tagen zu besuchen. Komm auf jeden Fall, ich weiß ja nicht, wie lang ich noch hier bin. Auf Wiedersehen. Dein Hermann.«

Mein Bruder lebt in Mittelfrankreich in einem Dorf. Er hat in seinem letzten Brief angedeutet, daß er fürchtet, nun auch ins Lager zu kommen. So hab ich ihm den Brief geschrieben, und er ist auch wirklich gekommen.

An einem Oktobertag werd ich in der Früh vorgerufen. Wie ich zur Besuchsbaracke komme, sehe ich den Otto schon von weitem. Er ist ja viel größer als die Frauen und Männer, die hier auf andere warten. Er lacht und winkt, und dann sind wir beisammen. Das letztemal haben wir uns in Paris gesehen, bevor ich nach Spanien gefahren bin. Abends sind wir damals auf den Champs Elysées spazierengegangen und dann hat er mich auf die Bahn gebracht. Das ist jetzt zweieinhalb Jahre her. Zwei Tage können wir jetzt miteinander verbringen, das ist viel und wenig Zeit zugleich.

Er hat mir Essen mitgebracht, was er nur auftreiben konnte. Das Essen hebe ich auf, denn alles, was einer von uns bekommt, gehört ja dem Kollektiv. Aber eine Flasche Milch hat er auch mitgebracht, und die Flasche muß er gleich zurückgeben. So trinke ich die Milch allein. Milch, wirkliche Milch. Langsam trinke ich, immer wieder setze ich ab.

Am nächsten Tag habe ich Durchfall. Wir vertragen nichts mehr.

Wie er weggefahren ist, hat er von der Bahn aus ins Lager gewinkt. Wir haben uns noch deutlich sehen können. Vier Wochen später bekomme ich von ihm eine Karte aus Gurs. Er ist nun auch hinter Stacheldraht gesteckt worden. Das ist bei ihm nicht so einfach, er ist lungenkrank.

Gut, daß wir uns noch gesehen haben.

*

Die Rationen werden wieder gekürzt. Unser Arzt ist sehr besorgt, und dann gibt es eine Versammlung unseres österreichischen Kollektivs. Leo macht dort folgenden Vorschlag:

»Was wir von auswärts bekommen oder uns kaufen können,

das soll nicht mehr aufgeteilt werden, sondern unser Arzt soll bestimmen, wer es am notwendigsten braucht, denn wir haben ein paar unter uns, die lungenkrank oder sonst aus einem Grund schlechter dran sind als die anderen.«
Es gibt keine lange Diskussion. Alle sind dafür, nur einer stimmt dagegen. Es ist leicht, ihn zu verurteilen, weil er schwach geworden ist, aber es ist sehr schwer, bei dem Hunger stark zu bleiben. Jetzt weiß ich erst richtig, was Hunger ist. Es gibt Stunden, so vor der Brotfassung, wo man wirklich Schmerzen hat, wo man nichts anfangen kann, nicht lesen und nicht reden und nicht einmal gescheit denken. Ich habe mich schon ein paarmal dabei erwischt, wie ich mit Neid, ja mit richtigem Neid den Kranken zugeschaut habe, wenn sie etwas »extra« bekommen. – Das ist nicht schön.

*

Aber bei all der Kälte und dem Hunger und dem Elend hier in Le Vernet versuchen wir doch, dieses traurige Leben zumindest für einige Stunden zu vergessen.
Heute ist in einer der Baracken ein festlicher Abend. Es gibt eine Leseaufführung von Szenen aus Goethes »Egmont«. Ein Rumäne spielt auf seinem Akkordeon Beethovens Ouvertüre. Er spielt wunderbar.
Dann spricht Goethe. Wie feurig, wie revolutionär sind seine Worte, hier im Lager von Le Vernet gesprochen. Die Siegeszuversicht des zum Tod Verurteilten, die stürmende Musik Beethovens dazu – ja, wir haben die großen Geister aller Zeiten auf unserer Seite! Auch dieser Abend war kalt, aber wir haben nicht so gefroren wie sonst.

*

Das Leben im Lager ist im Frost erstarrt. Die Waschbecken, die im Freien stehen, sind voll Eis. Kein Ofen ist im Lager, keine einzige Baracke geheizt. Ich habe neben meinem Strohsack immer eine Flasche stehen. Eines Morgens ist sie voll Eis.
Wir haben uns gefreut, daß wir in den Baracken einen Betonboden haben. Der ist besser sauberzuhalten. Jetzt fluchen wir darüber. Steht man auch nur ein paar Minuten, so frieren wir erbärmlich an den Füßen. Wenn man Hunger hat, ist es dop-

pelt so kalt, und wenn man friert, hat man doppelt so großen Hunger.
Leo und Rudl machen sich große Sorgen. Wir haben schon sehr lange kein Kollektivessen gehabt. Keiner murrt, aber jeder wartet, das wissen sie genau.
Da hat Rudl eine Idee: Mit dem letzten Geld werden Feigen gekauft. Es sind nicht viele, aber immerhin, es sind Feigen. Rudl nimmt aus der Küche den Kaffeesud der letzten Tage – wir kriegen irgendeinen Ersatzkaffee –, und aus diesem Sud und den gehackten Feigen macht er einen Kuchen. So sind wir wieder zu einem Kollektivessen gekommen und nachher sagt jeder: »Das war fein.«
»Das ist wenigstens etwas, was im Magen liegen bleibt. Da spürt man, daß man was gegessen hat.«
Oft erzählen wir noch von der guten Torte und Rudls Kochkunst.

*

Lang, entsetzlich lang sind diese Wintermonate hier. Wir warten noch immer auf Antwort von der deutschen Kommission. Eines Tages kommen sie wieder. Diesmal sind's Zivilisten, aber sie reden genauso, als ob sie Militärs wären.
Die Personalien von jedem werden aufgenommen, verschiedene Fragen gestellt. Dann dampft die Kommission wieder ab. »In den nächsten Wochen wird euer Transport abgeholt.« Also heißt es, weiter warten.

*

»Faim, faim!« – Hunger, Hunger! Viele Hunderte schreien es. Unser Îlot-Tor ist geschlossen. Die Garde mobile, die neben dem Îlot-Eingang ihre Bude hat, ist geflohen.
»Faim, faim!« – »Hunger!« In allen Sprachen wird es gerufen. Hunderte drängen zum Ausgang, stehen vor dem Tor. Und der Ruf wird aufgenommen von unseren Kameraden in den anderen Îlots.
Die täglichen Topinambur, das Fehlen jeglichen Fetts, die untergewichtigen Brotlaibe, die verfaulten Rüben – der ganze furchtbare Hungerwinter ruft in allen eine solche Wut wach, daß für Stunden alle Schwäche und alle Schmerzen vergessen sind. Nein! Wir lassen uns nicht demütig aushungern.

»Faim, faim!« und das Îlot-Tor kracht in den Fugen.
Eine Kompanie Garde mobile setzt sich in Marsch, das Gewehr gefällt.
»Faim, faim!« – »Hunger!« »Pfui!«
Sie marschieren näher in sehr schnellem Tempo. »Un-deux, un-deux«, kommandiert ein Sergeant. Das Îlot-Tor besteht nur aus Latten, dahinter stehen wir eng gedrängt. Immer näher kommen sie heran. »Pfui!« »Nous avons faim!« – Wir haben Hunger.
Der Sprechchor bröckelt ab. Ein baumlanger Sergeant, der an der Spitze marschiert, öffnet das Tor mit einem kräftigen Fußtritt. Er ist nicht ausgehungert, er hat Kräfte. Und jetzt rennen sie herein, und vor ihnen weicht die Masse zurück. Sie haben die Gewehre umgedreht und schlagen mit den Kolben ziellos drein. Die Garde mobile stürmt zu den Baracken. Gespenstisch still ist es geworden. Jetzt spürt man erst richtig, daß man heute noch nichts gegessen hat.
Dann kommt die Garde mobile zurück. Sie hat die Barakkenchefs und andere, die ihnen von Konfidenten bezeichnet wurden, verhaftet. Dann durchsuchen sie die Baracken, aber das »Kapital« haben sie doch nicht gefunden.
Abends bekommen wir besseres Essen als jemals in den letzten Wochen. Wir brauchen die Fassung nicht zu holen, sie wird uns ins Îlot gebracht. Und auch in den nächsten Tagen und Wochen sind die Rationen etwas größer.

*

Wieder bringt die »Dépêche« große Überschriften: Krieg mit Jugoslawien. Und dann die üblichen Siegesmeldungen.
Morgen geht endlich unser Transport nach Deutschland. Gepackt ist recht schnell, aber Abschied genommen ist nicht leicht. Leo, der Spanienkämpfer, bleibt hier. Bei ihm fällt mir das Servussagen sehr schwer. Die Tage von St. Cyprien fallen mir wieder ein, die langen Gespräche beim Spazierengehen, Gurs, wo er mein Nachbar in der Baracke war.
»Also, servus Leo.«
»Servus Hermann.«
Auch Sioma, Walter Wachs und viele andere bleiben hier. Wie wir vor der Baracke mit unserem Gepäck antreten, sehen wir drüben unsere Kameraden stehen, die Abschied winken. Dann geht die Sonne auf. Wir marschieren zum Bahn-

hof. Es ist der 21. April 1941. Die Kastanien haben schon Blüten angesetzt, das helle Grün der jungen Blätter hebt sich wunderbar schön von dem milchigen Blau des Morgenhimmels ab. Vögel singen, die ganze Wiese glänzt.

Auf Transport nach Deutschland

Als wir an die Mittelmeerküste kommen, ist es schon dunkel. Am nächsten Nachmittag liegt Lyon hinter uns. Wir kommen zur Demarkationslinie. Die Gespräche in unserem Abteil verstummen allmählich. Ich habe ein unangenehmes Gefühl und die anderen sicher auch. Noch einmal dieses verhaßte »Allez, allez!«, das uns begleitet hat von der spanischen Grenze bis hierher, über zwei Jahre lang. Neben dem Waggon müssen wir auf dem Perron antreten. Garde mobile mit Gewehr flankiert unsere Kolonne. Dann kommt ein deutscher Offizier. Der französische Sergeant spritzt zusammen und meldet auf französisch. Der Deutsche macht nur eine nachlässige Geste. Abtreten. Mit hochrotem Kopf gibt der Sergeant seinen Leuten den Befehl, abzumarschieren. Wir grinsen ihm schadenfroh nach. Es sind die letzten Gardes mobiles, die wir zu Gesicht bekommen.
»Ihr habt euch freiwillig heim ins Reich gemeldet?«
»Ja.«
Die Deutschen sagen »Jawohl« und das ist hier scheinbar besser am Platz. »Ihr werdet morgen auf Transport ins Reich gehen. Heute schlaft ihr hier. Ohne Tritt marsch.«
Am nächsten Tag werden wir in Viehwagen verladen. Es geht langsam. Oft stehen wir stundenlang in kleinen Stationen. In der Früh geht's durch das Elsaß, das im Frühling daliegt, dann kommt Strasbourg, fürchterlich zerstört. Wir fahren im Schritt über provisorische Brücken, sehen lange, zerschossene Häuserzeilen. Und dann liegt die Rheinbrücke unter uns, und wir sind in Deutschland.
In Karlsruhe wird die Tür aufgerissen, Taschenlampen blitzen herein: »Alles raus, aber schnell.« »Antreten!« brüllt's dann. »Kannst Du nicht bis drei zählen, Du Schweinehund?« Fußtritte gibt es, Püffe. Wir sind gewohnt, in Fünferreihen

anzutreten. Hier werden wir gleich belehrt, daß man im Tausendjährigen Reich in Dreierreihen antritt.
»Marsch!« Stiegen geht es hinunter, in einer Unterführung wird haltgemacht. Offiziere kommen, blasierten Hochmut im Gesicht. Sie schauen über die Menschen hinweg. Mit ihnen gehen Soldaten, die Maschinenpistolen im Anschlag halten.
»Das also sind die Rotspanier. Jämmerliche Figuren das. Können nicht mal richtig strammstehen.«
Wir werden in einer Schule untergebracht. Aus dem »Völkischen Beobachter«, den wir das erstemal sehen, erfahren wir, daß Athen gefallen ist.

*

Nach tagelangem Warten geht's am 1. Mai los. Vorher wird noch unser Transport genau gegliedert. Die einen fahren nur bis Salzburg und müssen sich gesondert halten, die andern bis Wien und der dritte Teil wird bis Graz geführt. Jeder wird an seine Heimatbehörde überstellt, heißt es.
Zu Fuß geht es auf den Bahnhof. Neugierig werden wir von den Passanten angesehen. Wir müssen auch ein merkwürdiges Bild bieten. In Uniformstücken und Zivilkleidern, zerlumpt und oftmals geflickt, verwaschen und verwittert, mit schlechtem Schuhwerk und mit Fetzen um die Füße statt Socken, mit allen möglichen improvisierten Koffern, so kommen wir daher.
Der 1. Mai – ein anderer 1. Mai fällt mir ein. Der 1. Mai 1938 in Spanien, an dem André Marty in einer Stierkampfarena zu uns gesprochen hat. Und noch weiter zurück, der 1. Mai 1934, an dem wir eine Flugzettelaktion im Winarskyhof durchgeführt haben –. Dann in Gurs der 1. Mai.
»Wart nur, es wird schon wieder einmal ein anderer 1. Mai kommen!«
Ulm liegt hinter uns, die kleine altertümliche Stadt mit dem hohen Turm des Münsters. Dann dämmert's. In München heißt es auf einmal: Alles raus!
Warum? Auf dem Zug ist doch gestanden München–Salzburg–Wien. Draußen müssen wir wieder antreten. Jetzt wird nicht mehr befohlen, daß die Transporte nach Salzburg, Wien und Graz sich getrennt halten sollen. Auf dem Perron werden wir durch ein Spalier von neugierigen Blicken ge-

führt, dann zweigen wir auf ein Geleise ein. Dort steht eine Tafel: München–Dachau. Und ein Zug steht bereit. Kleine Waggons, so wie sie auf Lokalstrecken gebraucht werden. Wir schauen uns nur an. Aus ist der Traum von Wien und vom Wiedersehen mit den Unseren. Die Fahrt ist kurz und bei der Ankunft empfängt uns schon Dachauer SS.

Dachau

Schreien, Fluchen, Schläge. Die Reihenfolge variiert. Sonst bleibt es beim Verladen und beim Ausladen der Lastwagen, die uns ins Lager führen, dasselbe.
Als ich vom Lastwagen springe, bekomme ich meine erste Ohrfeige. Ein SSler steht beim Wagenende und schlägt jeden, der in seine Reichweite kommt. Dann Befehl: Laufschritt!
In einem verdunkelten Raum sind wir uns selbst überlassen. Aber ganz allein sind wir nicht. Eine schnarrende Stimme kommt aus dem Dunkel: »Richtet euch ein zum Schlafen.«
Jetzt sehe ich durch die Dunkelheit den Sprecher, einen Mann in blau-hellgrau-gestreifter Häftlingskleidung mit kahlgeschorenem Kopf. Aber nicht nur wegen der Montur und dem Haarschnitt schaut der Sprecher wie ein Schwerverbrecher aus. Sein Kopf, rund, mit gemeinen Augen, seine blecherne Stimme, all das verstärkt den Eindruck. Am linken Arm trägt er eine schwarze Binde und darauf steht in weißen Buchstaben: Lagerältester.
So machen wir die Bekanntschaft mit Kapp, dem Lagerältesten von Dachau, der früher einmal in Nürnberg Funktionär der Sozialdemokratischen Partei war. Die SS hat einzelne Häftlinge zur Lagerverwaltung herangezogen, so erfahren wir später. Der Lagerälteste ist der SS für das ganze Lager verantwortlich und Vorgesetzter aller anderen Häftlinge.
Wir liegen im Bad – als solches haben wir es an den Brausen und dem Betonboden mit Abfluß erkannt – und im Flüsterton werden die ersten Eindrücke ausgetauscht.
»Seit wann ist denn Dachau ein Umschulungslager?«
»Du, ich glaub, mit dem Traum vom Freigehen ist's aus.«
»Ich hab nie daran geglaubt.«
Peter Loisl dreht sich auf die Seite, er will schlafen. Das ist unsere erste Nacht in Dachau.

Vor der Morgendämmerung sind wir wach und schauen zu den Fenstern hinaus. Im dunklen Grau des nebligen Morgens sehen wir hinter einem weitgestreckten Platz endlos Baracken. Im Dunkel lösen sich aus dem Nebel Kolonnen von Menschen. In breiten Reihen marschieren sie militärisch exakt auf den großen Platz. Dabei hören wir Gesang, so wie die Deutschen ihren Gesang exerzieren, abgehackt und laut. Der riesige Platz vor unseren Fenstern füllt sich. Dann ist es still. Nun schneidende Kommandorufe. Was ist das? Schlagartig haben auf einmal alle ihre Mützen abgerissen, und es ist heller geworden dadurch, daß tausende kahle Schädel leuchten.
SS kommt, an ihrer Spitze ein Offizier. Später erfahre ich, daß es der Lagerführer Zill ist. Schiefes Froschmaul, starrer Blick. Gleich brüllt er irgend etwas, ich verstehe es nicht, und schlägt auf einen von uns ein, einen Tiroler, einen der ältesten von uns, wir nennen ihn Vater. Der fällt über sein Gepäck.
Wir werden in die Aufnahmekanzlei geführt. Jeder von uns erhält eine Nummer, ich bekomme 25 133. Die Häftlingsnummer ersetzt in Dachau den Namen. Dann antreten, abzählen, nackt ausziehen und rasiert werden. Wir bekommen unser Häftlingsgewand und Holzschlapfen.
Die ganze Aufnahme-Prozedur wird von Häftlingen durchgeführt, die SS steht nur dabei, um anzutreiben. Hier erlebe ich die erste freudige Überraschung: Der Häftling, der uns nach Namen und Personalien zu fragen hat, sagt, als ich allein beim Tisch stehe: »Langbein? Du bist doch vom 9. Bezirk.« Später erfahre ich, daß damit der erste Kontakt mit unseren Genossen hergestellt ist, die schon lange in Dachau sind.

*

Die Blocks, die Wohnräume der Häftlinge, sind wesentlich solider gebaut als die Baracken von Gurs oder Vernet. In den Stuben stehen so eng, wie es überhaupt nur möglich ist, dreistöckige Bettgestelle.
Jede Stube hat einen »Stubenältesten«, wie sie genannt werden, der Block einen »Blockältesten« – ein Stück der Lagerhierarchie, die die SS geschaffen hat.
Auf unserem Block ist ein ehemaliger Berliner Polizist Blockältester. Er trägt den roten Winkel. Jeder Häftling muß näm-

lich unter der Häftlingsnummer, die an Rock und Hose angenäht ist, auch einen »Winkel«, ein dreieckiges Stück Stoff tragen, dessen Farbe die Haftart anzeigt. Die politischen Häftlinge tragen rote Winkel, die Kriminellen – die sogenannten Berufsverbrecher – grüne, die Juden müssen anstelle des Winkels den Judenstern aufnähen. Die Ausländer haben auf dem Winkel noch den Anfangsbuchstaben ihrer Nation aufgeschrieben: P sind die Polen, F die Franzosen, T die Tschechen.
Unser Stubenältester ist auch »Politischer«, ein alter deutscher Kommunist, der schon seit 1933 sitzt. In ihm lernen wir einen Menschentyp kennen, den wir noch oft im Lager begegnen. Die gesamte Ordnung im Block ist darauf ausgerichtet, den Menschen ständig das Gefühl ihrer Bedeutungslosigkeit, die Notwendigkeit, sich dem Zwang zu fügen, vor Augen zu halten. Die Handtücher müssen dreigefaltet im Spind hängen, sie werden niemals trocken, aber die Ordnung ist gewahrt. Sofort nach dem Wecken müssen wir Betten bauen, eine ganze Wissenschaft hier in Dachau. Die Stohsäcke dürfen nicht die geringste Einbuchtung zeigen, die Pölster müssen ausgerichtet sein, selbst das Karomuster auf dem Überzug muß parallel mit all diesen Linien geführt sein. Unser Stubenältester ist nun so aufgefressen worden von dieser Ordnung, daß er selbst ein Teil von ihr geworden ist, daß er nicht nur darum, weil er Strafen für sich oder uns befürchtet, uns anhält, alles richtig zu tun, sondern weil er diese Ordnung offensichtlich als Selbstzweck empfindet. Hier sitzt ein Kommunist seit acht Jahren, er haßt den Nationalsozialismus, aber er exerziert seine Ordnung mit der Leidenschaft eines Zinnsoldaten.
Jeden Morgen weckt uns der »Bär«, eine Sirene mit dumpfbrummendem Ton, wenn es noch dunkel ist. Waschen und Betten bauen, das gibt ein Gedränge, ein Hasten. Dann müssen wir vor der Baracke antreten. In der Morgenkälte stehen wir zitternd und frierend in Reih und Glied und müssen singen, was man in Dachau immer singt: »Schwarzbraun ist die Haselnuß«, »Der Auerhahn«. Die Lieder müssen geschrien werden, je lauter, um so besser, und wehe, wenn einer den Mund nicht aufmacht, wenn Singen kommandiert ist.
Nach dem Appell müssen wir auf dem Appellplatz exerzieren. Der Stacheldraht ist straff gespannt und elektrisch

geladen. Das hat uns der Lagerführer gleich am ersten Tag mitgeteilt. »Hier gibt es kein Heraus. Die Posten auf den Türmen, die entlang des Drahtverhaus stehen, haben geladene Maschinengewehre. Jeder Disziplinarbruch wird durch Lagerstrafen geahndet.« Wir haben auch schon von den Lagerstrafen erzählen gehört. Der »Bock«, wo man 25 bekommt, der »Baum«, wo man mit auf den Rücken gebundenen Händen hochgezogen wird und eine Stunde baumelt.

Nach dem Exerzieren müssen wir unsere Stube auf Glanz herrichten. Immer gibt es da etwas Neues. Wenn wir glauben, daß schon alles in Ordnung ist, kommt ein Blockführer herein, ein junger Bursch in SS-Uniform. Wenn er hereinkommt, muß »Achtung!« gebrüllt werden und alle müssen in Habt-Acht-Stellung erstarren. Er visitiert die Spinde und findet immer etwas, weil er etwas finden will.

»So, also Ihr seid die Rotspanier. Feine Vögel seid Ihr. Wer war von Euch Offizier? Wird's bald?«

Vier treten vor. Wortlos gibt der Blockführer mit dem Milchgesicht jedem eine Ohrfeige. Und schlagen können sie gut, die SSler.

Peter Loisl steht neben mir. Jetzt zittert er vor Wut und ist ganz weiß im Gesicht.

Und noch etwas anderes müssen wir in den ersten Tagen sehen:

Auf dem Weg zum Appellplatz kommen wir am Häftlingsrevier – den Baracken, die als Spital dienen – vorbei und da sehen wir an einem der ersten Tage, wie ein feister, in einen weißen Kittel gehüllter Mann auf einen Häftling tritt, der vor ihm im Gras liegt, immer wieder und wieder und seine Züge sind ganz wutverzerrt. Der, der tritt, ist selbst ein Häftling. Er hat einen geschorenen Kopf und unter dem weißen Kittel sieht man die gestreiften Hosen. Das ist der Haiden Sepp, der Capo vom Revier, erfahren wir später. Capos heißen die Häftlinge, die für die einzelnen Arbeitskommandos der SS gegenüber verantwortlich sind. Die Häftlinge, die im Revier arbeiten, sind auch in einem Kommando zusammengefaßt. Der Haiden ist ein Österreicher aus St. Pölten, ein politischer Häftling. Ein Schwarzer, er war ein Schuschnigg-Anhänger.

Daß ein Häftling den anderen tritt, ist uns nach der festen

Kameradschaft, die sich in den französischen Lagern entwikkelt hat, unbegreiflich.

*

Wir werden zum Essentragen eingeteilt. Wir marschieren zur Küche, wie überhaupt hier immer marschiert und nie gegangen wird. Kommt man bei der Küchentür herein, bekommt man so lange Prügel, bis man begreift, wo man hinzugehen hat. Sagen tut es einem niemand. Wir verstehen das schnell, aber hinter uns kommen Geistliche, die offenbar heute auch das erste Mal da sind. Bis sie begreifen, was sie zu tun haben, haben sie manchen blauen Fleck.
Die Essenkübel sind sehr schwer, manche Deckel schließen nicht gut, und so gibt es verbrühte Hände. Im Laufschritt muß der Kübel über den Appellplatz getragen werden. Mit Holzschlapfen kann man auch ohne Last schlecht laufen.
Nach den ersten Wochen haben die meisten von uns Wasser in den Füßen, ich auch.

*

Abends bekommen wir oft Besuch auf dem Block. Es ist zwar verboten, den Zugangsblock zu besuchen, aber »Prominente« dürfen sich darüber hinwegsetzen. Die »Bindenträger« – Blockälteste, Stubenälteste, Capos – haben andere Lagergesetze als gewöhnliche Häftlinge. Die in guten Kommandos sind, einen sauberen, ungeflickten Anzug tragen, gut genährt ausschauen, können sich auch im Lager viel freier bewegen. Sie sind eben prominent, wie man hier sagt.
Einzelne von uns haben Bekannte gefunden. So kommt der Pepi Lauscher zu uns, ein kommunistischer Funktionär aus Wien, der gleich beim Einmarsch Hitlers nach Dachau kam. Er trägt eine Armbinde, darauf steht: »Lagerläufer«. Er hat eine niedere Nummer. Das ist sehr wichtig hier in Dachau, denn unter den Häftlingen hat sich eine Aristokratie herausgebildet. Die »niederen Nummern« schauen voll Verachtung auf die »Zugänge« herab. Pepi Lauscher allerdings hat diesen Lagerbrauch nicht angenommen. Wir hören Erzählungen, die so unglaubwürdig klingen, wie das ganze deutsche Konzentrationslager unglaubwürdig erscheinen muß für einen, der es nie betreten hat. Auch andere Österreicher kom-

men, und jeder, der kommt, hat ein kleines Packerl unterm Arm, und wenn es nur eine Schnitte Brot ist.
Nach einigen Tagen werden wir auf Arbeitskommandos aufgeteilt. Ich bin beim »Rollwagen 3«. Das ist ein richtiger großer Pferdewagen, nur gibt es keine Pferde hier, sondern Menschen werden vor den Wagen gespannt. Vorn an der Deichsel ziehen Menschen und auch auf der Seite sind Stricke angebracht, in die wir uns einspannen müssen. Hans, unser Turnvater, und ich haben es so eingerichtet, daß wir miteinander an einem Strick ziehen.
Alle möglichen Fuhren gibt es. Einmal ist altes Stroh aus dem Lager zu führen, ein anderes Mal führen wir Dünger auf ein Feld. Dann führen wir auch die Toten ins Krematorium. In der Leichenkammer des Reviers werden die Särge aufgeladen. Sie stinken sehr, und aus den Fugen tröpfelt das Leichenwasser heraus. Rechts vom Tor, in einem Wäldchen, steht das Krematorium. Auch hier arbeiten Häftlinge. Wir müssen die Leichen aus den Särgen herausnehmen. Furchtbar mager sind die Toten, eingefallene, ausgemergelte Körper. Auf der Brust hat jeder mit Tintenstift seine Häftlingsnummer aufgeschrieben. Die leeren Särge tragen wir wieder zurück auf den Wagen. Der üble Leichengeruch begleitet uns lange.

*

Eines Abends kommt Pepi zu mir auf den Block:
»Hermann, ich hab für dich eine feine Geschichte. Im Revier brauchen sie einen Schreiber, der perfekt Maschinschreiben und Stenographieren kann. Kannst es?«
»Ich hab's einmal gelernt. Aber ob ich es jetzt noch kann?«
»Aber was, die anderen können es auch nicht besser.« Dann sagt er etwas leiser weiter: »Es ist sehr wichtig, daß wir Leute im Revier haben, denn man muß unseren Kranken helfen. Also morgen früh.«
Wie der Lauscher Pepi schon weg ist, fällt mir erst ein: Im Revier, da ist doch der Haiden Capo, der feiste Häftling, der einem andern Häftling Fußtritte versetzt hat. Und da soll ich jetzt hin?

*

So komme ich als Schreiber ins »Revier«, den Krankenbau

der Häftlinge. Ich werde auf Block 7 geschickt. Hier ist all das Elend und der Jammer des Lagers zusammengepfercht. Hier liegen die Kranken dreistöckig übereinander, oft zwei in einem Bett. »Durchfallstation« heißt dieser Block, wir sagen »Scheisserblock«. Eine scheußliche Luft ist in dem »Zimmer«. Alle Körperschwachen und »uninteressanten Fälle«, alle, die bei der Arbeit zusammenbrechen, die als letztes Stadium ihrer Krankheit Durchfall haben, enden auf diesem Block.

Ich habe hier Fieberkurven zu schreiben, Haftart, Häftlingsnummer, Name, Block, Geburtsdatum sind auf dem Kopf einzutragen.

»Schreib auch gleich auf der Rückseite der Kurve einen Aufnahmebefund.«

»Ja, werden sie denn nicht bei der Aufnahme untersucht?«

»Aber geh, steht sich doch gar nicht dafür bei den Kretinerln. Schreibst halt: Patient in reduziertem Ernährungs- und Kräftezustand, das stimmt jedenfalls, klagt über Schmerzen in der Magengegend und über heftigen Durchfall, Zunge belegt, Abdomen weich, druckschmerzhaft, Extremitäten o. B., Stuhl dünnflüssig, und Schluß ist. Wenn du bei irgendeinem etwas besonderes siehst, fragst mich, dann sag ich dir, was du schreiben sollst.« So belehrt mich der Pfleger, ein bayerischer Häftling.

Manche jammern leise, andere haben sich in ihr Schicksal ergeben. Dort klettert ein langes, unheimlich mageres Skelett aus dem dritten Stock herunter und wankt aufs Klosett. Seine Ellbogengelenke bilden starke Knoten, es muß einmal ein kräftiger Mann gewesen sein. Die Augen, die mich aus jedem Bett anstarren, sind nicht die Augen von Menschen. Das sind die Augen von hilflosen Tieren, furchtsam, ängstlich, bittend.

»Müssen die Kranken selbst auf den Abort gehen? Bekommen sie nicht die Schüssel?«

»Das fehlt uns noch, jeden bedienen! Wenn einer ins Bett macht, dann bekommt er den Schlauch.«

Später erfahre ich, was das heißt: Der Kranke wird in den Waschraum gezerrt und dort mit kaltem Wasser abgespritzt. Manche sind dann gleich draußen liegen geblieben und in die Leichenkammer getragen worden.

Ich frage einen Kranken nach dem andern nach seinen Schmerzen und Beschwerden.
Fast alle sind Ausländer, sehr viele Polen.

*

Am nächsten Tag wird mir eine andere Arbeit zugeteilt: Stationsschreiber auf der internen Abteilung. Sie ist auf Block 3 untergebracht. Die Kranken werden öfter zum Röntgen geführt, denn ein SS-Arzt will Praxis darin erwerben. Er ist sehr gefürchtet. Er heißt Dr. Brachtel und ist aus Asch. Groß, schwarz, mit der arroganten Stimme und den knarrenden Stiefeln eines SS-Offiziers. Ich sitze im Röntgenzimmer hinter einem Verschlag und muß die Befunde mitschreiben.
In diesem Block stehen keine dreistöckige Pritschen. In den Zimmern stehen einfache Betten, nur in den beiden entlegenen sind zweistöckige. Der Stand im Block schwankt zwischen 120 und 140.
Als Stationspfleger ist hier ein junger Sudetendeutscher, Heini Arbeiter, eingeteilt, einer von den vielen, die der Capo Haiden eingesetzt hat, damit er brauchbare Werkzeuge im Revier besitzt. Arbeiter war ein Funktionär der Sozialistischen Jugend. Hier in Dachau hat er sich manches Handwerkliche aus der Medizin angeeignet. Noch geschickter hat er sich allerdings die völlige Gewissenlosigkeit eines Haiden – das Skrupellos-auf-Kosten-der-andern-Leben – zu eigen gemacht.
Wir haben eine »gute Stube«, da liegen die Prominenten, Capos, Kommandoschreiber, Stubenälteste, kurz, alle deutschen Häftlinge mit niedrigen Nummern. Sie zählen zur Lageraristokratie. Um sie kümmert sich Heini. Sonst interessiert er sich weder für die Kranken noch für die Krankengeschichten. Wenn er einmal Lust zur Arbeit hat, dann holt er sich alle Rippenfellentzündungen vom ganzen Block zusammen und punktiert wahllos, macht »Visite« und gibt Medikamente aus. Wenn ich ihn auf irgendeinen Kranken aufmerksam mache, macht er just nichts. Bald hat er es auch heraus, daß ich mich besonders um die kranken Spanienkämpfer kümmere, und seitdem haben es unsere Interbrigadisten auf seiner Station besonders schlecht.

*

Das Schlimmste für mich ist, wenn ich »Aufnahmedienst« habe. Dann muß ich nach dem Abendappell in der Ambulanz warten, bis Haiden bestimmt hat, wer heute ins Revier aufgenommen wird. Da stehen sie Abend für Abend vor dem diensthabenden SSler, eine lange Reihe von Jammergestalten, zitternd vor Fieber und Angst. Wenn einer schon vor dem SS-Mann Gnade gefunden hat, dann muß er erst in die Ambulanz zu Haiden.

Der Appell ist aus. Ein Block nach dem andern marschiert die Lagerstraße hinunter. Vorn gehen immer die Kräftigeren, und dann kommen die gebeugten Rücken, die schlurfenden Schritte, die wandernden Skelette. Schließlich kommen die »Arztmelder«. Vorn ein langer, unwahrscheinlich Magerer, mit Backenknochen, die hervorstehen, weil statt der Wangen nur mehr Höhlen da sind. Dann kommen drei. Der in der Mitte, ein alter Mann, wird von seinen Kameraden halb getragen. Alle drei sind Polen. Dahinter ein grauer Haufen. Endlich stehen sie in der Ambulanz.

Haiden hat über seinen weißen Mantel eine lange braune Gummischürze gebunden. Sein Kinn ist brutal vorgeschoben. Mit einem Blick mustert er die in einer Reihe Aufgestellten. Sofort geht er auf den alten Polen los.

»Was, du kannst nicht allein stehen, du altes Kretinerl! Nichts fehlt dir, schau, daß du raus kommst!«

Der alte Pole hat den Haiden nicht verstanden, vielleicht kann er auch nicht mehr richtig verstehen. Er bleibt stehen, schaut hilflos um sich.

»Was, Du bist noch nicht weg, na, ich werd Dir Beine machen!« Er packt einen Gummischlauch und schlägt damit auf den Alten ein, ins Gesicht, auf die Brust.

Der Alte geht zur Tür, unter jedem Schlag zusammenzukkend. Jetzt läuft er.

»Na seht's, jetzt kann er plötzlich laufen. Der ist kuriert!«

Jetzt »untersucht« er die andern:

»Temperatur messen!« »Zunge raus!« »Nichts fehlt Dir, hau ab!« »Auf den Scheisserblock!«

Es ist schlimm, Aufnahmedienst zu haben. Man kommt sich dabei mitschuldig vor.

*

Ich schlafe jetzt im Revier und kenne schon das Revierper-

sonal, die Pfleger und die Intrigen der Schreibstube, in der Olah, ein Wiener Sozialdemokrat, das große Wort führt.
Auch die Häftlinge, die in der Registratur arbeiten, kenne ich nun schon gut, vor allem Karl Lill. Er ist aus Karlsbad, ein kommunistischer Funktionär, der nach dem Einmarsch Hitlers sofort verhaftet wurde. Ein Mensch, der immer helfen will, wo er nur kann.
Die Registratur sieht oft heimliche Gäste. Wenn niemand in der Nähe ist, holt Karl sich Kameraden aus dem Lager und gibt ihnen zu essen. Zwischen den Akten mit den Totenmeldungen versucht er, mit seinen bescheidenen Kräften den Tod zu bekämpfen.

*

Heute, Sonntag, geht zum erstenmal einer von den niederen Nummern auf der Lagerstraße mit mir spazieren, der Wörl Luck von der Röntgenstation. Er ist kräftig, breit, sehr temperamentvoll.
»Wie kommt's, daß hier im Lager so große Unterschiede zwischen den Häftlingen sind?« frage ich ihn. »Einzelne schauen gut aus, und die andern verhungern daneben.«
»Das ist die Organisation. Wennst von Deiner Ration leben willst und körperlich arbeiten mußt, gehst Du zugrunde. So muß jeder einzelne Häftling schauen, daß er sich was ›organisieren‹ kann. Das geht deshalb, weil die SSler wie die Raben stehlen. In jeder Werkstätte wird für die SS gepfuscht und dabei fällt auch etwas für die Häftlinge ab.«
Abends sitzen wir auf einer Bank vor dem Fenster der Schreibstube. Ein herrlicher Juniabend. Fast könnte man vergessen, daß im selben Block, an dessen Wand man sich lehnt, die Leichenkammer des Reviers ist. Da sitze ich zwischen den Prominenten, gehöre eigentlich selbst schon zu ihnen, meine Hände sind glatt, meine Wangen sind nicht eingefallen wie die der meisten, mein Gewand ist ohne Flikken. Aber die satte Ruhe des Prominenten fehlt mir. Ich will sie nie bekommen, das verspreche ich mir selbst.

*

In der Tür zur Schreibstube begegne ich heute früh Karl Lill. Er ist kreidebleich.

»Weißt Du, was geschehen ist? – Hitler hat die Sowjetunion überfallen. Im Radio ist es gerade durchgegeben worden.«
In der Schreibstube spricht keiner mehr als notwendig ist. Ich schau, daß ich wieder hinauskomm.
Im Block stehen Valentin und Hias beisammen. »Habt Ihr's schon gehört? Deutschland hat die Sowjetunion überfallen.«
»Ja, jetzt hat der Hitler den Krieg verloren.« Hiasl, ein Bayer mit großem, schwarzen Schädel und lebenslustigen, braunen Augen, sagt's, ohne lange nachzudenken. Valentin nickt dazu. Die beiden sind Pfleger auf der Internen. Im gemeinsamen Kampf gegen Heini Arbeiters Willkür sind wir Freunde geworden.
Die ersten Heeresberichte sind nichtssagend. Wir warten, was im Lager geschieht. Aber es ändert sich nichts. Alles geht ruhig seinen Gang.
Ein Sonntag voller Sondermeldungen und laut aufgedrehten Lautsprechern.
Dann Kesselschlacht auf Kesselschlacht, Sondermeldung nach Sondermeldung. Manche, die schwache Nerven haben oder keinen starken Glauben an die Kraft des Sozialismus, werden verzagt. Von uns Spanienkämpfern ist keiner dabei. Dazu sind wir schon durch zu viele Feuer gegangen.

*

Wir bekommen viele Neuzugänge, mehr als sonst. Es sind viele Slowenen dabei. Bald lern ich auch welche kennen, die bei uns auf der Station krank liegen. Sie machen einen anderen Eindruck als zum Beispiel die Polen. Bei denen spürt man, das sind Menschen, wahllos zusammengefangen, politische und unpolitische, mutige und feige, kämpferische und kriecherische Naturen. Wie oft haben polnische Kameraden erzählt, wie sie verhaftet worden sind: Einmal wurden alle Passagiere einer Straßenbahn eingesperrt und ins KZ gesteckt. In Posen wurde eine ganze Klasse eines Gymnasiums mit ihren Professoren verhaftet. Die Professoren sind schon alle hier gestorben. Die Slowenen sind sehr vorsichtig, aber sie ducken sich nicht und sie beugen sich nicht, sie schmeicheln und kriechen nicht.
Wir schauen, daß sie bei uns auf der Station immer genug zu essen haben. Heini darf's natürlich nicht bemerken.
Noch etwas hat sich geändert: Ein Judentransport geht weg.

In Dachau gibt's wenig Juden; die meisten sind schon umgebracht worden. Die letzten sind auf Block 15, der Isolierung.

*

Wir haben einen neuen Stationsarzt bekommen. Dr. Hellmuth Vetter heißt er. Er ist hier in seinem ersten KZ, das merkt man gleich. Er kümmert sich um seine Abteilung, ich glaube vor allem deshalb, weil er sich mit den anderen SS-Ärzten nicht verträgt. So kommt er jeden Tag zu uns und macht Visite.
Wenn Dr. Vetter so oft bei uns auf der Station ist und manchmal mit uns spricht, dann muß ich das ausnützen. Ich spüre, daß er sehr neugierig ist, einen Spanienkämpfer kennenzulernen. Die anderen Häftlinge weichen jedem politischen Gespräch mit SSlern aus. Ich tu's nicht. Das imponiert ihm anscheinend. Dann versuche ich ihm von unseren Kranken zu erzählen und dadurch interessiert er sich mehr für sie, verordnet allerhand und Heini muß alles ausführen, weil Dr. Vetter die Durchführung seiner Befehle überprüft. Schließlich kann ich's erreichen, daß er anordnet, daß jeder Kranke nach der Aufnahme auf unsere Station durchleuchtet und ein Blutbild von ihm gemacht wird. Ein Schritt vorwärts.
Langsam komme ich auch dazu, für einzelne Fälle mehr zu erreichen. Jetzt laufen zwei Versuchsreihen mit Tbc-lern auf Block 5. Ein SS-Führer versucht eine homöopathische Behandlung, Dr. Brachtel behandelt mit Pneu. Sie wetteifern, wer bessere Resultate mit seiner Behandlung erzielt. Für diese Versuche ist es notwendig, daß die Kranken besseres Essen bekommen. So gibt es also auf dem Fünferblock zusätzlich Milch und Butter.
Der Oberpfleger hat es, um es beiden recht zu machen, so eingerichtet, daß ein Fall, der sich ungünstig entwickelt, durch einen anderen ersetzt wird. Die hoffnungslosen Fälle werden zu uns auf Stube 4 verlegt. So stirbt niemand in den beiden Versuchsreihen, beide Behandlungsmethoden bewähren sich bestens – in den nach Berlin abgesandten Berichten. Auch andere Tbc-ler mit einem ungünstigen Befund kommen auf Stube 4. Bei uns laufen keine Versuche und daher gibt's auch keine Milch und keine Butter. Niemand kümmert sich um diese Kranken.
Die meisten von ihnen sind jung. Schlimm schauen sie aus,

mager, so fürchterlich mager. Aber ich glaube nicht, daß sie alle hoffnungslos sind. Dr. Vetter war noch nie in diesem Zimmer. Der Stationspfleger Heini hat ihm gesagt, daß hier nur unheilbare Fälle liegen.
Ich habe einen Schlachtplan ausgearbeitet: Wenn wir zum Röntgen gehen, schwindle ich den einen oder den anderen von diesem Zimmer mit. Ich suche mir die aus, die rein äußerlich noch am kräftigsten ausschauen. Es stellt sich heraus, daß bei dreien der Lungenbefund wirklich nicht so schlecht ist. Einer hat überhaupt nur einen einseitigen Prozeß. Jetzt mache ich mit Wörl, der in der Röntgenstation arbeitet, aus, daß er von den dreien Aufnahmen macht und eines Tages zeige ich sie Dr. Vetter.
»Bitte, Herr Doktor, was ist Ihre Meinung zu diesem Fall?«
Ich spreche ihn immer »Herr Doktor« und nicht »Herr Untersturmführer« an, wie es vorgeschrieben ist, und ich merke, daß ihm das schmeichelt.
»Einseitiger Prozeß.«
»Und hier?«
»Wie ist das klinische Bild?«
»Wollen Sie sich nicht diese Fälle einmal anschauen, Herr Doktor?«
»Wieso? Sind sie denn hier bei uns?«
»Ja, die liegen auf der Viererstube.«
Ich seh, wie Heini sich ärgert, weil ich statt ihm antworte.
»Auf der Viererstube liegen nur Hoffnungslose, bei denen keine Therapie mehr möglich ist.«
Heini hat ganz kleine Augen. Er versucht, die Aufnahmen beiseite zu schieben.
»Aber, Herr Doktor, Sie haben doch selber gesagt, daß hier eine Therapie noch möglich ist. So, ohne Behandlung, müssen sie aber zugrunde gehen. Bitte, wollen Sie nicht doch einmal auch auf der Viererstube Visite machen, Herr Doktor?«
Vetter blickt mich durch seine goldumränderte Brille an: »Sie sind ein gefährlicher Kommunist, Langbein! Sie wollen allen Menschen helfen.« Dann lächelt er unbestimmt.
»Ist man denn ein Kommunist, wenn man allen helfen will?«
Vetter lächelt noch immer, aber jetzt sagt er nichts mehr. Und am nächsten Tag geht er bei der Visite, ohne etwas zu sagen, hinüber in die Stube 4.

Vetter ist erst kurz bei der SS, so etwas hat er noch nie gesehen. Gleich im ersten Bett liegt einer, der hat Kehlkopftuberkulose, kann kaum sprechen. Sein Nachbar liegt im Sterben, mühsam rasselt sein Atem. Ich reiche ihm die Fieberkurven, mache ihn besonders auf die drei, deren Aufnahmen bei uns in der Ambulanz liegen, aufmerksam.
»No, Langbein, sind Sie jetzt zufrieden?« fragt er in der Ambulanz. Dann ordnet er an, daß die drei, deren Aufnahmen ich ihm gezeigt habe, behandelt werden. Schließlich setzt er auf unser Drängen durch, daß diese drei Milch und Butter zusätzlich bekommen.
Jetzt ist Heini auch für die Behandlung der Tbc-ler. Erstens macht ihm das Pneu-Geben Spaß. Ich assistiere ihm dabei, reguliere den Druck, mit dem die Luft eingelassen wird, und versichere ihm dabei von Zeit zu Zeit, wie geschickt er ist, damit seine Freude an der Behandlung anhält. Noch besser gefällt ihm aber, daß jetzt Milch und Butter auf unseren Block kommt, denn etwas von diesen Portionen zweigt er für sich ab. Ich sage nichts dazu. Besser, die drei bekommen etwas weniger, als daß sie gar nichts bekommen. Einer von ihnen, ein junger Pole, ist bald soweit, daß er aufstehen kann. Hie und da gehen wir in der Mittagspause miteinander vor dem Block spazieren. Ein Menschenleben, das schon abgeschrieben war, entfaltet sich wieder. Welch kluge Gedanken er hat, wie ehrlich und sympathisch er ist!
Wie viele Menschen – ebenso klug und gleich sympathisch – sind hier schon gestorben, und es hätte verhindert werden können. Wie viel ist doch ein Menschenleben!

*

Heute nacht ist der lange Pole gestorben, der viele Wochen mit Magenkrebs bei uns gelegen ist. Heini läßt ihn sezieren. Neben der Leichenkammer ist ein gut eingerichteter Sektionsraum. Zwei Schwaben arbeiten dort. Sie haben interessante Fälle zu präparieren. In einem kleinen Museum sind tätowierte Hautstücke, deformierte Organe, Krebsgeschwülste und ähnliches in Spiritus. Oft müssen sie auch Totenschädel präparieren. Es ist ein Sport bei den SSlern: Jeder will einen Totenschädel haben, tragen sie doch den Totenkopf als Zeichen. Am begehrtesten sind Schädel mit vollstän-

digem Gebiß. Mehr als einer hat sterben müssen, weil ein SSler gesehen hat, daß er gesunde Zähne hat.
Als ich einmal lachte, hat Brachtel mir befohlen: »Machen Sie den Mund auf. Sie haben ja noch alle Zähne.« Und nach einer kurzen Pause hat er zu Heini, der danebenstand, gesagt: »Wenn er einmal krank wird, verständigen Sie mich.«

*

Oft geht Haiden abends allein weg, mit einer Nierenschale, die mit einem weißen Tuch bedeckt ist. Hinter die Küche führt ein Weg, niemand darf ihn beschreiten. Haiden geht ihn ohne Posten. Dort hinten steht der Bunker. Manche werden nach Dachau eingeliefert, kommen aber nie ins Lager. Wir erfahren von ihrem Tod nur, wenn ihre blutigen Kleider in die Desinfektion kommen. Der Lagerälteste Kapp ist der Henker im Bunker und Haiden »behandelt« dort hinten auf seine Art, erzählen sich die »Alten« im Lager. Es ist immer ein unheimliches Gefühl, wenn Kapp zu uns ins Revier kommt, um Haiden zu besuchen.

*

Die Siegesfanfaren tönen immer aufs neue. Die Landkarte entrollt sich dem Osten zu. Ungeheure Gefangenenzahlen melden die Deutschen.
»Weißt du schon, die ersten Russen sind nach Dachau gekommen.«
»Ich hab gar nicht gewußt, daß Zugänge hier sind.«
»Sind auch nicht als Zugänge gekommen. Im Lager sind nur ihre Uniformen, die haben wir in die Desinfektion bekommen.«
»Weißt Du, wie . . .?«
»Im Steinbruch haben sie sie erschossen. Die Uniformen sind ganz durchlöchert.«
Einmal erzählt ein betrunkener SDG – das ist die Abkürzung für Sanitätsdienstgrad –, daß gestern Schützenfest war. Wir wissen, was das heißt.

*

Ich setze mich wieder auf das Bett des Dompropstes von Bydgoszcz. Er ist ein alter Mann, weit über sechzig, nicht so verschreckt wie viele andere polnische Geistliche, die von dem ständigen Geprügelt- und Getretenwerden gebrochen sind.

Auf meine Frage hat er mir geantwortet, daß er aus Bromberg ist, und als ich wiederholte: »Aus Bydgoszcz?« – so heißt Bromberg auf polnisch –, haben seine Augen aufgeleuchtet, und wir haben vertrauensvoll miteinander gesprochen.
»Ich werde hier sterben, ich bin schon alt, und der Krieg wird noch lange dauern.«
Hat es einen Sinn, ihm das auszureden?
»Hier in Dachau sterben vor allem die, die sich selbst aufgeben.«
»Ich gebe mich nicht auf, o nein, aber ich bin nicht mehr gesund.«
Ich weiß, daß das stimmt. Es ist unnütz, hier, wo der Tod täglich neben uns ist, mit billigen Redensarten zu kommen.
»Was glaubst Du, wie der Krieg ausgehen wird?«
Mich interessiert die Meinung eines Geistlichen, deshalb habe ich dieses Gespräch angefangen.
»Die Deutschen werden ihn verlieren.«
»Und die Russen gewinnen?«
»Ja, das wünsche ich wirklich. Ich bin kein Freund der Russen, aber ich bin ein Feind der Nazis« und hier wird sein Gesicht ganz straff.
»Und was denkst Du von uns?« fragt er jetzt. Er weiß, daß ich Spanienkämpfer bin.
»Von Euch Geistlichen? Ich habe hier schon sehr viele kennengelernt« – es kommen viele Geistliche ins Revier, es sterben auch sehr viele bei uns –, »viele von ihnen haben mir nicht gefallen.«
»Ich weiß« – es gibt Brotdiebe unter ihnen und das ist das Schlimmste, was es im Lager geben kann – »›das Fleisch ist schwach . . .‹«
»Andere wieder gefallen mir recht gut. Ich glaube, daß sich hier im KZ die finden müssen, die Menschen geblieben sind.«
Lange ist der Dompropst bei uns gelegen, dann hat Heini ihn auf den Scheisserblock verlegt. Dort ist er gestorben. Ich trage Nummer und Namen in das Totenbuch ein.

*

»Achtung! Häftlingsschreibstube, sechs Häftlinge bei der Arbeit!« Zackig wird's gerufen, fast versteht man's nicht, aber so will es ja die SS. Wir sechs, die wir gerade in der Schreibstube sind, stehen starr wie die Salzsäulen, stramm

wie die preußischen Grenadiere. Die Tür ist offen und draußen gehen Offiziere mit allem möglichen Gold- und Silberzeug auf den Schultern und um den Hals, feiste Kerle im Braunhemd, auch mit Goldbeschlag, vorbei.
Hier in Dachau gibt's oft Besuch. Es ist ja ein Musterlager. Der Weg, den jeder Besuch geführt wird, ist von vornherein genau festgelegt und ebenso das Verhalten der Häftlinge. Ein paar Stunden vorher wird Besuchsalarm gegeben. Dann gibt's bei uns im Revier Hochbetrieb. Jeder Raum wird auf Hochglanz hergerichtet, die Böden werden poliert, die Fensterscheiben noch einmal gewaschen, alles funkelt, blitzt, leuchtet.
Im Revier werden die Besuche nur durch die beiden ersten Blocks, »Chirurgisch A« und »Chirurgisch B«, geführt. In den kleinen Krankenzimmern liegen immer nur besser aussehende Häftlinge.
Ich kann mir vorstellen, daß ein Besuch, der die Methoden der SS nicht durchschaut, einen ganz günstigen Eindruck vom Lager bekommen kann. Wirklich, die Zahnstation ist sehr schön eingerichtet, der Bestrahlungsraum mit Höhensonne, auch ein moderner Röntgenapparat steht hier, und der Operationssaal kann sich in jedem Spital sehen lassen. Aber wer kann die Zahnstation benützen und den Bestrahlungsraum? Wie schauen die Skelette aus, die zur Durchleuchtung in den Röntgenraum geführt werden – ich erinnere mich noch sehr gut an den Zigeuner, der eine Miliar-Tbc hatte und der knapp vor seinem Tod noch einmal in den Röntgenraum geschleppt wurde, damit eine Aufnahme gemacht wird; Dr. Brachtel sammelt solche seltenen Bilder. Weil er den Atem für die Dauer der Aufnahme nicht mehr anhalten konnte, bekam er noch Ohrfeigen. Am selben Abend war er tot. Der Besucher erfährt auch nicht, daß in dem schönen Operationssaal Blinddarmoperationen an Gesunden vorgenommen werden, nur, damit sich einige Ärzte darin üben können.
»Achtung!« – »Achtung!« man hört's bei jeder Tür schreien, an der die Besucher vorbeigehen. Ja, alles klappt am Schnürl, die Fußböden glänzen und die Kranken sterben.
Man erzählt hier im Lager viele Witze über die Besucher. Als einmal ein Besucher gefragt haben soll, warum denn ein Rollwagen von Menschen gezogen wird, hat der Komman-

dant geantwortet: »Sehen Sie, unsere Häftlinge sind zu faul, um die Pferde aus dem Stall zu holen. Da ziehen sie den Wagen lieber selber.«

*

Jetzt weiß ich, warum der Reviercapo Haiden bei der Aufnahme den Kranken immer in den Mund schaut. Früher habe ich gedacht, er will sehen, ob die Zunge belegt ist, aber jetzt weiß ich's anders. Er schaut sich an, ob die Kranken Goldzähne haben, und die, die viel Gold im Gebiß haben, werden aufgenommen und auf Block 7 geschickt. Am nächsten Tag leben sie nicht mehr. Die Beute teilt sich der Haiden brüderlich mit den SDGs.

Zu Weihnachten gibt es ein richtiges Weihnachtsgeschenk für uns. Haiden geht frei. Er wird aber nicht einfach entlassen, er wird zur SS übernommen wegen besonderer Verdienste im Konzentrationslager. Dort paßt er auch hin.

Wer wird jetzt Reviercapo? Das Rätselraten dauert nicht lange.

Zimmermann wird's, ein bayrischer Sozialdemokrat, ein guter Freund von Olah, der in seiner freien Zeit immer auf Block 7 ist. Block 7 hat keinen guten Ruf, das ist der Block, wo die Kranken im Waschraum sterben, der Block, in dem die, die goldene Zähne haben, nur einen Tag leben. Wird's im Revier jetzt besser werden?

*

Der Winter ist streng. Die Kommandos, die im Freien arbeiten, sind nicht zu beneiden. Häftlinge mit Erfrierungen kommen zu uns ins Revier.

»Jetzt schreiben sie nimmer so viel über die Ostfront. Merkst du's auch?«

Jeder merkt's. Amerika und Japan sind nun auch im Krieg.

Befehl: Die Krankenzimmer in Block B und die erste Stube des Einserblocks müssen geräumt werden. Irgendein Zivilist kommt, er muß ein hohes Vieh sein, die SS steht stramm vor ihm; ein alter, großer Mann, graues Haar, gerade Haltung. Instrumente und Geräte werden gebracht. Ein großes Rätselraten beginnt.

»Weißt Du schon? Eine Malariastation wird eingerichtet.«

»Was soll das heißen? Ich habe noch nie gehört, daß wir im Lager einen Malariafall gehabt haben.«
»Das ist es ja. Sie wollen erst die Häftlinge malariakrank machen und dann Medikamente ausprobieren.«
So ist es auch. Eines Tages werden 40 gesunde Häftlinge ins Revier bestellt, genau untersucht und dann in die Betten gelegt. Wir dürfen ihnen nichts sagen, wir dürfen ja selber nichts wissen.
»Laß es Dir gesagt sein, das Gefährlichste im Lager ist, etwas zu wissen«, so sagen die »Alten«, und die haben Erfahrung. Ein paar Tage rührt sich nichts und die gesunden »Kranken« freuen sich, daß sie dem schlechten Wetter, dem täglichen Appell und der Arbeit entronnen sind. Dann aber werden sie in ein Zimmer geführt, wo der Zivilist sitzt – es ist Professor Dr. Schilling aus München. Dort werden ihnen Mücken auf den Arm gesetzt. Alles wird von da an genau registriert. Dann ist es aus mit dem Schlafen und Faulenzen; dann haben sie Malaria. Immer wieder werden sie von periodischen Fieberanfällen geschüttelt. Alle zwei Stunden muß ihre Temperatur gemessen werden. Die Wirkung der Medikamente wird genau registriert. Sie magern ab, bekommen schwarze Ränder unter den Augen. Immer wieder haben sie diese Anfälle. Schilling ist ein gründlicher Professor. Er verlangt neue Versuchskaninchen und bekommt sie auch. Im Lager gibt es zu all den Ängsten eine neue: Nur nicht für den Malariablock ausgesucht werden.

*

Auf unsere Interne Station kommen in der letzten Zeit immer mehr, die epidemische Gelbsucht haben. Dr. Brachtel findet diese Fälle äußerst interessant. Mir ist es immer unbehaglich, wenn Brachtel besonderes Interesse für etwas zeigt.
»Arbeiter, bringen Sie mir einmal Ihre Kanarienvögel nach vorne.«
Fast lauter Junge sind's, einer ist ein Luxemburger, ein Sportler. Ein junger Pole steht neben ihm. Wie ein Kind schaut er aus, das noch zur Mutter gehört.
Brachtel untersucht den Luxemburger.
»Alkohol!«
Dann nimmt er eine Nadel und sticht in die Leber.
»Ruhe!«

Der Aufschrei erstirbt sofort. So kommt einer nach dem anderen dran. Es muß sehr weh tun. Ich seh es an ihren Gesichtern.
Nachher schau ich mir das Instrument, mit dem er gestochen hat, an. Die Spitze der Nadel ist zurückziehbar und dann bleibt ein runder Hohlraum. Brachtel reißt also jedem Gelbsüchtigen ein Stückerl aus der Leber heraus.
Arbeiter hat Spaß an den Leberpunktionen gefunden. Ich bitte ihn, daß er doch nicht alle nach vorn schleppt. Aber Heini ist unbarmherzig, nicht aus Angst, nein, aus Freude daran, die Menschen zu quälen. Und weil er sieht, daß mich's ärgert, tut er's erst recht.
»Heute haben wir einen interessanten Fall, Hauptsturmführer.«
Es ist ein Spanienkämpfer nach einer Lungenentzündung. Er hat 40 Grad Fieber. Zitternd wartet er in der Ambulanz.
»Was wollen Sie mit dem da, Arbeiter? Der soll schaun, daß er ins Bett kommt!«
Dr. Brachtel punktiert ihn nicht. Ich schäme mich vor dem SS-Hauptsturmführer für den Heini, der doch Häftling ist.

*

Ein Transport wird zusammengestellt. Aber es ist kein gewöhnlicher Transport von Facharbeitern, wie er öfters in ein anderes Lager abgeht, sondern diesmal werden Invalide ausgesucht. »Der Invalidentransport geht in ein Schonungslager, wo es nur leichte Arbeit gibt« – so sagt die SS.
Es dauert nicht lang, da wissen wir, was für eine Bewandtnis es mit diesem Transport hatte. Sonst werden die Effekten bei Transporten immer mit den Häftlingen mitgeschickt. Diesmal bleiben sie hier. Ein paar Tage später werden sie zusammengesucht und verpackt. Ein Häftling, der bei dieser Arbeit mithilft, sieht eine Totenmeldung und darunter der Reihe nach die Nummern derer, die auf Transport gingen. Dann hört einer einen Gesprächsfetzen von SSlern, die bei der Begleitmannschaft waren, und schließlich wissen wir es sicher: Der Invalidentransport ist in Mauthausen oder in der Nähe von Mauthausen vergast worden. Von dergleichen zu reden, ist das Gefährlichste in Dachau. Kommt die SS darauf, daß ein Häftling so etwas weiß, dann verschwindet er im Bunker. Trotzdem geben wir die Nachricht denen weiter, die uns un-

bedingt verläßlich erscheinen. Und von denen gibt's nicht wenige im Lager, besonders unter uns Spanienkämpfern.
»Wenn noch einmal ein Invalidentransport geht, müssen wir schauen, daß keiner von den Unsrigen dabei ist.«
Peter Loisl, Pepi Lauscher, Sepp Leberstorfer, ein Niederösterreicher, der in der Zahnstation arbeitet, und ich, wir gehen eines Sonntags auf der Lagerstraße spazieren. Die Hilfe für unsere Genossen, das ist und bleibt die erste Aufgabe unserer Organisation. Jetzt haben wir nämlich nach langsamem, vorsichtigem Tasten schon so etwas wie eine Organisation. Jeder hat nur die Verbindung mit zwei, drei Kameraden. Keiner darf mehr wissen, als er unbedingt wissen muß, aber wir brauchen diese Art von Verbindung, damit wir planmäßig helfen können. So helfen zum Beispiel diejenigen von uns, die in guten Kommandos arbeiten, in der SS-Küche oder in der SS-Kantine, den kranken Kameraden. Jeden Abend kommen sie zum Revier und bringen »Brotzeiten«, das ist ein Stück Brot und ein Stück Wurst oder Margarine. Diese Brotzeiten geben sie beim Schreibstubenfenster einem unserer Genossen ab, der gibt mir dann diese Portionen und ich verteile sie auf die, die zu uns gehören und die am notwendigsten zusätzliches Essen brauchen. Zu uns gehören alle die, die wir auch draußen miteinander waren und die nicht schwach geworden sind.
Der Lackner Vickerl ist schwer krank. Er liegt bei uns auf der Station. Abends sitz ich oft an seinem Bett, und wir tratschen ein bisserl: von früher, von Spanien und von der Zukunft. Wir reden ganz leise. Seine Fieberkurve ist schon besser geworden. Aber sein Puls! Wir haben noch niemanden mit einem so niedrigen Puls auf der Station gehabt.

*

Eines Tages öffnet sich das Tor im Zaun, der die Blockstraße von der Lagerstraße absperrt, und ein großer grüner Wagen kommt herein, fast schaut er aus wie ein Möbelauto mit einem Anhänger. Ein Luftwaffenoffizier ist dabei.
Dann werden zehn Gesunde – es sind Kriminelle – nach genauer Untersuchung aufgenommen. Schließlich wissen wir, worum's geht. In dem Anhänger des großen Wagens ist eine Luftdruckkammer. Man kann dort drinnen jeden beliebigen Luftdruck – Überdruck und Unterdruck – erzeugen. Der

Arzt von der Luftwaffe macht nun Versuche, wie der menschliche Organismus auf rasche Veränderung des Luftdruckes reagiert. Wozu gibt's in Deutschland KZs und Menschen, deren Leben nichts gilt? Wie bequem ist's doch, sich durch solche »Arbeiten« vom Frontdienst zu drücken. Einmal am Abend hat's mir der Pfleger selbst erzählt. Ich bin gerade bei ihm, um ihn zu bitten, daß er einen Spanienkämpfer, dessen Röntgenbild eine große Kaverne gezeigt hat, zu sich auf die Tbc-Versuchsstation legt. Er verspricht's mir und dann erzählt er. Vielleicht hat er's Herz so voll, vielleicht hat er auch getrunken. Er versteht's, sich was zu organisieren.

». . . der wird in den Anhänger hineingehängt, drin sind Gurten wie bei einem Fallschirm. Und dann muß ich den Luftdruck verdünnen. Durch ein Glasfenster können wir ihn beobachten. Dann wird der Luftdruck schnell auf den normalen Stand gebracht. Da werden sie bewußtlos. Das Blut kommt ihnen aus Nase und Ohren. Sie scheißen sich dabei an. Der Offizier steht immer neben mir und paßt auf, daß keiner von den zehn Versuchspersonen draufgeht.«

Der Pfleger hat wirklich getrunken, jetzt riech ich's ganz deutlich.

»Aber es wird bei den zehn nicht bleiben . . .«

Bald beginnen die Experimente außerhalb der Versuchsreihe. Zuerst haben sie Juden auf Block 5 gebracht, dann Russen.

Niemand darf zu den Fenstern. Still ist's, sehr still. Dann hört man ein Laufen, Schreien:

»Gang frei! Alles verschwinden!«

Aber ich seh's doch: Sie schleppen eine Bahre, mit einem Leintuch zugedeckt, in den Sektionsraum. Dann kommen sie zurück und bald laufen sie mit der nächsten Bahre wieder nach hinten. So geht's hintereinander.

Willi, der lange Schwabe, der seziert, erzählt mir später:

»Sie haben die Leute noch als Lebende hergeschleppt. Ich hab sie sofort aufschneiden müssen und dabei haben sie einen Apparat angeschlossen, der die Herztöne aufzeichnet. Das Herz hat noch geschlagen, wie ich ihn schon offen gehabt habe.«

Das wiederholt sich jetzt öfters.

»Bringen Sie mir Russen! Die sind gesünder und stärker als die Juden«, hat der Luftwaffenoffizier befohlen.

*

Auf der Prominentenstube liegt der Blockälteste Wagner, einer von denen, die schon seit 1933 im KZ sind. Wagner ist neugierig. So schleicht er sich einmal im Abort ans Fenster, öffnet einen Spalt und schaut hinaus. Dabei bemerkt ihn der Luftwaffenarzt. Er ruft ihn heraus.
»Interessieren Sie sich für diesen Wagen? Kommen Sie nur! Sie können ihn von der Nähe anschauen.«
Am Abend schreibe ich die Fußzettel für ihn und seine Totenmeldung. Todesursache: Versagen von Herz und Kreislauf bei Magenkrebs. So hat's mir Zimmermann befohlen.
Der Tod von Wagner erregt bei den deutschen Blockältesten und Capos Entrüstung. »Daß die jetzt schon Deutsche für solche Versuche nehmen!« – Bei den Russen und Juden seid ihr nicht so empört. Wie teuflisch schlau sind doch die Nazis, die selbst hier im Lager noch Kasten schaffen und sie gegeneinander hetzen. Wie kurzsichtig dumm sind doch die, die sich hetzen lassen. Wie gut ist's, daß wir in Spanien die brüderliche Freundschaft aller Völker kennengelernt haben.
Der große dunkelgrüne Wagen mit seinem Anhänger steht weiter im Hof zwischen Block 3 und 5.

*

Heini, der brutale Oberpfleger, kommt heute mit rotem Gesicht in die Ambulanz.
»Wer hat Dir gesagt, daß Du dem Polen, der gestern entlassen wurde, 14 Tage Schonung verschreiben sollst? Und wer hat Dir gesagt, daß Du dem Spanienkämpfer, den ich gestern hinausgeschmissen habe, einen Schonungszettel ausstellen sollst? Mein lieber Freund, jetzt geht's Dir an den Kragen, jetzt sind wir soweit.«
Schonungszettel darf ich nur auf seine Anordnung hin ausstellen, aber daran hab ich mich schon die ganze Zeit nicht gehalten. Wenn ich ihn ersucht habe, einem Schonung zu geben, hat er es meistens just nicht gemacht. Ich kann doch nicht einfach zuschauen, wie kaum Genesene, noch Schwache, vom Krankenbett direkt zu schweren Arbeiten in die

Kommandos geschickt werden. Der Pole, dem ich einen Schonungszettel ausgestellt habe, hat eine schwere Lungenentzündung gehabt, und der Spanienkämpfer Sepp Plieseis wurde von Heini aus dem Revier hinausgeschmissen, obwohl er noch nicht gesund ist. Jetzt ist er mir halt draufgekommen.

»Ich hab's dem Zimmermann schon gesagt. Der macht dem Lagerarzt die Meldung. Kannst gleich nach vorn gehen.«

Ich klopf an Zimmermanns Tür.

»Ja, was ist denn das mit den Stubendienstzetteln, die Du gestern ausgestellt hast?« sagt Zimmermann. »Du bist doch nur Schreiber auf der Station und nicht Pfleger. Es kann doch hier nicht einfach jeder machen, was er will.« Er schaut mich dabei nicht an. Er schaut einem überhaupt nicht gern ins Gesicht.

»Ich hab's gemacht, weil ich nicht zuschaun kann, wie bei uns auf der Station Menschen zugrunde gehen, wie kranke Leute aus dem Revier hinausgejagt werden, nur weil dem Heini ihr Gesicht nicht paßt . . .« Die ganze Wut steigt in mir auf. Ich zähl ihm all die Fälle auf, die in den letzten Tagen und Wochen bei uns vorgekommen sind. ». . . Ich hab's getan, weil ich in erster Linie politischer Häftling bin, nicht Schreiber.«

Ich bin lauter geworden, als ich wollte. Das merk ich erst jetzt, als es wieder ruhig im Zimmer ist.

»Warum hast Du mir diese Fälle nicht schon früher gemeldet?«

»Weil Du ja nie etwas dergleichen getan hast, wenn ich Dir was gesagt hab.«

Zimmermann ist jetzt auch rot geworden. Er hält den Kopf schief, schaut auf den Boden, redet aber kein Wort.

»Mach nur eine Meldung, ich hab keine Angst davor.« Dann gehe ich zurück auf die Station und warte. Es bleibt aber still. Vielleicht haben sie Angst gehabt, daß ich dem SS-Arzt etwas von dem erzähle, was ich über sie weiß. Vielleicht haben sie gefürchtet, daß im Lager eine Meldung gegen mich böses Blut machen wird – jedenfalls rührt sich nichts mehr. Nur die Stimmung ist noch gespannter geworden. Und Heini kontrolliert jetzt jeden Tag die Schonungszettel.

*

Wieder kommen mit dem Frühling die Sondermeldungen. Kesselschlachten, eingenommene Städte, Gefangenenzahlen. Sie kommen aber nicht mehr so häufig wie im Vorjahr. Dr. Vetter ist versetzt worden. Ein neuer Stationsarzt kommt. Er heißt Dr. Eduard Wirths. Groß, schütteres schwarzes Haar, sehr helle Augen, bestimmtes Wesen. Im Knopfloch seines Uniformrockes ist ein Ordensband, das ich bisher noch bei keinem gesehen habe.
»Das ist das EK II, der muß an der Front gewesen sein«, sagt Valentin.
Gleich am zweiten Tag bemerke ich, daß ihn noch etwas anderes von den anderen SS-Ärzten unterscheidet. Er steht in der Ambulanz, seine Halsadern sind geschwollen und seine Stimme ist gefährlich scharf. Vor ihm Heini mit den Händen an der Hosennaht.
»Warum haben Sie gestern nicht die Injektion gegeben, die ich angeordnet habe?«
»Obersturmführer, ich bin nicht dazugekommen, es war auf der Station so viel zu tun . . .« und Heini will ihn totreden. Aber Dr. Wirths unterbricht ihn:
»Wissen Sie denn nicht, daß der Mensch hätte sterben können? Haben Sie denn kein Verantwortungsgefühl?«
Das ist neu. Er macht auch anders Visite als die anderen Ärzte. Jeden Tag geht er von Bett zu Bett, hat auch manchmal ein freundliches Wort für einen Kranken, und einmal erwisch ich ihn sogar dabei, wie er versucht, sich mit einem alten Polen auf polnisch zu verständigen, was einem andern SSler in seinem Hochmut nie eingefallen wäre.

*

Es wird wieder ein Invalidentransport zusammengestellt. Die vom SS-Arzt Ausgesuchten genügen nicht, die Liste muß ergänzt werden. Das erfahre ich durch unsere Organisation. Und noch etwas bringe ich in Erfahrung: Olah, der Wiener Sozialdemokrat, muß die Transportliste ergänzen. Ich geh zu ihm:
»Franz, ich hab eine Bitte. Wenn Du die Nummern von dem Transport bekommst, zeig sie mir. Ich möcht schauen, ob einer von uns dabei ist, damit wir ihn noch herausstreichen können.«

»Ich hab keine Nummern. Ich weiß nichts von dem Transport.«
Heute ist die Liste plötzlich da. Olah gibt sie jedem Blockschreiber. Von meiner Station sind eine ganze Menge darauf: Der alte Pole von der Zweierstube, der Tbc-ler aus dem letzten Zimmer und da ist auch die Nummer von Novak. Novak ist unser Freund geworden. Er ist Berliner Jude, ganz jung und schon ein paar Jahre im KZ. Verprügelt und ängstlich ist er bei der Aufnahme in seinem Bett gelegen. Seine Augen haben dreingeschaut, als ob sie immer auf die nächsten Schläge warten würden. Klinisch fehlt ihm nicht viel. Nur schwach, furchtbar schwach ist er. Er liegt beim Hiasl auf der Stube, und der füttert ihn auf. Das Schönste aber ist, daß er sich nicht nur körperlich erholt, sondern daß er seine ängstliche Geschrecktheit verliert, Mensch wird, Bub, lacht und erzählt. Es ist so, als ob er hier seine Jugend nachholen wollte, hier im Krankenrevier des Konzentrationslagers. Und was für eine Jugend muß er gehabt haben! 19 Jahre ist er jetzt und 9 Jahre herrscht Hitler über Deutschland. Einmal zeigt er mir einen Brief von seiner Mutter, einen Brief voll warmer Liebe. Vor einem Jahr ist er geschrieben.
Alle meine Bemühungen, Novak von der Liste streichen zu lassen, bleiben vergeblich.
Noch einer steht auf der Liste, dem nichts fehlt: Dr. Kreuzfuchs. Er ist einmal mit einer Lungenentzündung auf unserer Station aufgenommen worden. Beim Röntgen hat er Dr. Brachtel angesprochen und dabei seinen Namen genannt. Später habe ich in Fachbüchern der Röntgenologie seinen Namen gelesen. Er war eine anerkannte Größe, jetzt als Jude im KZ.
Dr. Brachtel hat ihn mehrmals zu sich nach vorne bestellt, und als Kreuzfuchs fieberfrei wurde, gab Brachtel dem Oberpfleger den Befehl, ihn weiter auf der Station zu belassen und ihm Schreibzeug zu verschaffen. Tagelang hat nun Kreuzfuchs geschrieben, offenbar seine letzten Forschungsergebnisse zusammengestellt, und sie Dr. Brachtel nach vorne gebracht. Jetzt steht seine Nummer auf der Transportliste; ein Jude, der so lang im Revier war, zählt eben als »invalid«.
Ich klopfe an die Tür von Dr. Brachtels Arbeitszimmer.
»Herr Doktor, darf ich melden, daß der Häftling Kreuzfuchs auf der Transportliste der Invaliden steht?«

»Na und?«
»Das ist der Häftling, der die Arbeit für Sie geschrieben hat. Ich habe gedacht, daß Herr Doktor vielleicht daran Interesse haben, daß er hier bleibt.«
»Warum? Gönnen Sie ihm keine leichte Arbeit?« Und Brachtel wendet sich wieder dem Buch zu, in dem er gelesen hat. Mir bleibt nichts übrig als die Hacken zusammenzuschlagen und hinauszugehen.

*

»Um zwei Uhr müssen alle Häftlinge vom Invalidentransport mit ihren Effekten am Gang antreten.«
Lang müssen sie stehen. Ich vermeide es, zu ihnen zu gehen, möchte den Fragen ausweichen, noch mehr den fragenden, ängstlichen Blicken. Ich kann doch nicht helfen. Vor dem Appell muß ich aber nach vorn zur Schreibstube. Da steht die graue Schlange noch am Gang, jeder mit seinem Pinkel unterm Arm. Ein paar hocken am Boden, stumpf vor sich hinstarrend. Und da steht Novak. Er ruft mich leise. Aber seine Augen rufen lauter. Er weiß nur zu gut, daß viele nicht gerne gesehen werden, wenn sie mit einem sprechen, der den Judenstern trägt.
»Servus, Novak!«
»Leb wohl. Ich dank Dir schön und auch allen anderen.« Und dann nach einer kurzen Pause: »Weißt Du, wohin's geht?«
»Nein.«
Und nach einer weiteren Pause: »Vielleicht komme ich jetzt zu meiner Mutter.« Ich schaue ihm in die Augen. Er meint's aber nicht so, wie ich befürchte.
»Also Servus, mach's gut!«
Noch immer ist sein Kopf zu groß für seinen schmächtigen Körper. Seine Augen sind zu alt für seine Jugend. Wir geben uns die Hand, die seine ist kalt und feucht.
Dann sind sie weg. War's richtig oder war's falsch, daß ich nichts gesagt hab? Ich weiß nicht.

*

Dr. Wirths übernimmt eine andere Station. Einmal begegne ich ihm auf dem Gang. Wir sind beide allein. Ich stehe stramm.

»No, wie geht's auf der Internen, Langbein?«
»Nicht mehr so gut wie damals, als Sie bei uns waren, Herr Doktor.«
Wie Dr. Wirths an mir schon vorbei ist, sehe ich, daß er rot geworden ist. An Hals und Ohren merkt man's deutlich. Er freut sich, wenn ein Häftling ihn lobt? Sonderbar. Er ist nicht wie die andern ...
Dann wird Dr. Wirths versetzt. Ins KZ Neuengamme, heißt's in der Schreibstube.

*

Die epidemische Gelbsucht hat aufgehört und damit hat auch Brachtel seine Leberpunktionen eingestellt. Der Luftwaffenoffizier arbeitet weiter.
Jetzt bauen sie in einer Stube in Block 5 ein Schwimmbassin. Man munkelt, daß Unterkühlungsversuche vorgenommen werden sollen.
Der dunkelgrüne Wagen im abgeschlossenen Hof zwischen Block 5 und unserem Block 3 ist nun schon ein gewohnter Anblick. So wie man sich hier im Lager an alles gewöhnt: an Prügelstrafe, an Ohrfeigen und Fußtritte, an den täglichen Tod.
Einmal war Himmler selbst auf Block 5. Es hat eine Riesenaufregung bei der SS gegeben. Er ist vorgefahren, hat sich von der Wirkung der Versuche selbst überzeugt, dann ist er zu den zehn Kriminellen gegangen, die als ständige Versuchsreihe in einem separaten Zimmer liegen, hat ihnen gesagt, daß sie eine sehr nützliche Arbeit für die deutsche Wehrmacht leisten und bald freigehen werden. Und hat angeordnet, daß sie Bohnenkaffee bekommen. Den Kaffee haben sie ein paar Wochen getrunken, dann war's damit aus. Freigegangen ist keiner von ihnen. Der Apparat surrt weiter, die Luft wird verdünnt und verdichtet, das Blut springt aus allen Gefäßen – der Luftwaffenoffizier ist zufrieden: Himmler hat ihn gelobt.

*

Anfang August ist's. Wolkenlos ist der Himmel. Der Tag wird heiß. Die Stubenpfleger sind gerade in unserer Ambulanz zum Medikamentefassen, da kommt der Läufer von vorn, ganz atemlos:

»Neumeier und Langbein sofort zum Lagerarzt.«
Hiasl – das ist der Neumeier – und ich schauen uns an, und dann seh ich Heinis lachende Augen.
»Da steckt der Heini dahinter. Das kann nichts Gutes werden«, meint Hiasl, als wir nach vorn gehen. Vor dem Ärztezimmer seh ich auch schon den Zimmermann. Olah steht in der Tür der Schreibstube nebenan. Vor ihnen sind ein paar Pfleger angetreten. Wörl steht da und Karl Lill, der hilfreiche Kommunist aus Karlsbad, und einer aus der Apotheke, der uns immer mit Medikamenten half.
»Wegen was sind wir denn herbestellt worden?« fragt Hiasl. Zimmermann schiebt nur seine Schultern in die Höh und schaut irgendwo auf den Boden.
Der Lagerarzt kommt, und wir erfahren, daß wir nach Auschwitz überstellt werden.
»Dort gibt es zuwenig geschultes Revierpersonal. Ihr geht weg, sobald Transportmöglichkeit vorhanden ist. Abtreten.«
Im Konzentrationslager Auschwitz wüten die Seuchen, haben uns Überstellungen erzählt.
Das Revier ist unruhig. Olah hat durch einen unbedachten Satz verraten, daß sie wissen, daß in Auschwitz Fleckfieber ist.
»Die wollen uns in den Tod schicken, diese Banditen.«
Viele im Lager teilen unsere Empörung. Karl schlägt vor, noch einmal mit dem Lagerarzt zu sprechen. Aber zur SS betteln gehn will keiner von uns. Und dann: Wir alle wissen, daß Zimmermann erst neulich dem Dr. Brachtel eine ganze Wohnungseinrichtung organisiert hat.
Ich soll von meinen Kameraden weg. Kein einziger von uns Spanienkämpfern ist mit auf dem Transport. Jeden Abend schau ich ins Lager hinaus, geh einmal mit dem und einmal mit jenem ein bißl spazieren. Auch mit dem Pepi Lauscher mache ich meine Abschiedsrunden.
»In Auschwitz sind zwei, die ich gut kenne«, sagt der Pepi, »der Ernstl Burger, ein ganz prima Jugendgenosse, Sekretär des Jugendverbandes. Er ist nach dem Feber 1934 mit einer ganzen Roten-Falken-Gruppe zu uns herübergekommen. Und dann ist der Vickerl Vesely dort, auch ein Jungkommunist. Richtest ihnen Grüße von mir aus, dann werden sie schon wissen, wer Du bist.«

Das ist ein gutes Gefühl, daß man nirgends allein ist, daß man überall Freunde hat.
Schwer fällt mir der Abschied vom Lackner Vickerl. Es ist nicht besser geworden mit ihm, im Gegenteil.
»Mach's gut, Du Neger Du!«
So nennt er mich noch immer, weil ich damals in St. Cyprien der Wandzeitung, die auf einer Glastafel war, den ersten Preis gegeben habe. Das ist jetzt schon dreieinhalb Jahre her, und welchen Weg sind wir seitdem gegangen! Da liegt jetzt Vickerl, der steirische Arbeiter, der Offizier der spanischen Armee, der Häftling von Dachau. Eine pergamentene Hautfarbe hat er und seine Lippen zittern.
Wird Vickerl noch zu retten sein? Wie viele werde ich nicht mehr wiedersehen? Werde ich überhaupt noch jemanden wiedersehen? Die Augustnächte sind heiß. Man schläft schwer ein.
Der letzte Abend und die letzte Nacht in Dachau. Wir müssen sie in der Isolierbaracke zubringen. Loisl kommt zum Stacheldraht, der die Isolierung vom Lager trennt, läßt mich rufen.
»Also, Hermann, mach's gut.«
»Scheußlich ist's schon, daß ich jetzt weg muß von Euch.«
»Wir können doch nicht ewig beisammenbleiben. Es ist ganz gut, daß unsere Leute überall hinkommen.«
Der »Bär« brummt. Wir geben uns noch einmal durch den Stacheldraht die Hände. Dabei ritz ich mich ein bisserl, aber das macht nichts.

*

Heute ist der 19. August 1942. Im Schubraum bekommen wir unsere gesamten Effekten. Da ist noch mein alter spanischer Koffer, da sind ein paar Bücher aus Gurs und Vernet, ein Shakespeare, ein schmaler Band Walther von der Vogelweide.
Durchs Tor, auf dem »Arbeit macht frei« steht, geht's hinaus. Ein leichter Morgenwind bläst uns ins Gesicht. Zuerst mit der Lokalbahn nach München und dann steigen wir in einen Fernzug ein. Zwei Abteile sind für uns reserviert. Die Posten sitzen bei der Tür des Abteils.
Oje, wir fahren Richtung Hof. Ich hab mich schon so gefreut, daß wir über Wien fahren werden, und ich wenigstens von

der Bahn aus das Stift Melk wiedersehen kann, die Stadt, den Kahlenberg und den Leopoldsberg.
Grüne Hügel und Wiesen – wieder das Schauen und das Weh, daß man nur einmal in ein paar Jahren im Vorbeifahren etwas Grünes sehen darf. Eine Nacht am Dresdner Bahnhof, wo wir in ein Polizeigefängnis gesteckt werden, eine ganz leere Zelle, aber voll mit allem möglichen Ungeziefer. Beim Ein- und Aussteigen werden wir über belebte Bahnsteige geführt. In unserer Häftlingskleidung sind wir allen kenntlich. Ich schaue die Gesichter der Vorbeigehenden an, möchte in ihnen lesen. Ich finde kein mitleidiges Aug. Sie schauen auf uns wie auf Verbrecher. Stehen alle Deutschen auf der Seite der SS?
In der Morgensonne fahren wir aus Dresden heraus. Dann wird's vor lauter Schauen wieder Mittag und Abend. Das oberschlesische Industriegebiet erkennen wir im Dunkeln nur an den feurigen Bränden, die aus den Fabriken herüberleuchten.
Halt. Wir sind da. Wir steigen aus.

Auschwitz

Es ist stockfinstere Nacht. Wir werden über unbebautes Gelände geführt, passieren einen Schlagbaum, bei dem SSler Dienst machen.
Gebäudeschatten tauchen im Dunkel auf. Dann begegnen wir einer Häftlingskolonne. Die Posten tragen das Gewehr im Anschlag. Das war in Dachau nicht.
Noch eine knappe Biegung und wir sind am Tor. »Arbeit macht frei« steht auch hier, und der Stacheldraht läuft auch hier über Isolatoren. Die Wachtürme sind primitiver, aus Holz und offen, aber die Maschinengewehre drohen auch von ihnen herunter.
Wir werden beim Tor aufgestellt. Gegenüber ist ein zweistöckiger Rohziegelbau. Die Fenster sind beleuchtet. Wir sehen Schlafräume, dreistöckig, eng, können das Hetzen der Häftlinge beim Aufstehen und Anziehen beobachten. Es wird Tag.
Jetzt sehen wir auch schon weiter. Ganze Reihen von solchen Rohziegelbauten stehen hier.
Appell. Vor jedem Block treten die Häftlinge an.
Neben dem Tor nimmt nach dem Appell eine Musikkapelle Aufstellung: Lauter Häftlinge. Der Kapellmeister in weißem Anzug, wohlgenährt, schwingt den Stab. Und bei fröhlichen Marschweisen marschieren die Arbeitskommandos aus dem Lager.
Aber die Kommandos schauen gar nicht fröhlich aus. Furchtbar, diese Gestalten! Viel schlimmer als in Dachau. Die Capos dagegen, die Verantwortlichen der einzelnen Arbeitskommandos, sind gut genährt. Manche ausgesprochen fett. Alle, die ich bisher gesehen hab, sind »Grüne« – kriminelle Häftlinge, die grüne Winkel tragen.
Wir müssen ins Bad, bekommen neue Anzüge, neue Num-

mern. Ich hab jetzt 60 355. Luck, Hias und Sepp haben Nummern unter 200 gehabt, jetzt genieren sie sich förmlich, wie sie die astronomische Zahl auf ihrer Brust nähen müssen. In Dachau waren die letzten Zugangsnummern noch unter 40 000, als wir weggefahren sind.
Dann übernimmt uns der Reviercapo.
Hier nennt er sich »Lagerältester des Häftlingskrankenbaus«. Bock heißt er. Ein Krimineller. Mageres, faltiges Gesicht, ungesunde Hautfarbe, kleine, halbgeschlossene Augen.
Wir dürfen schlafen.
Schlafen wäre gut. Aber die Flöhe! Immer wieder wecken sie einen auf. Nach dem Mittagessen – Erdäpfelsuppe – schauen wir uns das Lager an.
Das Lager ist sehr eng. Viel mehr Menschen sind hier zusammengepfercht als in Dachau. Sie wohnen nicht nur in den beiden Stockwerken der Ziegelbauten, auch im Keller und auf dem Dachboden schlafen sie. Immer wieder aufs neue sehen wir Jammergestalten. Sie gab's in Dachau vor allem bei den schlechten Kommandos. Hier scheinen sie Regel zu sein. Dort raufen ein paar um einen Abfallkübel. Sie suchen Eßbares. Dazwischen die Capos und Blockältesten – die Bindenträger: Viele von ihnen haben Prügel in der Hand. Alle anderen weichen ihnen im weiten Bogen aus. Um sie herum ist immer freier Platz.
»Ein grünes Lager: Wir werden's nicht leicht haben.«
»Aber wir werden's schon machen. Ich hab von 1933 an bis jetzt alles überstanden, so werden wir doch nicht in Auschwitz vor die Hunde gehen. Das wär ja noch schöner!«
Und Hias lacht freundlich und zuversichtlich wie immer.

*

Am nächsten Tag werden wir zur Arbeit eingeteilt.
Karl, der kommunistische Funktionär aus Karlsbad, und ich werden der Schreibstube zugeteilt.
Ich mache Nachtdienst.
In der ersten Nacht erfahre ich den Grund, warum die Schreibstube auch Nachtdienst macht – die vielen Totenmeldungen.
Ein paar von uns kommen in ein anderes Lager. Birkenau heißt's. Von einem müssen wir in den nächsten Tagen schon

die Totenmeldung schreiben. Er wurde als Schreiber auf den Block in Birkenau eingeteilt, in den die Fleckfieberkranken kommen, bevor sie vergast werden, erfahre ich später.

*

Ein junger polnischer Lehrer, der perfekt Deutsch spricht, ist der Verantwortliche der Nachtschicht. Er führt mich gleich in die Arbeit ein:
»Wir schreiben hier die Totenmeldungen. Du bekommst Karteikarten, da hast du alle Daten, Häftlingsnummer, Namen, Geburtsdatum, Nationalität und so weiter. Der Schreiber, der Dir die Karteikarten gibt, schreibt Dir auch schon den Tag und die Stunde des Todes drauf, und Du mußt dann die Meldungen nach diesem Schema schreiben.«
Ich kenn das Schema, und ich kenn die Formulare.
»Und von wo bekomm ich die Diagnose?«
»Die schreib selbst, wie Du willst.« Er lächelt. »Die Krankheiten, an denen die Häftlinge hier sterben, bekommen sie immer erst in der Schreibstube. Mußt nur abwechseln. Es darf nicht immer dieselbe Todesursache geben. Und keine Infektionskrankheit, das ist verboten.«
So schreib ich eine Meldung nach der anderen. Polen, Juden – ein holländischer, ein belgischer, ein slowakischer –, Russen: Namen und Nummern. Neben mir klappern sechs andere Schreibmaschinen in schnellem Takt. Auch sie schreiben Totenmeldungen. Karl, der in der Tagschicht arbeitet, sagt mir, daß sie auch nichts anderes machen. Auch dort arbeiten sieben gleichzeitig dran.
Bald lerne ich die Todesursachen der meisten kennen, die ich hier an Lungenentzündung oder Herzmuskelschwäche sterben lasse.
»Von der Liste werden heute 100 abgesetzt. Die Tagschicht schreibt die zweiten Hundert und den Rest machen wir dann morgen nacht.«
Eine Liste von über 300 Nummern ist's, die am Schreibtisch liegt. Sie sind vergast worden. Nach ein paar Tagen, als wir uns schon näher kennen, sagt's mir Czubak, der junge polnische Lehrer. Er führt mich zum Block hinaus. Dunkle, sternklare Nacht liegt über dem schlafenden Lager.
»Siehst Du dort hinter dem Dach den Feuerschein?«
Ja, man sieht's ganz deutlich. Der Himmel ist rötlich gefärbt.

»Dort ist Birkenau. Dort brennt's Tag und Nacht. Wenn der Wind vom Westen kommt, riechst du verbranntes Menschenfleisch und Haare. Dort sind Gaskammern eingerichtet. Die meisten, die vergast werden, kommen gar nicht ins Lager. Jetzt kommen ständig Judentransporte aus Frankreich und Holland an, darum sieht man auch den Lichtschein heute so stark.«
Still ist die Nacht. Der Scheinwerfer, der am Wachtturm befestigt ist, kreist übers Lager. Grelles Licht und tiefe Schatten jagen einander. Aus dem Block höre ich leise das Klappern von Schreibmaschinen.
»Von dort kommt auch das ›Kanada‹«. Mein polnischer Freund spricht weiter. »Den Juden, die hierher gebracht werden, wurde gesagt, daß sie im Osten angesiedelt werden. Sie haben also ihren ganzen Besitz mitgenommen, Devisen, Gold, Schmuck, Wäsche, Instrumente aller Art, alles, was sie haben. Das wird in großen Baracken gesammelt. Von dort wird verschleppt, geschoben, gestohlen. Was von dort kommt, nennt man Kanada.«
Die Prominenten, die Capos, Blockältesten und anderen Bindenträger tragen Seidenhemden, haben Armbanduhren, das ist mir schon aufgefallen. Das ist also Kanada!
Wir stehen schweigend nebeneinander.
Die Sterne funkeln. Aber ihr Licht scheint mir blaß neben dem düsteren roten Schein hinter dem Dach.

*

Nach dem Mittagessen gehe ich heute den Hiasl besuchen, meinen lustigen bayrischen Freund von Dachau, der hier auf einem Block Pfleger ist.
Da steht er in seinem Krankenzimmer und lacht gar nicht. Er macht ein bitterernstes Gesicht.
»Schau Dir das einmal an. Ich komm net einmal nach mit'm Schauen, so schnell sterbn s' «
Da liegen sie in dreistöckigen Betten, zwei in jedem. Kopf bei Fuß und Fuß bei Kopf.
»Wie sollst da Fieber messen? Und wie sollst da überhaupt wissen, was einem fehlt? Es gibt gar keine Medikamente, nicht einmal genug Tierkohle bekomm ich für die Scheisser, und keine Papierbinden sind da, wie sollst da einen Verband machen?«

Furchtbar ist die Luft in dem Zimmer.
»Die Strohsäcke sind durch und durch verschissen und ganz naß. Ich krieg aber nirgends Stroh. Es ist doch eine Schweinerei, die Kranken auf so etwas liegen zu lassen.«
Hier gibt's keine Leintücher und keine Deckenüberzüge. So schauen alle Krankenzimmer aus. Auf allen Blocks.
Der Hiasl hat sein Lachen verloren, aber seine Energie nicht. Mit aller Kraft schaut er, daß er für seine Kranken was »organisieren« kann. Und er hat Kraft.

*

Erst abends, als ich in die Schreibstube komme, sehe ich eine Zeitung. Große Überschrift, rot unterstrichen: Hakenkreuzfahne am Elbrus gehißt.
Bei der Einteilung der nächtlichen Arbeit gibt mir Czubak einige Karteikarten:
»Die drei sind heute in den Draht gegangen. Hier hast Du den Durchschlag der Meldungen von denen, die gestern Selbstmord begangen haben. Schreib die Meldungen nach diesem Schema. Paß aber genau auf, stilisier gut, die Meldungen von Selbstmorden liest der Lagerarzt meistens nach.«
Ein ausführliches Protokoll, ein Untersuchungsbefund, eine Totenmeldung, eine weitere an die Kommandantur – so viel Mühe hat man sich mit keinem von den dreien gemacht, bevor sie den elektrisch geladenen Draht berührt hatten. Es sind drei Juden, die vorschriftswidrig ihr Leben beendet haben.
Die Schreibmaschinen klappern im Chor. Heute sind zwei Neue bei der Nachtschicht. Sie fallen mir gleich auf. Nicht nur ihr intelligentes Aussehen ist's. Vor allem sind's auch ihre Nummern, die mein Interesse erregen. Beide haben über 62 000, sind also erst nach uns ins Lager gekommen. Beide Polen. Józek rufen sie den einen, einen Großen, der trotz seiner Jugend schon eine Glatze hat. Tadek heißt der andre, dunkelhaarig, mit einer tiefen Stimme.
Ich schau in der Kartothek nach, wer die beiden sind. In der Schreibstube stehen mächtige Kartothekkästen. In dem einen sind die Karten aller Häftlinge, die im Lager leben. In dem anderen die Karten derer, die schon gestorben sind. Es ist erschütternd, in diesen Karten zu blättern. Ganze Trans-

porte, die erst vor ein paar Monaten hierher gekommen sind, sind schon ermordet worden. Von einem Transport von holländischen Juden, der drei Wochen vor mir ins Lager gekommen ist – es waren über 400 –, leben jetzt nur mehr sieben. Da hab ich schon die beiden Karten: Józef Cyrankiewicz und Tadeusz Holuj, beide aus Krakau. Der eine Redakteur, der andere Angestellter. Wenn die beiden, obzwar sie neu sind, gleich in das gute Kommando gekommen sind, müssen sie bekannt sein, müssen sie gute Beziehungen haben; denn normalerweise kommt ein Neuer in die Kommandos, die schwere körperliche Arbeit im Freien machen müssen. Józek, der Angestellte mit der Glatze, spricht besser Deutsch, und ich komm bald mit ihm ins Gespräch.

»Weswegen bist Du im Lager?« fragt er.

»Ich bin Spanienkämpfer.« – Das kann ich ruhig jedermann sagen, das steht ja auch in meinem Akt. Dann sprechen wir über die Totenmeldungen, wieviel Arbeit es hier gibt und wie viele Flöhe.

In der nächsten Nacht werden wir mit unseren Schreibereien etwas früher fertig.

Wir drehen das Licht ab, öffnen die Verdunklungen und die Fenster. Der Mond scheint herein. Józek und ich sitzen beisammen.

»Du bist also Spanienkämpfer? Ich hab sehr viel Sympathie für Spanienkämpfer. Ich bin Sozialist.«

Józek hat sich offensichtlich inzwischen über mich erkundigt. Er spricht viel offener als gestern.

Es freut mich, einen Sozialisten kennenzulernen, der Sympathie für uns Spanienkämpfer hat. Nur zu gut kann ich mich noch an die Sozialdemokraten von Dachau erinnern, Arbeiter, Zimmermann, Olah. Die hatten keine große Sympathie für uns.

Wir sprechen jetzt öfters miteinander, Józek und ich.

*

Meine erste Aufgabe hier ist: Verbindung mit den österreichischen Genossen im Lager herzustellen.

Ernst Burger, Vickerl Vesely. Die beiden hat mir Pepi Lauscher beim Abschied in Dachau genannt. Wie soll ich sie suchen?

Hier im Revier kennt man sie nicht. Allzuviel möcht ich nicht herumfragen. So blättere ich immer wieder im Karteikasten, dort, wo die Lebenden sind. Sie müssen ja beide schon länger hier sein, also schaue ich die älteren Nummern durch. Da gibt's nicht gar so viel. Deutsche sind's und Polen vor allem, die von den alten Nummern leben. Wir Österreicher werden ja als Deutsche geführt. Die meisten von ihnen sind BVer – Berufsverbrecher –, Grüne.

Da ist wieder ein ganzer Tausender, von dem nur mehr fünf am Leben sind.

Und da: Burger Ernst, geboren Wien, 15. Mai 1915. Bald habe ich auch erfahren, wo ich ihn finden kann. Er ist krank auf Block 20. Block 20? Das ist doch der Infektionsblock. Dort liegen doch die Fleckfieberkranken.

Der Pfleger führt mich an sein Bett.

Da liegt er auf dem untersten Gestell des dreistöckigen Bettes, er, von dem mir Pepi Lauscher gesagt hat, daß er einer unserer Besten ist. Jung, braune Augen, eine energische Nase, ein intelligentes Gesicht.

Langsam dreht er mir den Kopf zu.

»Wer bist Du?«

»Ich bin auch ein Wiener. Ich komm aus Dachau. Ich soll Dich vom Pepi Lauscher grüßen lassen.«

Ich merk, daß ihn das Zuhören und das Reden anstrengen. Fleckfieber ist eine schlimme Krankheit.

»Wie geht's Dir denn?« frage ich.

»Ich bin heute den ersten Tag fieberfrei.«

Vom dritten Stock hängt eine skelettartige Hand herunter. Nebenan stöhnt einer wild. Die Luft ist zum Schneiden.

Ich geh bald wieder. Aber ich bin froh, daß ich einen von beiden gefunden hab.

Auch sonst blättere ich viel in der Kartei. Menschen aus aller Welt werden hier als Häftlinge geführt. Aus Amsterdam und Paris, aus Brünn und Warschau, aus allen Ländern, die dem Faschismus erlegen sind. Was ist das? Le Vernet? Ja. Auf der nächsten Karte schon wieder. Ein ganzer Transport, der aus Vernet hierher gekommen ist. Ich blättere schnell die Namen durch. Ein Judentransport. Juden aus Paris und Wien, aus Köln und Berlin. Und da: Sioma Lechtmann. Unser Sioma, der österreichische Spanienkämpfer. Ihn haben also die Nazis aus Vernet hierher geholt. Ich erfahre nach vielem Fragen: Er ist in Jawischowitz, einem Außenlager. Auschwitz

hat mehrere solche Außenlager. Jawischowitz ist ein Kohlenbergwerk. Dort arbeiten die Häftlinge unter Tag, werden »aufgearbeitet«, wie man hier sagt. Alle paar Monate muß das Lager neu aufgefüllt werden. Wie kann ich mit Sioma sprechen? Wie kann ich ihm helfen?
Auch mein polnischer Kamerad in der Schreibstube weiß mir keinen Rat.

*

Nach dem Frühstück bin ich auf den dritten Stock hinaufgeturnt, habe die Flöhe von meinen Beinen gestreift, bin aber noch gar nicht richtig eingeschlafen, da weckt mich ein Geräusch.
»Warum machst Du denn die Fenster zu? Es ist doch eh so heiß da.«
»Muß zumachen, Befehl.«
Idiotischer Befehl. Jetzt verbieten sie einem schon, im August bei offenem Fenster zu schlafen. Da seh ich, daß sich der Hof füllt.
Und jetzt seh ich auch, daß die Menschen, die in den Hof gehen, aus dem Block 20 herausgetrieben werden. Kranke sind's. Sie haben nur ein Hemd an und eine Decke um die Hüften gewickelt, jeder hat seine Fieberkurve in der Hand. Die ausgezehrten Gesichter von Fleckfieberkranken seh ich. Riesige Augenhöhlen, wankende Schritte. Was wollen sie nur mit denen? Alle Fenster auf den Hof sind geschlossen, alle Tore, die ich von hier aus sehen kann, bewacht. Dazwischen laufen Pfleger hin und her. Die Sonne scheint auf die Hofseite. Da legt sich einer hin, daneben noch einer. Bald liegen die meisten auf dem Boden. Man sieht's ja ihren Beinen an, daß sie sie nicht tragen können. Und immer neue kommen aus dem Tor von Block 20. Jetzt werden auch welche herausgetragen. Einen schüttelt's in der Sonne, er muß starkes Fieber haben.
Ich steh auf. Ich muß doch fragen, was da los ist.
»Was sie hier machen? Der Block wird leer gemacht.« Und dann, nach einer kurzen Pause, sagt mir ein Pole mit einer alten Nummer mit mitleidigem Lächeln: »Heute nacht werdet Ihr viel zu schreiben haben.«
Da fällt mir ein: Ernst Burger liegt doch auf Block 20. Ist er dabei?

Hier ruft einer nach Wasser. Dort wollen ein paar in den Block zurück. Aber sie werden nicht hineingelassen. Nicht einmal aufs Klosett dürfen sie gehen. So verrichten sie im Hof ihre Notdurft. Die Sonne steigt höher. Ein paar hundert müssen es sein.
Dann kommt Bewegung in alle: SS ist da. Der Lagerarzt, SS-Obersturmführer Dr. Friedrich Entreß. Er ist aus Posen. »Die Volksdeutschen sind die Schlimmsten«, hat mir Czubak einmal gesagt. Sehr mager ist er und blaß. Brille, steife, gerade Haltung. Hinter ihm der Oberscharführer Klehr. Früher war er von Beruf Schuster, jetzt Mörder. Ständig zuckt sein Gesicht. Immer wieder schließt er die Augen.
Alle Kranken werden nun auf die eine Seite des Hofes getrieben. Einzeln müssen sie mit ihrer Kurve an Entreß vorbei. Oberscharführer Klehr lauert, daß ja keiner entwischen kann. Als ein Kranker, der nur unsicher auf seinen Beinen steht, Entreß zu sehr in die Nähe kommt, stößt er ihn mit dem Stiefel weg, so wie man einen Stein entfernt, der einem im Weg ist. Die Kurven schaut er kaum an.
Die meisten haben schon die Kontrolle passiert. Nur mehr ein paar liegen auf dieser Seite des Hofs, sie können nicht mehr aufstehen. Entreß winkt mit einer Handbewegung ab und verschwindet. Klehr läßt sich einen Sessel bringen und hockt in einer Ecke des Hofes. Immer wieder zwinkert er und immer wieder wandern seine Augen von einem Tor zum anderen. Bei jedem stehen Häftlingspfleger, die den Befehl haben, niemanden hineinzulassen.
Stunden vergehen. Den Ernst hab ich nirgends entdecken können. Ich leg mich wieder hin und schlaf ein.
Da weckt mich Motorengeräusch. Die Kranken werden auf Lastautos verladen. Blockführer stehen daneben, sorgen für das nötige Tempo. Häftlingspfleger helfen den Kranken hinauf. Ein Wagen nach dem andern startet. Der Hof wird wieder leer. Schließlich liegt nur mehr einer da. Er ist tot. Mit offenen Augen starrt er gegen den Himmel. Sein Mund ist offen. Seine Zähne liegen frei.
Ein paar Pfleger kommen ins Zimmer herein. Einer wischt sich den Schweiß von der Stirn und sagt etwas auf polnisch zu seinem Kameraden. In seiner Stimme klingt noch etwas anderes als nur die Anstrengung nach.
»Weißt Du, was der jetzt gesagt hat?«

Mein Bettnachbar, ein junger Pole, der auch in der Nachtschicht arbeitet, fragt mich.
»No?«
»Der hat gesagt, daß er jetzt grad seinem Vater auf den Lastwagen geholfen hat, der ihn zur Vergasung führt.«
Der Hof ist grauenhaft leer. Der Tote scheint zu schreien. Klehr kommt jetzt vom Block 20. Wahrscheinlich hat er nachgeschaut, ob sich nicht doch jemand im Block versteckt hält. Sein Gesicht zuckt.
An diesem Tag wurde der gesamte Infektionsblock: Kranke, Rekonvaleszenten und Pfleger, vergast. Zur Bekämpfung des Fleckfiebers, wie die SS sagt.
War Ernstl dabei?

*

Nein, Ernst war nicht dabei. Er ist am Abend vorher – also am Tag nach meinem Besuch – vorzeitig aus dem Revier entlassen worden. Es muß ihn jemand gewarnt haben.
Jetzt gibt's viel Arbeit in der Schreibstube und wenig Zeit für Gespräche. Von unserem Dachauer Transport ist jetzt schon der zweite gestorben, wieder an Fleckfieber und wieder in Birkenau. Birkenau muß noch viel schlimmer sein als unser Stammlager hier, nach den Totenzahlen zu schließen.
Block 20 wird desinfiziert und wieder als Infektionsblock eingerichtet. Neues Pflegepersonal kommt auf den Block. Dr. Gralla, ein oberschlesischer Häftling, wird Blockarzt. Ruhig blickt er durch seine goldgeränderte Brille. Er ist ein guter Arzt, sagen die Leute. Ich glaube auch, daß er ein guter Mensch ist. Hiasl, mein Freund aus Dachau, wird Blockältester.
»Hast keine Angst vor dem Fleckfieber im Infektionsblock?« frage ich ihn.
»Wenn ich bis jetzt vor den Nazis keine Angst gehabt hab, so werd ich doch jetzt nicht vor den Läusen Angst bekommen. Das wär ja gelacht!«
Er ist voller Pläne: Das muß gerichtet werden und jenes verbessert, und so muß es gemacht werden, damit es den Kranken bessergeht.
Noch eine Änderung: Ein Außenlager wird ein paar Kilometer östlich von hier errichtet. Dort werden Häftlinge in einem Werk der IG-Farben zur Buna-Erzeugung eingesetzt. Man

braucht auch Revierpersonal. Wörl geht als Lagerältester des Krankenbaus hin. Ich glaub, Bock will uns Dachauer nicht gern in seiner Nähe hier im Stammlager haben. Seine Freundlichkeit uns gegenüber gefällt mir immer weniger. Hat er ein schlechtes Gewissen?

*

Ich geh den Ernst besuchen. Der Block ist leer. Die Häftlinge alle in Arbeit. Der Gang frisch gestrichen, buntes Muster, unten Ölanstrich.

»Das Ausmalen, das ist hier so ein Vogel bei den Blockältesten. Alle paar Wochen wird frisch gestrichen. Bei so viel Menschen und dem ständigen Antreiben gibt's ja auch bald Kratzer und Wischer an der Wand. Farbe und Maler zahlt der Blockälteste – Blockowi nennen sie ihn hier, das ist polnisch – mit den Rationen der Häftlinge. Das ist ganz einfach. Er kriegt drei Würste. Daraus muß er 500 Portionen schneiden. Wenn er die Portionen kleiner schneidet, bleibt ihm eine halbe Wurst für das Ausmalen. Und unser Blockältester sagt: Schau, die Juden verrecken doch sowieso. Ob die noch was zum Essen haben, ist doch ganz wurscht. Aber ich hab wenigstens meinen Block sauber und fall nicht auf.«

Ernstl erklärt mir Auschwitz. Wir sitzen in einer Stube. Eng gedrängt stehen die Betten nebeneinander. Glattgestrichen sind die Decken auf den Strohsäcken. Ich erzähl ihm von Dachau und von unserer Organisation dort, wie es uns langsam gelungen war, unseren Freunden etwas zu helfen.

»Hier ist's aber ganz anders als in Dachau«, sagt Ernstl. »Die politische Abteilung hängt hier wegen des geringsten Verdachts ohne Untersuchung die Leute auf. Sie haben eine ganze Organisation von Spitzeln im Lager. Auch sind hier nur sehr wenige politische Häftlinge, die Kriminellen herrschen, und was das heißt, kannst Du Dir denken. Sie organisieren und leben rücksichtslos auf Kosten der andern. Österreicher gibt's nur ein paar Dutzend hier. Mit den meisten von den deutschen Politischen kannst nichts anfangen. An die Polen ist's schwer heranzukommen. Sie haben ein großes Mißtrauen gegen alles, was deutsch redet. Und die Juden sterben so schnell, daß Du sie gar nicht kennenlernen kannst.«

Ernstl ist Schreiber auf Block 4. Er muß den Blockrapport machen, die Kartothek führen und alle Schreibereien erledigen. Nur weil er Blockschreiber ist, konnte Ernstl vom Revier rechtzeitig weg. Freunde haben ihn gewarnt.
»Hier in Auschwitz haben die ›Grünen‹ – die kriminellen Häftlinge mit grünen Winkeln – das große Wort. Der Lagerälteste ist ein ganz brutaler Schläger. Alle fürchten ihn. Vom Lagercapo hab ich neulich folgendes gesehen: Er steht im Gespräch mit ein paar anderen grünen Capos. Hat ihnen gerade erklärt, daß er einen neuen Griff kennt, wie man mit einer Hand einen Menschen umbringen kann. Und um den Griff zu zeigen, ruft er sich einen Juden, der gerade vorbeigeht, her, einen richtigen Muselmann, weißt du, einen, der schon ganz heruntergekommen ist, packt ihn am Hals und dreht ihm mit einer Hand das Genick um. Da liegt er und ist tot. Um so was schert sich hier kein Mensch.«
Ernstl ist schon seit dem Winter 1941 hier. Auch schon früher, unter Schuschnigg, ist er gesessen, so jung er ist. Er war im Auftrag der Partei aus Frankreich nach Österreich zurückgekehrt, um die Leitung der illegalen Jugendorganisation zu übernehmen. Die Gestapo spürte ihn auf, brachte ihn nach Stein und dann nach Auschwitz.
»Weißt was? Nächsten Sonntag treffen wir uns mit den andern«, sagt der Ernstl. »Ich bring noch zwei österreichische Kommunisten mit, den Vickerl und den Rudl Friemel, der in Spanien war.«
»Der Friemel ist da? Der ist doch bei der SP. In Gurs hat er noch als SP-Vertreter mit'm Deutsch verhandelt.«
»Jetzt ist er Kommunist.«
So ist also auch Rudl Kommunist geworden.
Sonntag treffen wir uns in der Birkenallee, die hinter den letzten Wohnblocks parallel zum Draht, von ihm durch eine breite Wiese getrennt, läuft. Junge, weiße, lustige Birken stehen hier in einer Reihe. Hinter dem Stacheldraht ist eine hohe Mauer. Darüber sieht man Baumkronen. Auf der einen Seite kann man ein Haus sehen, das über die Mauer ragt. Schöne große Fenster hat's.
»Das ist die Kommandantenvilla. Dort wohnt der Höß.«
Wir vier, Rudl, der ehemalige Sozialist, Vickerl, ein lustiger junger Wiener, Ernst und ich, sitzen hier auf Steinen, die neben dem Weg liegen. Die beiden haben ein gutes Kom-

mando. Sie arbeiten in der Fahrbereitschaft. Rudl als Feinmechaniker – und er versteht was von seinem Fach –, Vickerl macht die Schreibereien dort.

*

Heut hab ich meine ersten Schläge in Auschwitz bekommen. Klehr, der Oberscharführer mit dem zuckenden Gesicht, hat mir eine runtergehaut, weil ich nicht rechtzeitig vor ihm ausgewichen bin. Jeder Häftling muß ihm drei Schritte vom Leib.

Noch eine Neuigkeit gibt's heute. Ich werde zusammen mit Karl, der mit mir aus Dachau kam, als Schreiber für den neuen Standortarzt – den ersten Lagerarzt, der verantwortlich für den ganzen Lagerbereich ist – bestimmt. Ein SSler war da und hat deutsche Schreiber verlangt. Da hat uns der Lagerälteste rufen lassen. Ich glaub, er sieht es gern, daß wir Dachauer aus dem Krankenbau wegkommen.

*

Noch am selben Abend werden wir auf Block 24 verlegt. Das ist der Block gleich neben dem Lagerausgang. Hier liegen die guten Kommandos. Und »SS-Revier« ist ein gutes Kommando. Das sehen wir schon abends, als wir in die Stube kommen. Lauter junge Polen, keiner davon mager. Sie sind mißtrauisch, als sie hören, daß wir nun zu ihrem Kommando gehören.

Früh müssen wir zum Appell antreten. Dann marschieren wir hinaus. Die Musikkapelle spielt. Die Capos schimpfen, schreien und schlagen.

Ein Posten begleitet uns. Es geht in den ersten Stock eines Hauses hinauf. Hier sind auf der einen Seite des Ganges die Krankenzimmer für die SSler. Auf der anderen Seite die Schreibstube, Büroräume, Arztzimmer, Diätküche und dergleichen. Das alles zusammen heißt »SS-Revier«.

Die anderen vom Kommando arbeiten als Putzer. Um 8 Uhr kommt der Spieß – der Vorgesetzte der SS-Mannschaft – und läßt uns zu sich rufen.

»Wenn der Standortarzt mit Ihnen zufrieden ist, werden Sie also hier Schreiber. Genaue Arbeit, schnelle Arbeit und vor allem eines ist notwendig: Schweigen. Sie werden hier manches erfahren, was man sonst nicht im Lager weiß. Das wird aber auch weiterhin niemand im Lager wissen. Haben Sie mich verstanden? Schauen Sie einmal zum Fenster hinaus. Wissen Sie, was das ist?«

Ich sehe einen Bunker mit einem abgeschrägten Betondach, dahinter einen Riesenschornstein. Träg schwarz qualmt es aus ihm heraus.

»Wissen Sie, was das ist? Das ist ein Krematorium. Durch den Kamin gehen Sie, wenn Sie irgend etwas reden. Verstanden?«

»Jawohl.«

Ich stehe stramm vor ihm und versuche, keine Miene zu bewegen.

»Und jetzt warten Sie nebenan in der Schreibstube, bis der Standortarzt kommt.«

In der Schreibstube sitzen zwei SSler und langweilen sich. Sie erzählen sich Weibergeschichten, machen dumme Witze, versuchen, uns auszufratscheln. Wir haben uns derweil zwei Schreibmaschinentischerln ans Fenster gerückt, die Maschinen geputzt, Schreibsachen gefaßt.

Die Tür geht auf. Die beiden SSler spritzen in die Höh, schlagen die Hacken zusammen. Ein großer Mann mit Offizierskappe kommt herein.

Aber das ist ja Dr. Wirths aus Dachau! Er hat mich auch schon erkannt. Bevor noch der Spieß etwas sagen konnte, ruft er ganz laut:

»Der Langbein, nein so was! Wie kommen denn Sie daher?«

Und dann fragt er mich, wie's dem Kranken geht, der mit chronischem Magenkatarrh auf der Internen in Dachau gelegen ist und dem, der so starken Gelenksrheumatismus gehabt hat und der von ihm behandelt wurde. Schließlich wendet er sich zum Spieß:

»Der Langbein wird mein Schreiber«, und ist wieder draußen.

»Mit mir hat der Standortarzt noch nie so viel gesprochen, seitdem er hier ist, wie mit den Häftlingen da.« Ganz beleidigt setzt sich der eine SSler nieder.

Wirths ist also jetzt hier Standortarzt. Und ich werde sein Schreiber. Vorm Fenster steht der Schlot des Krematoriums. Ich denke an den Feuerschein von Birkenau, an die sieben Schreibmaschinen, die Tag und Nacht nur Totenmeldungen klappern.

Vielleicht ist's ganz gut, daß ich hier herausgekommen bin. Ich erinnere mich, wie Wirths in Dachau rot geworden ist, weil ich ihn gelobt habe; wie er den brutalen Blockpfleger, den Sozialdemokraten Arbeiter, angeschrien hat: »Wissen Sie nicht, daß der Mensch hätte sterben können? Haben Sie denn gar kein Verantwortungsgefühl?«
Schreiber beim Standortarzt Auschwitz – das kann eine große Aufgabe werden.

*

In den nächsten Tagen macht mich der Spieß mit den Geheimnissen der Aktenzeichen bekannt, mit den Adressen und Dienstgraden derer, mit denen der Standortarzt korrespondiert. Vor allem geht die Korrespondenz nach Oranienburg, dem Hauptsitz der Verwaltung der Konzentrationslager. »SS-Wirtschafts- und Verwaltungshauptamt, Amtsgruppe D, Chef des Amtes D III, SS-Obersturmbannführer Dr. Lolling, Oranienburg bei Berlin.«
Wir sitzen jetzt im selben Zimmer wie die SS-Schreiber, nur ein dünner Holzverschlag trennt uns von ihnen. Man hört jedes Geräusch durch.
Eine Glocke wird in unserem Zimmer angebracht. Wenn Dr. Wirths läutet, muß ich zu ihm zum Diktat.
»Sie brauchen sich nicht jedesmal melden, wenn Sie hereinkommen.«
Es ist Vorschrift, daß ein Häftling, wenn er das Zimmer eines SSlers betritt, sagt: Häftling Nr. soundso bittet gehorsamst, eintreten zu dürfen.
»Und wenn niemand Fremder im Zimmer ist, setzen Sie sich nur immer gleich hin zum Diktat. Ich möchte nicht, daß Sie im Stehen schreiben.«
Wirths diktiert viel und rasch. Ich seh, daß er mit mir zufrieden ist, und ich versteh auch, warum: Früher haben die SS-Schreiber seine Post erledigt; der SS-Unterscharführer Richter vor allem, ein Sachse. Und daß dessen Intelligenz für diese Arbeit nicht ausgereicht hat, begreif ich ohne weiteres. Ich lern aber nicht nur die Aktenzeichen und die äußere Form der Schriften kennen. Ich erfahr, wie groß Auschwitz ist und wie furchtbar groß seine Sterblichkeit.
Hier im Stammlager sind über 10 000 Häftlinge. Das größte Lager ist Birkenau. Dort gibt's ein Männer- und ein Frauen-

lager. Dann gibt's noch Arbeitslager. Buna ist das größte, und es wird immer größer. Dort ist jetzt Wörl aus Dachau Lagerältester des Krankenbaus. Die anderen – Jawischowitz, Golleschau und einige kleinere Lager – haben eine geringere Belegstärke.
In Dachau waren wir entsetzt, wenn die monatliche Sterblichkeitsziffer mehr als 3 bis 4 Prozent der Belegstärke des Lagers betrug. Ich blättere hier in der Ablage und sehe den Monatsbericht des Vormonats. Über 26 Prozent der Gesamtbelegstärke sind allein im August gestorben. Ich muß an den Block 20 denken, an den Feuerschein von Birkenau.
Karl sitzt mir gegenüber. Er schreibt für den Truppenarzt die Krankengeschichten der SS-Männer, die hier im Revier liegen, Facharzteinweisungen, Diätbescheinigungen und ähnliches.
Vorm Fenster steht drohend der Schornstein.

*

Heute gibt's große Aufregung bei den SSlern in der Schreibstube. Ein neuer Spieß kommt. Ontl heißt er, ist groß, schwarz, hat eine tiefe Stimme; ein Sudetendeutscher.
Auch andere Sudetendeutsche arbeiten in der Schreibstube. Da ist Losert, Kaufmann von Beruf, er hat ein Papiergeschäft. Ein vorsichtiger, überängstlicher Beamtentyp, beschränkte Intelligenz und großes Tratschbedürfnis. Jambor ist auch aus der Tschechoslowakei. Karl lernt ihn gut kennen, denn beide arbeiten für den Truppenarzt. Ein ganz eigenartiger Mensch: Begeisterter Nationalsozialist, bemüht er sich noch hier in Auschwitz, seine Vorstellung vom Nationalsozialismus als etwas Idealem und Schönem zu bewahren. Während die anderen SSler saufen, huren und stehlen, tut er das alles nicht. Er spricht wie ein Lesebuch, schenkt Karl manchmal ein Stück Brot und wird dabei rot, weil das verboten ist; kurz, er steckt seinen Kopf in den Sand wie der Vogel Strauß und will all das nicht wahrhaben, was niemand hier übersehen kann.
Und noch jemanden lerne ich kennen: die Schwester Maria. Sie macht als NSV-Schwester hier im SS-Revier Dienst. Groß, schwarz, mit dunklen Augen, schon über 40. Was mir als erstes bei ihr aufgefallen ist und was mir besonders an ihr gefällt: sie spricht österreichischen Dialekt. Und bald merk

ich's an der einen und an der anderen Bemerkung und dann bestätigen's die anderen Häftlinge hier: Sie spricht nicht nur österreichisch, sie ist Österreicherin, sie haßt die SS, sie verurteilt die KZs und sie hilft uns Häftlingen.
Jetzt weiß ich auch, warum alle von unserem Kommando gut ausschauen. Sie holen täglich das Essen für die kranken SSler. Sie sind mit den Häftlingen, die in der SS-Küche arbeiten, gut bekannt und kriegen immer weit mehr, als dem Verpflegungsstand entspricht. Schwester Maria weiß davon. Das überschüssige Essen wird in den Keller gebracht und dort essen wir's dann. Aber auch sonst wird viel organisiert. Nicht weit von hier ist das Schlachthaus. Vor allem aber gibt's Kanada.
Wirths hat mir noch nie etwas über die Transporte diktiert, die täglich einlaufen und von denen all die Schätze stammen – wertvolle Lebensmittel, seltene Medikamente, kostbare Uhren und der begehrte Alkohol.
Trotzdem weiß ich genau, wann wieder ein Transport auf der Rampe des Bahnhofs eingetroffen ist. Dann muß nämlich immer ein SS-Arzt und ein Sanitätsdienstgrad hinaus. Der Sanka – das Sanitätsauto – fährt mit ihnen Richtung Bahnhof. Sie suchen dort die Arbeitsfähigen heraus, die kommen ins Lager, die anderen – vor allem Frauen, Kinder, Greise – ins Gas. Die Gaskammern sind wie Bäder eingerichtet. Duschen sind einmontiert, aber es kommt kein Wasser heraus, sondern Zyklon B – das Giftgas, das hier verwendet wird. Desinfektoren heißen die SSler, die das Gas einfüllen. Einer von ihnen – Theuer – ist Sudetendeutscher, Koch, ein anderer, ist Sachse.
Täglich fährt der Sanka zur Rampe, allabendlich rötet sich der Himmel im Westen, ständig kommen Dollars und Schnaps, Stiefel und Uhren ins Lager. Ein schwunghafter Handel zwischen Häftlingen und SS blüht.
Jeder SSler will mitprofitieren am großen Beutezug von Auschwitz, aber selten traut er sich vor einem andern SSler selber etwas zu nehmen, und daher wendet er sich an die Häftlinge, damit sie für ihn stehlen. Die Häftlinge, die in den entsprechenden Kommandos arbeiten und Gelegenheit zum Stehlen haben – es ist selbstverständlich nur ein kleiner Bruchteil aller Häftlinge, der diese Chance hat –, sind wieder interessiert daran, SSler zu bestechen und sie so zu »kaufen«.

So ist es möglich, daß die Unterschiede in Auschwitz noch viel krasser sind als in anderen Lagern. Tausende in den schlechten Kommandos werden »Muselmänner« und verhungern, aber die in den guten Kommandos essen oft das ganze Jahr hindurch nicht einen Löffel Lagersuppe, tragen feine Unterwäsche, Armbanduhren, trinken Schnaps, leben ein Leben des krampfhaften Genießens jedes Tages.
Denn auch hinter ihnen steht jeden Tag der Tod. Nicht nur, daß das Fleckfieber nicht haltmacht vor ihnen und der Typhus. Die politische Abteilung ist noch viel gefährlicher als jede Infektionskrankheit.
»Heut haben sie schon wieder hundert im Block 11 erschossen.«
Ernstl erzählt mir, wie das zugeht. In der Früh kommt eine Liste in die Häftlingsschreibstube. Die angeführten Nummern treten nach dem Appell bei der Schreibstube an. Sie werden auf Block 11 geführt, das ist der Bunker, und dann führt ein Lastauto, aus dem Blut tropft, ihre Leichen ins Krematorium.
Meistens sind's Polen, die von der politischen Abteilung liquidiert werden. Intelligenz, Offiziere und alle die, die nur irgendwie den leisesten Verdacht der politischen Abteilung erregen.
»Heute war ein Blockschreiber dabei. Ein junger Pole, ein sehr feiner Kerl. Er hat selbst von der Schreibstube seine Nummer bekommen; die Blockschreiber müssen ja dafür sorgen, daß die Häftlinge nicht ausrücken. Als sein Nachfolger dann die Blockkartei übernommen hat, hat er gesehen, daß er auf seiner Karteikarte ein Kreuz mit dem Datum der Erschießung eingezeichnet hat.«
So lebt Auschwitz. Dort prügeln sich welche um Kartoffelschalen, da sind welche vollgefressen. Überall der nackteste, brutalste Kampf ums Dasein, denn in den guten Kommandos haben nur wenige Platz und viele, viele müssen in den schlechten zugrunde gehen. Und über allem der Geruch von verbranntem Menschenfleisch. Vor jedem der Tod, der ihn jeden Tag packen kann. Und überall der Prügel, der Prügel in der Hand der SSler, in der Hand der Capos.
Die politische Abteilung ist im selben Haus wie das SS-Revier untergebracht, ebenerdig. Häftlinge stehen dort oft am Gang, kreidebleich. Mehrmals schon hab ich's durch den

Boden von unten her schreien gehört. Ein Schreien, von dem man sich gar nicht mehr denken kann, daß es aus einem Menschen herauskommt.

*

Noch einen lern ich gut kennen: Tadek Jurkowski, Häftling Nr. 17 000, den Läufer des Häftlingskrankenbaus. Er hat einen Passierschein und kann allein aus dem Lager heraus ins Revier. In weitem Umkreis steht ja untertags, wenn die Kommandos arbeiten, die große Postenkette.
Tadek trägt die Totenmeldungen hier heraus, wo sie in Bergen den SS-Ärzten zur Unterschrift vorgelegt werden – einmal hab ich einem SS-Arzt beim Unterschreiben helfen müssen. Immer eine unterschriebene Meldung nach der anderen schnell wegnehmen. Und er hat gestöhnt, daß ihm schon die Hand weh tut von so viel Arbeit. – Uns bringt Tadek die Neuigkeiten vom Lager. Wenn gerade ein guter Blockführer beim Tor steht, schleppt er Medikamente von der SS-Apotheke hinein. Immer ist er fröhlich und guter Dinge. Jung, schlaksig, mit großen Zähnen, die etwas hervorstehen, ist er uns bald Freund geworden.

*

Beim Einrücken erfahr ich heute, daß Hias krank ist. Vorgestern bin ich noch lange mit ihm zwischen den Blocks spazierengegangen und er hat mir erzählt, wie's auf seinem Block vorwärtsgeht. Ich frag gleich den Häftlingsarzt Dr. Gralla, was ihm fehlt. Ich hab Angst.
»Man muß noch ein bissel warten, bevor man ein Diagnose stellen kann.«
Dann erfahre ich: Hiasl hat Fleckfieber. Er liegt im selben Zimmer, in dem ich seinerzeit Ernstl besucht hab. Scheußlich ist diese Krankheit. Sie zehrt am Menschen. Jeden Tag wird er weniger.
Ich besuch ihn jeden Abend. Dr. Gralla kümmert sich sehr um ihn. Aber ich seh schon, es geht mit ihm zu Ende. Er ist kaum mehr bei Besinnung. Seine Zähne treten schon scharf hervor. Seine Nase wird spitz. Seine Augen sinken zurück in die Höhlen, fast erkennt man ihn nicht mehr. Das soll der lebenslustige, fröhliche, energische Hiasl sein? Dieses Ske-

lett, das sich unruhig hin und her dreht, nicht mehr sprechen kann, nicht mehr versteht? Ich geb ihm die Hand, er packt sie schnell. Zuerst versucht er, in sie hineinzubeißen, dann will er sie küssen.

»Hiasl!«

Er schaut mich nur an, schaut an mir vorbei und wieder wälzt er seine Decke herunter. Er kann auch nicht mehr trinken. Alles rinnt wieder zum Mund heraus.

Am nächsten Morgen, bevor unser Kommando ausrückt, schau ich wieder zu ihm.

Sein Strohsack ist leer. Im Waschraum steht eine Bahre und drauf liegt er, in ein Leintuch gehüllt.

Da steh ich vor'm Hiasl, dem guten Kameraden von Dachau, dem tapferen Kommunisten, der nie den Mut verloren hat und nie seine Gesinnung geändert hat.

Ich bin ganz leer, Nicht traurig, sondern leer.

»Nur nicht stumpf werden!« sag ich zu mir selber.

»Herr Doktor, heute ist der Hias gestorben, der Pfleger von der Dreierstube in Dachau. Fleckfieber.«

Ich sag es Dr. Wirths gleich in der Früh, wie er mich das erstemal zu sich hineinleutet.

»Was Sie nicht sagen, furchtbar! Denken Sie sich, heute nacht ist auch die Frau vom Hauptscharführer Palitzsch an Fleckfieber gestorben. Ist das nicht entsetzlich?«

Palitzsch ist der Rapportführer, der immer die Erschießungen auf Block 11 durchführt.

*

Karl stößt mich an:

»Schau, schon wieder!«

Vorm Fenster steht breit der Bunker des alten Krematoriums. Vor seinem Eingang ist ein schmaler Hof, durch einen hohen, engen Zaun abgegrenzt. Unser Fenster ist im ersten Stock und so können wir über den Zaun in den Hof sehen. Jetzt sind gerade wieder zwei Lastautos, mit Plachen überdeckt, hineingefahren. Das Hoftor wird hinter ihnen geschlossen. Vom einen Lastwagen seh ich die Rückwand. Die Plache wird geöffnet. Ein junger, blasser Bursch springt herunter, noch einer, hinter ihm Ältere, dann turnen zwei Frauen vom Wagen herunter, immer kommen noch welche. Sie müssen sich an der Wand aufstellen. SS mit Maschinenpi-

stolen schreien so laut mit ihnen herum, daß wir's bis zu uns herauf hören können. Dann seh ich niemanden mehr im Hof: Sie haben sie in den Bunker hineingetrieben.
Eine Viertelstunde später turnen zwei SSler auf dem flachen Bunkerdach herum. Ich erkenn sie recht gut, obwohl sie Gasmaken vor dem Gesicht tragen: Es sind die zwei Desinfektoren von unserer Dienststelle, Theuer und Koch.
Erst neulich hat mir Wirths befohlen, einen Antrag zu schreiben, daß die »Desinfektoren« Milchzulage erhalten sollen, weil sie bei ihrer Arbeit »gesundheitsschädlichen Einflüssen« ausgesetzt sind. Welche Fürsorge für Mörder! Jetzt manipulieren sie bei den kleinen, rauchfangartigen Öffnungen des Daches herum, ich seh deutlich die Büchsen, die ich schon kenne: Zyklon B.
Es läutet. Ich muß zum Diktat.
Wie ich zurückkomme, seh ich, was ich schon so oft hab sehen müssen: dicker, schwarzer Rauch aus dem Schlot. Immer dicker wird er und quillt träg hervor. Er steigt höher und immer schneller folgt Wolke auf Wolke und schließlich lekken die Flammen aus der Öffnung.
Das waren ein paar von den vielen, vielen, die in Auschwitz sterben, ohne Auschwitz kennenzulernen.
In unserem alten Krematorium werden auch die Leichen derer verbrannt, die im Stammlager sterben. Jeden Abend kommt ein Wagen, notdürftig mit Decken zugedeckt, von Häftlingen gezogen, heraus. Wenn sich das Hoftor hinter ihm geschlossen hat, werden die Decken entfernt, und ich seh ein Gewirr von ausgemergelten Leibern, Armen, Beinen. Zwei Häftlinge turnen auf den Leichenberg hinauf. Sie gehören zum Kommando »Krematorium« – alle paar Monate wird das ganze Kommando vergast, so befiehlt es die politische Abteilung. – Sie packen eine Leiche nach der andern und werfen sie auf den Betonboden des Hofes. Die Schädel der Leichen krachen auf, häßlich laut.
Heute muß wieder ein Dachauer Pfleger dabei gewesen sein, der vierte von unserem Transport, der an Fleckfieber gestorben ist.

*

Ich habe aus der Korrespondenz der letzten Tage entnehmen können: Wirths läßt seine Familie nachkommen. Das ist ein

Zeichen, daß er wahrscheinlich länger hier bleibt, als sonst Standortärzte geblieben sind.
Heut seh ich seine Frau das erstemal. Auf der Straße unten steht sie, groß, gut angezogen, vornehm. Ganz anders schaut sie aus als die Frau Höß, die Frau des Kommandanten, die ich auch schon öfters gesehen habe. Die ist klein und hat brutale Augen, als ob sie selbst bei allen Morden mithelfen würde.
Ihre Kinder stehen neben ihr. Ein Bub, vielleicht 4 bis 5 Jahre, und ein Mädel, noch jünger. Sie warten auf den Papa. Und weil's schon länger dauert, klettert der Bub auf die Böschung und setzt sich ins Gras.
»Was wird der Dr. Wirths seinem Sohn antworten, wenn er ihn fragt, was da drin ist in dem Bau, auf dessen Böschung er sitzt? Und was wird er antworten, wenn sein Mäderl ihn fragt, was das für eine Fabrik ist mit dem großen Rauchfang da hinten?«
Karl hat oft solche Einfälle.

*

Heute habe ich erfahren, wie die Aufnahmen in den Krankenbau vor sich gehen.
Wer krank ist, meldet sich abends in der Ambulanz. In der Früh müssen sich die »Arztmelder« ausziehen und warten dann auf dem Gang, bis der Lagerarzt Dr. Entreß kommt. Nackt, barfuß stehen sie in einer langen Kette auf dem Steinboden des Ganges. Wenn der Lagerarzt kommt, reicht ihm jeder Häftling seine Karteikarte, er wirft einen Blick auf sie und einen anderen auf den Körper des Häftlings, und dann legt er die Karte entweder auf den Stoß, der links auf dem Tischerl vor ihm liegt, oder rechts. Die, die er links legt, werden ins Revier aufgenommen, die rechts werden »gespritzt«. Die meisten Juden werden gespritzt. Darauf schaut schon Entreß und auch der Häftlingsarzt, der in der Ambulanz Dienst hat, Dr. Diem, ein polnischer Militärarzt, hilft hier mit. Er ist noch hier im Lager Antisemit geblieben, wo Antisemitismus Mord bedeutet. Er stellt den Juden ungünstigere Aufnahmediagnosen, hofft so, Entreß abzulenken und kranke Polen zu retten. Das grausame Prinzip von Auschwitz beherrscht ihn: Einen anderen treten, nur damit man selber nicht ertrinkt.

Das »Spritzen« geht so vor sich: Die Betreffenden werden in den Waschraum von Block 20 gebracht, nackt selbstverständlich, wozu sollten sie sich auch noch anziehen. Einer nach dem andern wird in das Zimmerl gegenüber vom Klosett geholt. Drinnen sitzt Klehr und gibt Phenolinjektionen ins Herz. Die Toten werden in den Abort gezerrt. Er trifft nicht immer ins Herz und dann leben seine Opfer noch lange. Hie und da rührt sich noch einer unter dem Leichenhaufen, erzählt mir der Pfleger.
Und manchmal, wenn der Oberscharführer Klehr in Laune ist, macht er auch noch vor diesen Injektionen medizinische Versuche: Der Schuster hat den Ehrgeiz, Arzt zu werden. So versucht er zum Beispiel Lumbalpunktionen, das sind Punktionen, bei denen man mit einer langen Nadel durch die Zwischenräume der Wirbelsäule die Rückenmarkflüssigkeit zu erreichen versucht. Ein schwieriger Eingriff, der sehr schmerzhaft ist, selbst wenn ihn ein geschickter Arzt vornimmt.
Klehr versucht ihn an seinen Opfern, sticht und bohrt in ihrem Rücken herum und wenn einer schreit, schlägt er ihn noch vor seinem Tod.
»So im Durchschnitt spritzt er täglich 70, und wenn ihm der Entreß zu wenig ausgesucht hat, dann geht er noch selbst durch die Krankenzimmer und fischt sich welche heraus.«
Einer von uns Dachauern ist Pfleger auf Block 20 und der erzählt's mir.

*

Heute bin ich das erstemal dem gefürchteten Leiter der politischen Abteilung, Grabner, begegnet.
Ernst hat mir seine Geschichte erzählt. Ein Österreicher aus dem Waldviertel, ein früherer Polizist. Schon unterm Schuschnigg war er im Kommunistenreferat. Nach der Okkupation wurde er von der Gestapo übernommen. Seit dem Aufbau des Lagers Auschwitz ist er Chef der »Politischen Abteilung«. Die periodischen Erschießungen im Bunker sind sein Werk. Niemand ist so gefürchtet im Lager wie er. Nicht einmal der Kommandant.
»Kommen Sie mal herunter!«
Im Stiegenhaus des SS-Reviers hör ich unter mir eine Stimme, leise, knapp, unheimlich. Der Gerufene, einer von un-

serem Kommando, der gerade beim Gangfenster gestanden ist, läuft die Treppe hinunter. Ich hör ihn die Hacken zusammenschlagen.
»Was haben Sie denn da beim Fenster zu tun? Kommen Sie nur mit mir.«
Im Vorhof des Krematoriums war wieder ein Lastauto angekommen. Unser Kamerad hat zugeschaut, wie die Opfer ausgeladen wurden. Der Häftling ist nie mehr ins Kommando zurückgekommen, am nächsten Tag läuft seine Nummer in der Schreibstube ein. Die Totenmeldung lautet auf Lungenentzündung.
Es war Grabners Stimme, die ich gehört habe.

*

Schon seit längerer Zeit weiß ich, daß in Birkenau etwas los sein muß. Wirths fährt oft hinaus, auch in der Schreibstube munkelt die SS. Richter wurde mehrmals zum Diktat befohlen, es muß also eine besondere Sache sein, die ich nicht wissen darf. Richter hat die Durchschläge der Schreiben gestern auf seinem Schreibtisch liegenlassen. In der Früh sehe ich sie. Breit steht auf jedem der Stempel »Geheim«.
In Birkenau haben sie ein Massengrab geöffnet. Die verwesten Leichen werden ins Krematorium gebracht und dort verbrannt. Das jüdische Häftlingskommando, dem diese Arbeiten befohlen wurde, muß nachher vergast werden. Alles auf Befehl von Berlin.
Ich erzähle Tadek, unserem Läufer, was ich weiß.
»Das sind die Gräber, in die damals die zwölftausend Russen geworfen wurden, im vorigen Winter. Fürs alte Krematorium waren's zu viel Leichen.«
Tadek zeigt auf den Schlot vor unserem Fenster.
»12 000 Russen?«
Karl hat zu schreiben aufgehört.
»Ja. Das war der erste Russentransport im vorigen Winter. In ein paar Wochen waren alle weg. Damals haben Kommandos von uns lange Schachtgräber ausheben müssen.«
»Warum sie die jetzt wieder ausgraben?«
»Warum? Das ist doch ganz klar. Schau Dir einmal den heutigen ›Völkischen Beobachter‹ an.«
Die Hauptüberschrift berichtet von »Greueln in Katyn«.

Ich höre am Gang ein Gespräch von SSlern, die vor der Ambulanz des Truppenarztes warten.
»Mensch, du hast ja keine Ahnung, wie's bei dem Kommando, das bei der Grube arbeitet, stinkt. Dort Posten schieben ist eine Strafe. Das mache ich nicht länger mit. Mußt achtgeben, daß dich diese Häftlinge vom Kommando nicht anstekken, die sind selbst schon ganz zerfressen vom Leichengift. Nee, mein Lieber, ich melde mich krank.«
Jambor, der Schreiber vom Truppenarzt, SS-Unterscharführer, Lehrer von Beruf, aus den Sudeten, begeisterter Nazi, glaubt an die Greuel von Katyn und ist ganz entrüstet, wie entmenscht die bösen Russen sind.

*

Wirths hat von Berlin Auftrag, das Fleckfieber um jeden Preis zu bekämpfen. Dieser Befehl wurde hauptsächlich deshalb gegeben, weil es auch auf die Truppe übergegriffen hat, und weil man eine Ausbreitung der Seuche auf die ganze Umgebung befürchtet. Das hab ich dem Briefwechsel entnommen.
Er versucht vor allem, das Lager läusefrei zu machen. Die Blöcke werden desinfiziert, ständig Läusekontrollen angeordnet, das Waschen der Wäsche wird kontrolliert. Er will sogar ein Plakat zeichnen lassen und berät sich mit mir über die Inschrift.
»Herr Doktor, darf ich noch etwas sagen?«
»Ja.«
Er schaut mich fragend an. Er hat heute schon viel diktiert und hat dabei ein paar persönliche Bemerkungen eingeflochten, mich um meine Meinung gefragt, einmal hat er zu diktieren aufgehört und hat mich angeschaut, als ob er etwas sagen wollte, dann hat er aber doch wieder weiterdiktiert. Jetzt lehnt er in seinem Sessel.
Ich sitze auf der anderen Seite seines Schreibtisches, den Stenogrammblock auf den Knien.
»Das Wichtigste bei der Seuchenbekämpfung ist, daß sich die Häftlinge in den Krankenbau trauen, wenn sie sich krank fühlen. Das Fleckfieber verbreitet sich doch dadurch, daß eine Laus das Blut eines Fleckfieberkranken auf einen Gesunden überträgt. Solang also Kranke im Lager herumlaufen, kriegen Sie das Fleckfieber nicht weg.«

»Natürlich. Aber warum gehen die Kranken denn nicht in den Krankenbau? Selbstverständlich müssen sie isoliert werden.«
Sein Erstaunen scheint echt. Weiß er also wirklich nicht, was im Krankenbau vorgeht? Soll ich weiterreden?
»Heraus mit der Sprache, Langbein.«
Die ganze Zeit hab ich mir schon vorgenommen, einmal offen mit Wirths zu sprechen. Ich trau ihm nicht zu, daß er mich der politischen Abteilung ausliefert, dazu haben wir schon einen zu menschlichen Kontakt. Heute ist die Gelegenheit günstig.
»Ich müßte über Sachen sprechen, die kein Häftling im Lager wissen darf, Herr Doktor. Er darf zumindest nicht zugeben, daß er sie weiß. Soll ich weitersprechen?«
»Ja.«
Er schaut mich groß an. Schwer lastet eine Pause im Zimmer.
»Sie haben nichts zu fürchten.«
»Die meisten, die in den Krankenbau kommen, werden nicht geheilt, sondern gespritzt. Das weiß man im Lager. Vor allem jeder Fleckfieberverdächtige kommt dran. Wenn einer Fieber hat und Kopfweh, dann tut er alles, daß er nicht in den Krankenbau muß. Mit 40 Grad Fieber rücken sie in die Kommandos aus, werden, wenn's nur irgendwie geht, von ihren Kameraden während der Arbeit irgendwo versteckt. So bleibt das Fleckfieber im Lager, und das können Sie nicht mit Befehlen ändern, Herr Doktor.«
Wir schauen uns noch immer in die Augen. Ich will sehen können, ob er wirklich überrascht ist, wirklich nicht weiß, was im Lager geschieht.
»Sie haben vorhin gesagt, die Kranken werden gespritzt. Was meinen Sie damit?« – Er schaut so drein, als ob er's ehrlich meint mit seiner Frage.
»Sie bekommen eine Phenolinjektion ins Herz. Jeden Tag ein paar Dutzend. Und von Zeit zu Zeit wird der ganze Infektionsblock ins Gas geschickt, mit den Pflegern.«
»Nein!«
»Ende August hab ich's selbst gesehn.«
»Da war aber ich noch nicht da.«
»Gespritzt wird aber täglich, heute auch noch.«
Er steht auf, geht mit langen Schritten auf und ab. Seine Stiefel knarren. Was wird jetzt kommen?

»Diese Methode der Krankheitsbekämpfung kann zu nichts führen. Solang die Häftlinge Angst vorm Krankenbau haben müssen, wird's in Auschwitz Fleckfieber geben.«
Er bleibt beim Ofen stehen.
»Weiß der Lagerarzt Dr. Entreß von dem ...« er zögert ein bißchen »... von dem Spritzen?«
»Dr. Entreß sucht aus und Oberscharführer Klehr spritzt.«
»Nein!«
Ich nicke nur noch einmal mit dem Kopf. Dann ist's ruhig im Zimmer. Ein Windstoß rüttelt am Fenster.
»Wenn man sich nur auf jemanden verlassen könnte!« Es klingt, als ob er zu sich selber spricht. Dann geht er wieder auf den Schreibtisch zu, setzt sich nieder. Jetzt schaut er mich forschend an.
»Langbein, kann ich mich auf Sie verlassen?«
»Herr Doktor, in allem, was für die Häftlinge hier im Lager nützlich ist, werd ich Ihnen helfen, so gut ich kann. Etwas anderes werden Sie nicht von mir verlangen. Ich möcht aus dem Lager einmal herauskommen, aber so, daß ich vor mir selber nicht die Achtung verlieren muß.«
So haben wir noch nie miteinander gesprochen. Wirths diktiert noch ein paar Kleinigkeiten. Dann ist er fertig.
»Es ist gut.«
Als ich hinausgehe und bei der Tür die Hacken zusammenschlage, nickt er mir zu. Das hat er bisher noch nie gemacht.
Ich bin einen Schritt weiter auf einem sehr gefährlichen Weg.
Abends erzähl ich Ernstl das Gespräch. Ich bin oft bei ihm auf dem Block, wenn unser Kommando eingerückt ist.
Ernstl überlegt gründlich: »Paß nur auf!«
»Ich glaub nicht, daß mich der Wirths der Politischen angibt. Dazu ist das Verhältnis zwischen uns schon zu persönlich. Er hat sich an mich gewöhnt. Ich hab manchmal den Eindruck, daß er sich unter den SSlern nicht ganz wohl fühlt, vielleicht, weil er ihnen intellektuell überlegen ist, und daß er deswegen den Umgang mit uns politischen Häftlingen nicht ungern sieht. Wenn man das ausnützen könnte, um für die Kranken ein bisserl was zu erreichen –«
»No, paß nur gut auf.«

*

Herbst ist's inzwischen geworden. In der Früh recht kalt. Die Blätter sind schön bunt. Der Wind spielt mit ihnen. Es gibt jetzt viel Wind.
Heut ist Sonntag. Unser Kommando rückt auch Sonntag vormittag aus, die Krankenzimmer der SSler müssen ja gereinigt, die Kranken bedient werden.
Ich hab am Sonntag kaum was zu tun, meistens les ich in Ruhe Zeitung. Heute hab ich aber den ganzen Vormittag nicht gelesen. Schon gestern hab ich nachmittag Kopfweh gehabt. Mir schmeckt heute auch das Essen von der SS-Küche unten im Keller nicht.
Montag wird's noch schlimmer. Wirths hat etwas gemerkt. Ich muß mich messen, und dann telefoniert er mit dem Lagerältesten durch das Feldtelefon, das in die Schreibstube des Häftlingskrankenbaus geht. Abends liege ich in einem der beiden Einzelzimmer, die für »prominente« Häftlinge bestimmt sind.
»Prosze.«
Ein junger Pole bringt mir Tee. Intelligentes Gesicht, feine Hände, aus »besserem Haus«, wie man sagt. Er tät besser in ein Gymnasium als in ein KZ passen. Er ist der Pfleger dieser Stube, ein guter Pfleger.
Wenn's nur alle Kranken so haben könnten! Ich denk an die anderen Krankenzimmer. Das, in dem der Hiasl anfangs Pfleger war, liegt am gleichen Gang. Dort sind sie zu zweit auf einem dünnen Strohsack gelegen, die Decken waren steif von Schmutzkrusten.
Hiasl! Ich muß an ihn denken – an seinen Tod.
Jetzt hat's mich erwischt. Werd ich in paar Tagen auch so ausschauen wie er zum Schluß?

*

Das Fieber wird jeden Tag höher.
Nachmittags ist's immer besonders schlimm. Dann fang ich an zu schwitzen, im Kopf drückt's und drängt's, mein Körper wird mir ganz fremd. Vor der Nacht fürcht ich mich. Immer wieder ist's dasselbe: Ich hab das Gefühl, als ob mein Körper jemand anderer wäre und mein Kopf jemand anderer und die beiden kommen miteinander in Streit. Dabei schwitz ich ganz fürchterlich.

Täglich wird's ärger.
Karl kommt oft mich besuchen und auch Ernst kommt fast jeden Tag.
»Was gibt's Neues? Was ist mit Stalingrad?«
Hitler hat gesagt, daß er Stalingrad erobern wird, ich will aber nicht, daß er das auch noch bekommt, und wenn ich das hohe Fieber hab, dann muß ich immer daran denken.
»Nein, Stalingrad haben sie noch nicht.«
Jeden Tag in der Früh muß der Pfleger mein Leintuch wechseln, so schwitze ich. Die Armen, die ohne Leintuch auf dem Strohsack liegen!
In der Nacht wieder das Ringen, jetzt sind's schon drei, vier und jeder bin ich. Sie kämpfen miteinander und drücken sich und streiten. Immer wird mir der Tee, den sie mir abends auf den Sessel stellen, zuwenig.

*

Nachmittag ist's und ich schwitze wieder so stark.
Die Tür geht auf, Klehr, der Oberscharführer mit dem zukkenden Gesicht, kommt herein.
»Der Langbein! So. Langsam Zeit, daß Sie gesund werden.«
Dann ist er wieder draußen.
Er sucht jetzt sicher welche zum Spritzen aus, hat seinen fleißigen Tag. Da schleicht er von Stube zu Stube und holt sich seine Opfer. Wie er dreingeschaut hat, wie er mich gesehen hat! Ich will nicht, daß er noch einmal zu mir hereinkommt. In der Nacht seh ich ihn immer wieder. Er beugt sich über mein Bett. Mit seinen in Lederhandschuhen steckenden Händen greift er nach mir . . .
Abend ist's und die Stehlampe brennt. Da kommt Wirths. Er schaut noch größer aus, wenn das Licht ihn von unten beleuchtet. Hinter ihm sind Bock und Gralla ins Zimmer gekommen.
»Wie geht's, Langbein?«
Freundlich ist er, klopft mich ab, Bock hält mich bei den Armen. Dann wäscht er sich die Hände und nickt mir noch einmal freundlich zu.
Jetzt ist er weggegangen und noch immer hat mir niemand gesagt, was mir fehlt.

*

Heute früh kommt ein anderer Pfleger.
»Warum kommt nicht der Pfleger, der immer da ist? Der weiß schon alles, was zu machen ist.«
»Der ist nicht mehr da.«
»Wo ist er denn?«
»Gestern auf Block 11. Er ist von der Schreibstube geholt worden. Sein Vater war Offizier.«
Jetzt hat der Grabner den auch erschießen lassen. Er liegt nun in so einem Berg von Leichen, wie ich ihn vom Fenster im Hof vom Krematorium immer gesehen habe. Er war so nett, besorgt, so jung.
Der neue Pfleger ist auch ein junger Pole, aber größer, kräftiger. Er lacht gern und das Leben lacht aus ihm.
Ich möcht nicht sterben!

*

Der Karl kommt auf Besuch. Diesmal bringt er jemanden mit. Ganz schüchtern bleibt der bei der Tür stehen.
»Komm nur, Zbyszek. Setz dich nur her!« Er stellt ihn vor: »Das ist der Zbyszek, der ist jetzt bei uns im Kommando. Der Wirths wollte einen Zeichner haben für das Plakat ›Eine Laus – Dein Tod‹ und weil er's so gut gemacht hat, bleibt er bei uns und wird zeichnen, Schriften malen und so weiter.«
Ich merk, daß sich der Karl sehr freut, daß er ihn in unser Kommando gebracht hat. Er freut sich immer, wenn er jemandem helfen kann.
Zbyszek ist mager, »Muselmann«.
»Er hat gerade Fleckfieber gehabt. Aber wir schauen schon, daß er wieder auf gleich kommt. Von Beruf ist er Bildhauer.«
Dann fragt Zbyszek:
»Kannst Du auch Schriften zeichnen?«
Er hat Angst, daß er wieder aus dem Kommando muß, wenn ich gesund bin. Vor seiner Krankheit hat er schwer arbeiten müssen, in einer Schottergrube.
»Nein, ich kann nicht Schriften zeichnen.«
Ich warte immer auf Besuche und wenn sie da sind, möcht ich, daß sie weder gehen.
Meine Gedanken flüchten immer nach Hause. An meine Leute muß ich denken, an Wien. Manchmal tu ich mir selber leid.

Dann kommt wieder die Nacht und die Qual der Nacht. Ich bin ganz erschöpft, wenn es Morgen wird.

*

Jetzt geht's schon besser. Ich schlaf mehr und schwitz nicht mehr so viel. Und dann bekomm ich Hunger. Ständig hab ich fürchterlichen Hunger.
Wirths besucht mich. Jetzt erfahre ich erst, daß ich Bauchtyphus habe. Aber das Schlimmste ist vorbei.
Mein Pfleger schaut auf mich, wir machen auch oft Witze. Er versteht sehr schlecht deutsch und ich überhaupt nicht polnisch, aber das macht nichts, wir lachen doch oft miteinander. »Koko« nenn ich ihn, und er ruft mich auch so, ich weiß nicht, wie wir auf diesen Namen gekommen sind.
Mir ist, als wäre mir das Leben neu geschenkt. Mich freut jeder Tag und jede Stunde.
Jetzt schau ich mich auch schon im Zimmer um, zum Fenster hinaus. Die Bäume sind kahl geworden. Oft regnet's und manchmal schneit's. Das Zimmer ist im ersten Stock und ich seh über die Lagermauer hinaus. Dort arbeiten Häftlinge, schieben Loren, beladen sie mit Ziegeln. Dürr sind sie. Kalt ist ihnen. Die Mützen haben sie über die Ohren gezogen. Immer wieder drehn sie die Arme in den Schultergelenken, damit's ihnen warm wird.
Zeitung les ich jetzt auch jeden Tag, den »Völkischen Beobachter«.
Stalingrad ist noch immer nicht gefallen!

*

Das Sitzen fällt mir schwer, das Gehen muß wieder gelernt werden.
Ich lebe! Noch nie hab ich das so deutlich gespürt.
Karl kommt mich fast jeden Abend besuchen. Hie und da bringt er auch zwei französische Freunde mit. Besuch im Krankenbau ist zwar verboten, aber der Pförtner kennt Karl und in seiner Begleitung läßt er auch die Franzosen herein. Wir haben die beiden durch Rudi Friemel kennengelernt. Das kam so: Wir essen abends im SS-Revier und können daher das Essen, das wir auf dem Block fassen, herschenken. Rudi spricht französisch und kennt daher Franzosen. Ihnen

zu helfen ist am nötigsten, denn sie können sich am schwersten ein gutes Kommando verschaffen. Im Arbeitseinsatz sitzen neben Deutschen nur Polen. Jeder schaut in erster Linie auf seine Landsleute. So sterben die Franzosen, die weder deutsch noch polnisch sprechen, wie die Fliegen.
Wenn unser Kommando, das später als die anderen von der Arbeit einrückt, ins Lager kommt, haben die beiden am Tor schon auf uns gewartet und wir haben ihnen unsere gefüllte Eßschüssel auf die Lagerstraße herausgebracht. Denn in den Block durften sie nicht, der Blockälteste, ein Krimineller, schlug jeden Blockfremden zuschanden, wenn er einen sah. »Ich brauch keine Muselmänner auf meinem Block, die versauen mir nur alles.«
Jung sind sie und schauen durch das Essen, das wir ihnen zusteckten, auch schon ein bisserl besser aus.
Mit dem Verständigen ist's schwer, sie können nicht deutsch und mein Französisch ist nicht berühmt, aber es geht schon. Wenn wir über Politik sprechen, dann verstehen wir uns am leichtesten, dann sprechen die Augen mit und das Lachen, wenn man aus dem Wehrmachtsbericht wieder eine Niederlage vor Stalingrad herauslesen kann. Robert heißt der eine, ein Jungkommunist aus Nordfrankreich. Er hat eine natürliche Intelligenz, einen freien, französischen Humor und den Optimismus eines Kommunisten.

*

Auch Ernst kommt oft. Wir sprechen vor allem über unsere Aufgaben in Auschwitz. Uns beiden ist klar: Wir können uns nicht einfach dem Schicksal beugen, das die SS uns bereitet, so furchtbar ihre Gewalt auch sein mag.
Ich erinnere mich, wie wir in Gurs die Geschichte der Bolschewistischen Partei studiert haben. »Wir sind die Stärkeren« – das haben wir aus diesem Buch herausgelesen.
Die Stärkeren – auch hier in Auschwitz? Jedenfalls haben wir in Österreich und in Spanien nicht gegen den Faschismus gekämpft – wir haben beide schon unter Schuschnigg illegal gearbeitet und waren mehrmals eingesperrt –, um jetzt willenlos unsere Ermordung zu erwarten. Alle, die Haß gegen den Faschismus und Kampfesmut eint, gleichgültig, ob es Kommunisten sind oder nicht, müssen zusammenstehen.
Wenn wir Auschwitz Trotz bieten wollen, müssen wir es or-

ganisiert tun, jeder muß seine Aufgabe haben und seine Verantwortung. Ist eine Organisation hier um ein Vielfaches schwerer als anderswo, vor allem wegen der politischen Abteilung und der Spitzel, aber auch wegen des täglichen Todes und der Demoralisation, die er als Schatten vorauswirft, dann müssen wir eben Formen finden, die diese Schwierigkeiten überwinden.
Hat die SS sich in Auschwitz die Aufgabe gestellt, die Menschen zu vernichten, nun, so muß die erste Aufgabe unserer Organisation sein, zumindest die wertvollsten Kameraden zu retten, vor allem, indem man ihnen gute Kommandos verschafft, zusätzliches Essen organisiert. Alle anderen Aufgaben können erst in Angriff genommen werden, wenn diese Voraussetzungen geschaffen sind. Wir sind uns auch einig, daß nur solche, die wir gut kennen und als völlig verläßlich und jedem Druck aller Voraussicht nach gewachsen einschätzen, in die Organisation einbezogen werden dürfen. Oberster Grundsatz muß sein: Jeder darf nur so viel wissen, als er für seine Arbeit wissen muß.
Die Grundlage der Organisation bilden am besten Ländergruppen. Hier kennen sich einzelne von früher, hier finden sich am schnellsten solche, die Vertrauen zueinander haben können, die sprachlichen Schwierigkeiten sind am geringsten. Vickerl, Rudl und wir zwei, wir bilden ja schon so etwas wie eine österreichische Gruppe.
»Das Wichtigste ist, daß wir mit Genossen der anderen Ländergruppen Verbindung bekommen. Szymon, mein polnischer Freund, der mir in Le Vernet das ›Kapital‹ geborgt hat« – ich habe ihn hier zufällig auf der Lagerstraße getroffen –, »muß der Verantwortliche sein für die Arbeit unter den Juden.«
Die Juden müssen extra organisiert werden. Das haben wir bald erkannt. Bei der Verbindung mit ihnen müssen wir besonders aufpassen. Denn es fällt zu sehr auf, wenn einer von uns zu oft mit einem, der den Judenstern tragen muß, auf der Lagerstraße spazierengeht.
»Dann wird's auch notwendig sein, Verbindung mit unseren Genossen in anderen Lagern herzustellen.«
Oft werden Häftlinge in ein Außenlager überstellt. Wir müssen unserer Organisation signalisieren können, wer von den Überstellten Genosse ist, damit ihm auch dort geholfen wer-

den kann, und damit er weiter Gelegenheit hat, in unserem Sinne organisiert zu arbeiten. Wir müssen auch versuchen, mit dem Spanienkämpfer Sioma Lechtmann in Jawischowitz Verbindung herzustellen.

»Am wichtigsten wird's sein, eine gute politische Verbindung zu den Polen zu bekommen.«

Die Polen stellen im Lager den größten Prozentsatz der Häftlinge. Juden werden zwar in größter Zahl eingeliefert, aber sie sterben auch am schnellsten. In kein gutes Kommando dürfen Juden aufgenommen werden. Sie bilden die unterste Schicht. Die schlechteste Arbeit, das wenigste Essen, die meisten Prügel sind für sie da. So will's die SS. Und viele Häftlinge wollen's auch, weil es für sie einen gewissen Schutz bedeutet, wenn es eine Kategorie von Häftlingen gibt, die jedenfalls noch unter ihnen steht. Das Gesetz des Dschungels wird so dem Lager aufgezwungen.

Die Polen haben viele gute Positionen. Sie waren die ersten im Lager. Die Schlauesten und Zähesten haben sich durchgesetzt. Vor allem Junge. Nun helfen sie ihren Landsleuten. Sie haben einen ausgeprägten Patriotismus. Vor allem aber: Auschwitz liegt in Polen. Wenn wir an die weiteren Aufgaben unserer Organisation denken, ist es klar, welche Bedeutung diese Tatsache hat. Denn das Leben unserer Genossen sichern, das schafft ja nur die Voraussetzung für die Arbeit unserer Organisation, die den Kampf gegen den Faschismus führen soll.

»Ja, mit den Polen müssen wir Verbindung bekommen. Aber das wird schwer sein. Sie sind furchtbar mißtrauisch. Dann gibt's bei ihnen verschiedene Gruppen, die sich untereinander nicht vertragen. Halbe Faschisten gibt's, die sich freuen, daß die polnischen Juden ausgerottet werden, Sozialisten gibt's und Kommunisten, verschiedene Cliquen um einzelne Offiziere. Es wird nicht einfach sein.«

»Das meiste für unsere Organisation wirst Du machen müssen, Ernstl. Du bist den ganzen Tag im Lager und kennst die Leute.«

»Gut.«

»Ich werd schauen, daß ich durch den Wirths eine Besserung der Allgemeinzustände und Hilfe für einzelne erreich.«

»Sei da nur vorsichtig. Gib Dich keiner Illusion hin, auch der Wirths ist SSler. Und dann: Es ist von Berlin aus befohlen,

daß in Auschwitz die Menschen zu Hunderttausenden und Millionen ermordet werden. Du hast mir doch erzählt, daß Auschwitz in Berlin als Vernichtungslager geführt wird. Glaubst Du, daß der Wirths da was ändern kann, selbst wenn er wollte?«
»Er wird im großen und ganzen nichts ändern können. Die Massenvergasungen von denen, die erst gar nicht ins Lager kommen, jedenfalls nicht. Aber vielleicht wird's möglich sein, zum Beispiel die Impfungen im Krankenbau abzustellen. Was wir tun können, um den Nazis die Vernichtung von Menschen zu erschweren, muß doch geschehen.«
»Paß nur auf, daß Du nicht einmal selbst picken bleibst.«

*

Täglich werd ich kräftiger. Jetzt sitz ich schon oft bei Tisch. Koko hat mir aus der Schneiderei, die hier im Block ist, einen Anzug organisiert.
»Prima paßt er. Das ist Maßanzug!«
Kleider machen Leute – das gilt auch für das Konzentrationslager, und hier vielleicht mehr als woanders. Wenn man einen sauberen, ungeflickten Häftlingsanzug hat, bekommt man nicht so leicht Prügel. Um so einen Anzug zu bekommen, braucht man aber gute Verbindungen. Jetzt hab ich einen Rock mit Taschen, das ist der höchste Luxus.
Heute ist ein schöner Tag. Die Sonne scheint draußen. In der Nacht ist Schnee gefallen und jetzt leuchtet und glitzert alles in reinem Weiß. Selbst der Turm, auf dem der Wachtposten steht, schaut heute mit seiner Schneehaube und den Eiszapfen freundlich aus.
Plötzlich Lärm. Das bekannte Gebrüll der Capos, der gefürchtete Befehlston der SS. Ich geh zum Fenster.
Vor meinem Fenster ist der Stacheldrahtverhau. Zwischen Block und Draht ist nur wenig Platz. Da werden jetzt Menschen zusammengetrieben. SSler brüllen, Capos laufen geschäftig vor ihnen herum und schlagen mit ihren Prügeln wahllos in die Masse der sich Zusammendrängenden.
Sicher haben sie wieder die »Muselmänner« – die Schwachen, Halbverhungerten – zusammengefangen. Das ist schon öfters geschehn. An solchen Tagen sucht der Rapportführer, wenn die Kommandos in der Früh ausmarschieren, alle die heraus, die ihm beim Marschieren auffallen, nicht

mehr voll arbeitsfähig erscheinen. Das ist ein schwarzer Tag fürs Lager.
»Alles ausziehen!«
Jetzt müssen sie sich in der Kälte nackt ausziehen. Schreien und Schlagen hilft nach.
Sicher wissen die meisten, was mit ihnen geschehen wird. Ich seh's an den Gesichtern. Da ist einer, der zieht sich, als er sich unbeachtet glaubt, heimlich schnell wieder an – jetzt hat ihn auch schon ein Capo erwischt. Schläge und Schreien hör ich durchs Fenster. Jeder will der letzte ausgezogen sein, vielleicht hoffen sie in ihrer Angst, daß sie sich damit ihrem Schicksal entschwindeln können.
»Flotter, flotter! Wird's!« – Breitbeinig steht der SSler im Hintergrund.
Jetzt sind sie alle ausgezogen. Armselige Gerippe. Ihre Nummern werden aufgeschrieben und sie werden in den Block hineingejagt. Die Sonne scheint und der Schnee glitzert. Vom Dach tropft es lustig herunter. Vor meinem Fenster ist's leer. Nur lange Haufen schmutziger Häftlingsanzüge liegen entlang der Mauer. Dann höre ich Schritte und gedämpfte Stimmen auf dem Gang. Ich schau hinaus. Nackt stehen sie jetzt hier in langen Reihen angetreten. Der Schreiber von unserem Block geht von einem zum anderen, vergleicht Namen und Nummer – er hat die Karteikarten in der Hand – und schreibt jedem mit Tintenstift seine Häftlingsnummer auf die Brust. Die Leichen in Auschwitz haben die Nummer auf die Brust geschrieben. Die hier zählen schon als Leichen und Ordnung muß sein.
Wie sie mich anschauen, diese frierenden Skelette, als ob ich ihnen helfen könnte, als ob ich schuld wäre an dem, was jetzt kommen wird. Schnell mach ich die Tür wieder zu.
Wie muß so einem Menschen sein? Nackt auf einem Gang stehen und warten, bis man auf einen Lastwagen verladen wird, der einen zur Gaskammer führt.
Aber ich höre keinen Wagen vorfahren. Jedesmal, wenn ich über den Gang auf den Abort muß, stehen sie noch da. Einige hocken apathisch herum, anderen flackern die Augen. Hoffen sie noch, suchen sie einen Ausweg? Immer wieder werden die Sitzenden aufgescheucht: Es muß Platz sein auf dem Gang. Morgen war es, nach dem Frühappell, als sie vorm Fenster zusammengetrieben wurden. Jetzt ist es Abend.

Über Tag haben sie nichts zu essen bekommen, warum denn auch noch. Trinken können sie nur aus der Wasserspülung der Klosette.
Jetzt liegen schon viele. Sie sind zu schwach, um sich noch vor den Schlägen zu fürchten, die sie aufjagen sollen. Vor meiner Tür liegen drei nebeneinander. Ich muß über sie steigen, wenn ich hinaus will. Einer ist tot. Die neben ihm leben noch. Nur wenig unterscheiden sich die drei.
Als ich zurückkomme, steht das Essen auf dem Tisch. Koko hat es inzwischen gebracht.
»Smacznego« – das heißt guten Appetit.
Und mir schmeckt's gut. Ich habe Hunger.
Wie alltäglich der Tod ist. Werden die, die in Auschwitz nicht sterben müssen, noch einmal ins Leben zurückfinden können?
Am nächsten Morgen ist der Gang leer.
»Sie haben sie in der Nacht geholt«, sagt Koko.

*

Arbeiten ist besser, als dem Morden zuschaun.
Am ersten Tag zittern mir noch die Finger beim Diktat. Ich bekomm Wasser in den Füßen. In einem Buch aus der Bibliothek des Standortarztes, die ich in Ordnung zu halten habe, lese ich nach: Nach Typhus erhält der Rekonvaleszent seine volle Arbeitsfähigkeit erst nach zwei bis drei Monaten. Ich hab ein eigenes Zimmer gehabt, einen aufmerksamen Pfleger, brauch in meinem Kommando nicht körperlich arbeiten. Wie soll der einen Typhus überleben, der in einer Krankenstube liegt, wo zwei auf einem Strohsack Platz finden müssen? Der nachher im Kommando vom ersten Tag an zu schwerer Arbeit angetrieben wird?
Wir sitzen jetzt zu dritt in unserem Zimmerl hinter dem Holzverschlag. Zbyszek, der Bildhauer, der das Plakat mit der Laus gezeichnet hat, hat ein Reißbrett vor sich auf dem Tisch. Ständig muß er malen oder zeichnen, Kurven, die die Entwicklung der Belegstärke der Lager aufzeigen, andere, die die Ausbreitung von Infektionskrankheiten darstellen sollen. Diese Zahlen sind lächerlich gering. Ich erinnere mich an die erste Instruktion, die ich in der Schreibstube des Krankenbaus erhielt: Die Todesursachen setz selber ein, wie du willst, nur Infektionskrankheiten sind als Todesursache ver-

boten. Wer könnte auch in Birkenau, wo täglich Hunderte sterben, die von keinem Arzt untersucht werden, die Todesursache feststellen! Dann zeichnet er wieder Geburtstagskarten, die SSler bei ihm bestellen, betätigt sich als Schriftenmaler, – er hat immer zu tun.
Zbyszek schaut jetzt schon besser aus, aber scheu ist er noch immer.

*

Für die Polen ist Weihnachten womöglich ein noch bedeutsameres Fest als für uns. So haben sie in unserem Kommando schon seit Monaten für diese Feiertage organisiert. Von überall wurden die Sachen hergeschleppt, unter dem Rock, in Apothekerflaschen. Auf dem Boden haben sie sie verstaut. Dort stehen tausend Flaschen, Büchsen, Kisten und Schachteln der Apotheke, da kann man nicht so schnell was finden.
Am 24. nachmittag ist kein SSler im Revier. Da treffen wir uns auf dem Boden. Schwester Maria ist auch dabei. Sie gehört zu uns. Tisch und Sessel sind aus Kisten und Latten improvisiert und schön gedeckt, Brote, mit allen erdenklichen Herrlichkeiten belegt, gibt's, Wein, schließlich Champagner. Alles aus Kanada. Jeder geht zu jedem, stößt an und wünscht frohe Feiertage. So viel hab ich schon polnisch gelernt, um sie in ihrer Muttersprache zu beglückwünschen. Ich weiß, wie sie das freut.
Scherzen, Lachen, Essen und Trinken! Hie und da werden einem die Augen sehnsüchtig ernst. Dann ist unsere Zeit um, wir packen zusammen. Es hat so viel zu essen gegeben, daß noch vieles übrig geblieben ist. Schade, daß man nur so wenig verstohlen ins Lager mitnehmen kann: Bei der Blockführerstube gibt's Kontrolle.
Abends, beim Einrücken, sehen wir auf dem gefrorenen Boden der Lagerstraße gestocktes Blut.
Auschwitz: Blut und Champagner, Gaskammer und Kanada.

*

Bock, der Lagerälteste des Krankenbaus, ist jetzt viel freundlicher mit mir als früher. Offensichtlich glaubt er, daß es nützlich ist, mit mir gut zu stehen.

Oft bin ich abends bei ihm auf seinem Zimmer. Denn ich will manches von ihm. Ernst gibt mir häufig eine Nummer von einem Genossen, der krank ist. Der wird dann »hintenherum« in den Krankenbau aufgenommen, ohne allen Gefahren einer Aufnahme durch den SS-Arzt ausgesetzt zu sein.
Bock ist sehr gefällig. Es kommt mir so vor, als ob er ein schlechtes Gewissen hätte.
Sicher hat er's. Irgend etwas stimmt im Krankenbau nicht. Zu viele junge Burschen sind auf Block 21, wo er schläft, als Pfleger, Putzer oder dergleichen.
Ich hör allerlei Gerüchte, aber sie sind mir wurscht. Ernster ist schon, daß er mit dem Oberscharführer Klehr, diesem Massenmörder, gut steht. Nicht nur, daß er zu dessen fast täglichen Impfungen nichts sagt, er versucht sie vor mir zu verheimlichen, weicht meinen Fragen aus, wenn sie Klehr betreffen. Mir ist klar, daß die Impfungen im Lager erst dann aufhören werden, wenn Klehr nicht mehr Dienst tut. Drum sammle ich Material gegen ihn. Bock ahnt das – und unterstützt mich nicht.
Weiß Klehr zu viel von ihm? Ist er ihm ausgeliefert?

*

Endlich ist's geglückt: Sioma, mein Freund aus Spanien, ist im Stammlager.
Die SDGs, die in den Außenlagern Dienst tun, brauchen öfter eine Gefälligkeit von mir. Neulich ist der von Jawischowitz zu mir gekommen:
»Schreiben Sie mir da einen Bericht über die sanitären Verhältnisse in Jawischowitz, Sie wissen ja, wie der Standortarzt ihn haben will.« – Und er zeigt mir seinen Bericht, der von Wirths dick durchstrichen ist.
Ich mache Stirnrunzeln, blättere bedeutsam in meinem Stenogrammblock. Dann schau ich ihn an. Er ist sichtlich nervös.
»Ich hätt auch eine Bitte an Sie, Herr Unterscharführer.«
»Was ist's denn?«
»Bei Ihnen in Jawischowitz ist diese Nummer da« – und ich gebe ihm die Nummer von Sioma –, »das ist ein Bekannter von mir, können Sie's nicht machen, daß er mit einem Krankentransport ins Stammlager überstellt wird?«
»Geben Sie die Nummer her, ich werde schauen.«

Als er das nächste Mal kommt, sagt er ganz entrüstet:
»Der, von dem Sie mir die Nummer gegeben haben, ist ja ein Jud.«
Es ist für einen SSler unvorstellbar, daß man sich für einen Juden einsetzt.
»Ja, es ist ein Wiener, ich kenn ihn von zu Hause.«
Der SDG braucht wieder etwas von mir.
So ist Sioma ins Stammlager gekommen. Es war höchste Zeit.

*

»Die Arbeit in der Grube ist scheußlich«, erzählt er, »wir arbeiten in zwei Schichten, jede Schicht ist zwölf Stunden unten. Die Stollen sind so niedrig, daß man kniend arbeiten muß. Sehr viele haben Phlegmone auf den Knien deswegen.«
Jetzt ist er endlich da, das ist die Hauptsache.
»Was ist aus den andern geworden, die in Vernet zurückgeblieben sind?«
»Die sind nach Afrika gekommen, nur ich mußte bleiben, warum, weiß ich nicht.« Wie wird's Leo in der Wüste gehen? Weit sind wir auseinandergekommen.
Sioma schaut sehr schlecht aus. Wir organisieren zusätzliches Essen für ihn. Als er soweit beisammen ist, schaun wir uns nach einem Kommando für ihn um. Einen Juden in einem guten Kommando unterzubringen, ist nicht leicht. Schließlich nimmt ihn Rudl zu sich in die Fahrbereitschaft.
Sioma hat auch erzählt, daß noch ein österreichischer Kommunist in Jawischowitz ist. Lokmanis heißt er. Er soll ein hoher Funktionär der Partei sein.
»Mußt schaun, daß Lokmanis auch ins Stammlager kommt«, meint Ernst.

*

Die Transporte rollen, die Krematorien rauchen, trotzdem ist eine völlig veränderte Stimmung.
Stalingrad ist nicht gefallen. Aber die Deutschen sind bei Stalingrad geschlagen worden und jetzt geht's zurück, das kann nicht einmal der Wehrmachtsbericht verstecken, auch Goebbels muß es zugeben. Jetzt geht's zurück mit unseren Feinden, jetzt geht's vorwärts! Noch nie sind so viele Zeitun-

gen im Lager gelesen worden, alles stürzt sich auf den Wehrmachtsbericht.
Alle, auch die, die gestern noch auf die Russen geschimpft haben, auch die, die den Sozialismus fürchten und die Kommunisten hassen – alle hoffen jetzt auf die Rote Armee. Worauf sollte ein Auschwitzer sonst hoffen?
Zbyszek schneidet alle Kartenskizzen aus den Zeitungen aus und sammelt sie in einer Mappe. Zu Mittag, wenn wir allein sind, studiert er auf ihnen den deutschen Rückzug.
Seine Scheu ist gewichen. Wir sind jetzt schon näher bekannt. Er erzählt von seiner Kunst, die er von ganzem Herzen liebt. Von seiner Heimatstadt Krakau. Die Tuchhallen sind auf den Marken des »Generalgouvernements« abgebildet. Immer wieder zeigt er sie mir und spricht von ihnen. In stillen Minuten erzählt er von seiner Frau und seinem Sohn. Wie er verhaftet wurde, war der ein Baby.
Die Hoffnung auf ein künftiges Leben taucht in Auschwitz, dieser Hölle, zaghaft auf. Jeder Wehrmachtsbericht gibt dieser Hoffnung neue Nahrung.

*

»Herr Doktor, die Totenzahlen aus den einzelnen Lagern stimmen nicht.«
»Wieso?«
»Ich hab die Totenzahlen mit dem Stand verglichen. In Buna waren Anfang des Monats 4268 als Stand angegeben. Der SDG meldet 277 Tote, der Stand ist aber jetzt nur mehr 3514. Transport in ein anderes Lager ist keiner gemeldet. Wo sind die anderen Häftlinge hingekommen?«
»Kann es nicht sein, daß sie entlassen worden sind?«
Ich schau Wirths an. Macht er einen Witz?
»Aus Auschwitz wird man nicht entlassen. Außer durch den Kamin.«
»Zeigen Sie her!« und dann rechnet er selbst nach.
Er ist beim Diktieren seines Monatsberichtes. Mir hat er den Auftrag gegeben, die einzelnen Lagerberichte zahlenmäßig zusammenzufassen, aus ihnen auch die Gesamtsterblichkeitsziffer des Monats Februar 43 zu errechnen. Dabei bin ich auf diese Fehler gekommen.
»Trotzdem beträgt die Sterblichkeit diesen Monat 25,4 Prozent der Belegstärke, Herr Doktor.«

»Hm, aber das Fleckfieber ist doch zurückgegangen?«
»In den Meldungen.«
»Sie glauben, daß auch diese Ziffern nicht stimmen?«
»Sie sind Hausnummern, Herr Doktor.«
»Warum sollten mir die SDG niedrigere Zahlen melden?«
»Die meisten Fleckfieberkranken sterben an Durchfall oder allgemeiner Körperschwäche. Sie werden das Fleckfieber nur dann bekämpfen können, wenn wir Häftlinge uns vor dem Krankenbau und vor dem Arzt nicht fürchten müssen.«
Es ist immer wieder das alte Lied. Wirths hört es nicht gern, aber er muß es hören. Er geht mit großen Schritten im Zimmer auf und ab, dann bleibt er stehen.
»Schreiben Sie: An alle Lagerärzte und SDG. Anläßlich der Monatsberichte für den Monat Februar 43 hat sich herausgestellt, daß die Berichtszahlen in vielen Fällen ungenau – nein, schreiben Sie: unrichtig waren, insbesondere trifft das auf die Totenzahl zu. Ich mache in Zukunft jeden Lagerarzt und SDG persönlich für die Richtigkeit der im Monatsbericht angeführten Zahlen verantwortlich.«
»Darf ich etwas vorschlagen, Herr Doktor?«
»Ja.« Er schaut mich fragend an.
»Lassen Sie sich jede Woche eine Meldung aus jedem einzelnen Lager geben, worin der tägliche Stand, Totenzahl, Infektionskrankheiten und dergleichen angeführt sind, dann haben Sie eine ständige Kontrolle und dann wird auch festzustellen sein, in welchem Lager und zu welchen Zeiten die Sterblichkeit am größten ist.«
Dann müssen die Spritzungen und Vergasungstransporte deutlich sichtbar sein. Wenn von einem Tag zum andern plötzlich 200 bis 300 als tot gemeldet werden, dann habe ich den Beweis dafür, daß sie ins Gas geschickt wurden, dann kann ich Wirths zu Schritten veranlassen, ohne daß ich als seine Informationsquelle sofort kenntlich bin.
»Machen Sie mir einen Entwurf einer solchen Wochenmeldung.«
Diese Wochenmeldungen werden befohlen. Die SDG fluchen. Wirths befiehlt, daß diese Wochenmeldungen zu mir kommen. Ich muß sie bearbeiten. Ich schau sie mir genau an und laß keinen Schwindel zu.
»Herr Doktor, vor drei Tagen war die Sterblichkeit in Buna 382.«

»Das ist doch nicht möglich.«
Als Antwort reich ich ihm die Wochenmeldung.
Jetzt muß ich Wirths dorthin bekommen, wo ich ihn brauch.
Ich bin einen Schritt weiter.

*

Heute ist ein schwarzer Tag für unser Kommando. Ein Transport ist nach Neuengamme abgegangen, lauter Polen, alte Nummern. Die politische Abteilung hat panische Angst vor einer polnischen Geheimorganisation und stellt darum von Zeit zu Zeit solche Transporte zusammen. Zwei junge Polen, die seit Anfang an in Auschwitz waren, sind aus unserem Kommando dabei, auch Czubak steht auf der Transportliste, der mich seinerzeit in der Nachtschicht eingewiesen hat.
Unser Kommando wird wieder aufgefüllt. Jetzt dürfen auch Juden dazukommen. Das ist neu, daß Juden in gute Kommandos kommen dürfen. Seit Stalingrad sind eine ganze Reihe von weiteren Außenlagern eröffnet worden. Alles muß für den »Endsieg« arbeiten, und da können sich die SSler nicht mehr den Luxus erlauben, alle Juden schnell »aufzuarbeiten«, wie sie es nennen.
Auch in unsere Schreibstube ist ein Neuer gekommen: Emil. Eines Tages hat mich Dr. Wirths gefragt, ob ich nicht einen verläßlichen Läufer für ihn hätte, einen Häftling, den er zu sich nach Hause schicken könnte – Wirths wohnt mit seiner Familie in einem Haus in der Nähe, innerhalb der großen Postenkette – und der auch andere Botengänge machen kann.
Auf diese Weise können wir mehr erfahren und sehen, also sucht Ernst jemanden Verläßlichen. Er gibt mir die Nummer von Emil, den die Tschechen, mit denen Ernst die Verbindung hält, als völlig zuverlässig bezeichnen. Emil ist trotz seiner Jugend schon lange in Haft.
Jetzt sitzt er bei uns in der Schreibstube und hat einen Passierschein, mit dem er sich innerhalb der großen Postenkette frei bewegen kann. Wirths ist mit ihm zufrieden, wir auch, denn Emil hat offene Ohren und gute Augen. Lustig ist er, blond, mit großer, frecher Nase, mager.

*

Lokmanis, der politische Funktionär unserer Partei, von dem Sioma erzählte, ist jetzt auch im Stammlager. Recht krank war er, als er hergekommen ist, und ich habe den Lagerältesten Bock bitten müssen, ihn gut zu verstecken, sonst wäre er sicher von Klehr zur Vernichtung ausgesucht worden.

Langsam hat er sich erholt, und Ernstl hat ihm ein Kommando verschafft, wo er's aushalten kann. Er ist in DAW – so heißt das Kommando, das in den Deutschen Ausrüstungswerken arbeitet – als Schreiber. Ernst hält ständig Verbindung mit ihm, Sioma und er arbeiten zusammen.

»Du, ich glaub, der Lokmanis wird uns viel helfen können«, sagt Ernstl eines Abends. »Er ist sehr klug. Ich hab heut mit ihm über die Einschätzung der internationalen Lage gesprochen, da hat er mir imponiert.«

Dabei imponiert man dem Ernstl nicht so leicht.

Erst viel später haben wir erfahren, wer dieser Häftling Lokmanis in Wirklichkeit war – das Mitglied des Zentralkomitees unserer Partei, Dr. Alfred Klahr, der Mann, der in den Jahren vor 1938 in gründlichen wissenschaftlichen Studien den Begriff der österreichischen Nation am klarsten herausgearbeitet hat.

*

Tadek, der Läufer, kommt zu uns herein. Immer, wenn er die Totenmeldungen nach vorn bringt, besucht er uns hinter unserem Holzverschlag.

»Wißt Ihr schon? Ganz große Geschichte im Krankenbau. Wirths ist drinnen und Grabner auch, dicke Luft. Das ganze Pflegepersonal hat antreten müssen. Was da herausschauen wird? Ich sehe schwarz.«

»Komm vormittag noch einmal heraus, Tadek. Erzähl, wie's ausgegangen ist.«

Tadek kommt noch einmal, und wir erfahren: Sie haben auf dem Boden von Block 21 ein Zimmer entdeckt, das sich Bock eingerichtet hat. Dort haben sie Rauschgifte gefunden, sehr viel, sicher aus Kanada. Er ist als Lagerältester des Krankenbaus abgelöst und gleich nach Buna überstellt worden. Dort wird er als Blockältester eingesetzt, erfahren wir später. Ein paar Polen, darunter auch einige junge Burschen, die auf Block 21 zum Personal gehören, sind im Bunker. Grabner

hat dem angetretenen Revierpersonal befohlen: »Alle Polen Hand in die Höh!« Es sind sehr viele Polen im Revierpersonal. Dann hat Grabner etwas gesprochen von Ausräuchern und: »Die Polenwirtschaft wird sich schon aufhören!« Jetzt ist deswegen Panik. Wörl, unser Freund aus Dachau, ist von Buna hereingebracht worden, und Wirths hat ihm die Binde des Lagerältesten gegeben. Jetzt verstehe ich auch, warum sich Wirths gestern unvermittelt bei mir über Wörl erkundigt hat.
Das Auto von Wirths fährt vor. Es trägt einen weißen Wimpel mit rotem Kreuz am Kühler. Bald läutet's auch.
Zuerst diktiert er, aber ich seh schon an seinem Gesicht, daß er bald mit mir reden wird, er steht noch unter dem Eindruck der Ereignisse.
»Sehr viele Polen gibt's im Revierpersonal, Langbein.«
»Jawohl.«
»Das ist eine Clique, da hilft einer dem anderen. Glauben Sie nicht, daß die Polen eine Geheimorganisation im Revier haben?«
»Sicher nicht, Herr Doktor. Daß einer dem anderen hilft, ist doch natürlich. Ich helfe auch jedem anständigen Wiener, wenn ich nur kann.«
Er schaut mich an, schweigt. Ich weiß jetzt schon, wie ich mit ihm reden muß. Kameradschaft schätzt er.
Dann: »Jedenfalls gibt's zu viele Polen im Revierpersonal. Das muß anders werden.«
»Darf ich einen Vorschlag machen, Herr Doktor?«
Er nickt.
»Es ist bei jedem Pfleger so, daß er seinen Landsleuten mehr hilft als andern, das ist selbstverständlich. Aber es sind nicht alle Nationen im Pflegepersonal vertreten. Können nicht zum Beispiel auch Franzosen und Tschechen als Pfleger herangezogen werden?«
Gerade bei diesen beiden nationalen Gruppen haben wir eine Reihe von Genossen, die wir in gute Kommandos unterbringen wollen. Es ist wichtig, daß wir möglichst viele Pfleger haben, die unseren Leuten helfen.
»Gut. Bringen Sie mir Nummern, ich werde sie dann anfordern.«
Ich sehe, daß ihm der Vorschlag gut gefällt. So trau ich mich noch weiter.

»Können nicht auch Juden ins Pflegepersonal kommen? Es sollen doch auch die kranken jüdischen Häftlinge gesund werden, auch die braucht man doch für den totalen Arbeitseinsatz. Es gibt im Lager eine ganze Reihe von jüdischen Ärzten. Kann man diese nicht probeweise in den Krankenbau aufnehmen, und die, die etwas taugen, zum Personal nehmen?«

Ich habe sehr schnell gesprochen, ich habe nämlich an seinem Gesicht bemerkt, daß ihm das nicht mehr so gut gefällt. Jetzt unterbricht er mich:

»Da müßten aber die Krankenstuben so belegt werden, daß die jüdischen Häftlingsärzte keine Arier behandeln. Denn das ist unmöglich.«

Die letzten Worte betont er besonders.

»Jawohl, Herr Doktor, das kann man ja leicht so einrichten.«

»Schreiben Sie: An den Arbeitseinsatzführer. Mit einem Durchschlag an die Kommandantur. Ich ersuche um Feststellung sämtlicher jüdischer Häftlinge, die von Beruf Arzt sind und um deren Überstellung in den Häftlingskrankenbau.« Nach einer Pause: »Schreiben Sie noch dazu: In Durchführung des Befehls des SS-Wirtschafts- und Verwaltungshauptamtes – suchen Sie die Nummer des Befehls heraus, Sie wissen ja, welchen ich meine –, daß die Arbeitskraft der Häftlinge möglichst ausgenützt wird . . . Stellen Sie das so zusammen, wie's gehört.«

»Jawohl!«

Abends bin ich gleich bei Ernst, der geht sofort zu unsern tschechischen und französischen Genossen. Am nächsten Morgen hole ich mir von ihm die Nummern. Alle werden aufgenommen.

Wirths hat mich nicht gefragt, woher ich die Nummern habe. Ein bisserl hab ich mich vor dieser Frage gefürchtet. Besonders freut es mich, daß jetzt der junge Franzose, den mir Robert einmal gezeigt hat, ein Tbc-ler, Pfleger geworden ist. Eine Zeitlang hab ich ihn als Kranken untergebracht, aber zu lange konnte er nicht drinnen bleiben, denn Klehr hat es besonders scharf auf die, die schon lange im Krankenbau sind.

»Apprendre le polonais, c'est nécessaire maintenant.«

Er lernt auch polnisch und verträgt sich bald gut mit seinen Kameraden.

Unsere Organisation kann nun besser ihre Aufgabe erfüllen, unsern Kameraden zu helfen.

*

Recht oft kommen auch die anderen Ärzte der Dienststelle zu mir, um zu diktieren. Der leitende Zahnarzt, SS-Hauptsturmführer Doktor Täuber, muß neben seinem Monatsbericht einen Geheimbericht schreiben, und den diktiert er jetzt auch mir, vielleicht denkt er sich gar nichts dabei, vielleicht macht er's deshalb, weil er erfahren hat, daß der Standortarzt mich auch Geheimsachen schreiben läßt.
Dieser Geheimbericht ist sehr kurz, er geht auf einen halben Bogen. Es wird nur die Menge des Goldes gemeldet, die im Berichtsmonat »angefallen« ist, wie der Fachausdruck lautet. Diesen März sind's 18,483 Kilo.
Dieses Gold fällt so an: Bevor die Leichen der Vergasten ins Krematorium gefahren werden – von den Gaskammern führen Loren zum Krematorium –, werden ihnen die Goldzähne herausgerissen. Jüdische Häftlinge müssen das unter Aufsicht eines SSlers machen, eines Oberscharführers, der als Assistent bei der Zahnstation des SS-Reviers Dienst macht. 18½ Kilo sind also diesen Monat zusammengekommen. In Wirklichkeit natürlich mehr. Viel Gold wird gestohlen, bevor das Gewicht nach Berlin gemeldet wird.
Wie viele Tausende sind diesen Monat wieder in den Gaskammern erstickt! Wie viele gibt's, die kein Gold im Mund haben!
»Die Zahl müssen Sie auch noch in Worten schreiben, schreiben Sie es gleich hinter der Ziffer in einer Klammer.«
Gleichgültig sagt er's, als ob er nicht von dem größten Massenraubmord berichtet, den es jemals gegeben hat.
»Jawohl, Herr Doktor!« – und ich schreibe.

*

Vor einem Block des Häftlingskrankenbaus steht ein Sanka. »Krankentransport aus Golleschau«, sagt der Pförtner. Da steigen sie auch schon aus dem Wagen. Immer wieder aufs neue erschrickt man, wenn man diese wandernden Gerippe sieht.

Als letzter geht einer, dem man den Tod schon an der Hautfarbe ansieht, an der spitzen, wächsernen Nase. Erbärmlich schwach ist er, er kommt die drei Stufen, die zum Blocktor führen, nicht allein hinauf. Aber wie er zur Tür kommt, da klammert er sich mit seinen beiden Handskeletten an den einen, geschlossenen Flügel, panische Angst les ich in seinen Augen, er will nicht hinein. Zuerst zerrt ihn der Pförtner. Aber es geht nicht. Er schreit ihn polnisch an. Er versteht nicht oder will nicht verstehen. Ich schau auf die Nummer. Er ist Jude. Wer weiß, aus welchem Land, wer weiß, was seine Muttersprache ist. Ist er Handwerker oder Gelehrter gewesen, Kaufmann oder Schieber, früher, als er noch am Leben war? Jetzt steht er da und klammert sich mit aller Kraft der Kreatur, die nicht sterben will, an die Holztür. Der Pförtner schlägt ihm mit einem Holz auf die Finger; er läßt nicht los.

Ich gehe an ihm vorbei in den Block. Sicher weiß er, daß im Krankenbau geimpft wird. Lange noch sehe ich seine Augen vor mir.

»Ist heute wieder geimpft worden, Luck?« frage ich den neuen Lagerältesten, den »Dachauer« Wörl.

»Freilich, 63, die meisten Juden.«

»Der Entreß hat sie vorher nicht untersucht?«

»Kennst eh die Untersuchung. Sie gehen an ihm vorbei. Wenn das lang so weiter geht, werde ich mich nicht mehr zurückhalten können. Wie mich die Kranken anschauen. Als ob ich ihr Mörder wär!« Wörl hat wieder seinen roten Kopf. »Ich hab nämlich heute wieder mit Wirths gesprochen.«

»Das mußt Du auch tun. Sag ihm, wie's hier zugeht! Er soll doch befehlen, daß die Impferei aufhört. Schließlich ist er ja Standortarzt.«

»Wirths hat mir gesagt, daß der Entreß nur unheilbare Tbc-ler impfen läßt. Und das hält auch er für besser, weil die nur die anderen anstecken, sagt er.«

»Unheilbare Tbc-ler! Da muß ja der Entreß Röntgenaugen haben.«

»Luck, wir müssen einmal einen Beweis haben, daß es keine Tbc-ler sind, die täglich geimpft werden. Einen unumstößlichen Beweis.«

*

Einige Tage später schickt mir Wörl den Beweis. Der verschwiegene Läufer Tadek bringt mir ein Kuvert. Eine Fieberkurve ist drin und ein Zettel von Luck. Auf dem Zettel steht kurz: »Reichsdeutscher, heute gespritzt, trotz meines Protestes. Ohne jede Untersuchung.« – Aus der Fieberkurve entnehme ich: Es handelt sich um einen 62jährigen Deutschen, gestern in den Krankenbau aufgenommen und gleich untersucht, Röntgen o. B., das heißt, ohne krankhaften Befund.
Diagnose: Fieberhafte Gastritis, also Magenkatarrh.
Therapie: Bettruhe, Diät, Bolus alba.
Ich habe mir schon öfters vorgenommen, wegen der Spritzungen vorzustoßen, auch mit Ernst hab ich die Möglichkeit besprochen, das Risiko abgewogen. Wenn man helfen will, muß man sich was trauen. Immer noch schaue ich auf die Fieberkurve. Mein Gesicht muß ernster als sonst geworden sein.
Zbyszek dreht sich um, schaut fragend auf mich und die Kurve. Ich sag nichts. Es wäre zwar manchmal leichter, zu reden, aber es ist immer besser, zu schweigen. Zbyszek fragt auch nicht. Er ruft Emil zu sich. Danke, Zbyszek! Aber ich sag auch das nicht laut. Die Fieberkurve lege ich unter meinen Stenogrammblock. Jetzt muß ich nur noch warten, bis Wirths läutet.
Ich versuche, das Gespräch zu konstruieren, das kommen soll; mir die Fragen vorzustellen, alle Möglichkeiten zu erwägen. Aber dann kommt's doch immer anders. Ich schau zum Fenster hinaus. Strahlend blauer Himmel, aber der Himmel wird durch den Schornstein geteilt.
Endlich! Mit schnellen Schritten bin ich über den Gang, jetzt gilt's! Die Tür ist schon offen. Ich stehe stramm. Und ich bleibe bei der Tür stehen. Dr. Weber vom Hygiene-Institut ist bei ihm. Wenn ein anderer Offizier bei ihm ist, schreib ich immer stehend. Er hat's zwar nie befohlen, aber es ist besser. Er diktiert kurz Belangloses.
»Bitte, machen Sie das gleich fertig.«
»Jawohl.«
Ich bin wieder draußen. Im Zimmer geh ich auf und ab. Durchs Fenster lacht der Vorfrühlingstag. Das ist immer die schwerste Zeit im Lager. Der wievielte Frühling ist das schon? 1939 war der erste und jetzt ist 43. 35 und 37 bin ich

auch im Frühling gesessen. Im Fünfunddreißigerjahr drei Monate – bei einer Streuzettelaktion vor dem Weltbiographkino im 9. Bezirk bin ich hochgegangen – und im Siebenunddreißigerjahr neun Monate wegen illegaler Betätigung für die Partei.

Gelbe Knospen glänzen fett an den Bäumen.

Was wird heute noch geschehen? Da fährt sein Auto in einem eleganten Bogen weg. Er ist am Volant gesessen.

Die Sonne steigt höher. Durchs Fenster wärmt sie schon schön. Ich warte.

Auch Karl bemerkt, daß etwas mit mir los ist. Beim Essen fragt er mich. Ich muß noch lernen, mein Gesicht besser zu beherrschen. Das braucht man hier.

Nachmittags bin ich allein bei Wirths. Er hat fertig diktiert, ich stehe aber nicht auf.

»Haben Sie wieder etwas, Langbein?«

»Jawohl, Herr Doktor« – und ich reiche ihm die Kurve.

Meine Stimme hat belegt geklungen. Ich räuspere mich.

»Was ist damit?«

»Der ist heute wegen unheilbarer Tbc von Dr. Entreß zum Impfen ausgesucht worden.«

»Wieso Tbc? Er hat doch keinen Lungenbefund. Das ist doch eine Gastritis.«

»Herr Doktor, Sie haben mir nicht geglaubt, daß die Häftlinge, die zum Impfen geschickt werden, vorher nicht von Dr. Entreß untersucht werden. Diese Kurve ist der Beweis, daß ich recht habe. Und so ist es auch bei allen andern. Nur sind die andern keine Deutschen und darum werden nicht gleich Kurven angelegt und Untersuchungen schriftlich festgehalten.«

»Aber ich hab doch dem Entreß ausdrücklich befohlen . . .«, dann stockt er. Er ist erregt. Er ärgert sich immer, wenn er spürt, daß seine Befehle übergangen werden. So weit ist's also gelungen. Wirths läutet.

Nur nicht so schnell, das ist gefährlich.

»Herr Doktor, darf ich noch vorher . . .«

Da kommt schon der Spieß herein.

»Ontl, Dr. Entreß soll herkommen, auf dem schnellsten Weg.«

»Jawohl, Hauptsturmführer, aber Obersturmführer Entreß

ist jetzt draußen in Birkenau, er ist heute eingeteilt.« Dann mit einem Blick auf mich: »Beim SB.«
SB heißt Sonderbehandlung, und Sonderbehandlung heißt Vergasung. Also ist wieder ein Transport angekommen, und Entreß ist jetzt beim Sortieren, wer ins Lager soll und wer ins Gas. Ontl weiß genau, daß SB für mich kein Geheimnis ist – aber es ist Regel: Vor Häftlingen wird übers Vergasen nicht gesprochen.
»Lassen Sie ihn zurückholen. Soll derweil ein anderer für ihn Dienst machen.«
»Jawohl, Hauptsturmführer!«
»Und was haben Sie vorhin noch wollen?« fragt Wirths mich, als Ontl draußen ist.
»Herr Doktor, die Kurve hat mir Wörl gegeben. Wenn Dr. Entreß erfährt, daß Sie die Kurve haben, weiß er auch, daß nur Wörl sie Ihnen überbracht haben kann. Es kann niemand anderer gewesen sein. Ich habe aber kein Recht, ihn in Gefahr zu bringen.«
»Sie können unbesorgt sein.«
»Das ist nicht so einfach. Entreß steht gut mit der politischen Abteilung.«
»Das wissen Sie auch schon?«
»Es ist für uns Häftlinge sehr gefährlich, etwas vom Impfen zu wissen und noch viel gefährlicher, darüber zu reden. Klehr wird sich auch denken können, wer Ihnen diese Sachen gemeldet hat.«
»Wörl und Ihnen wird nichts geschehen, das muß Ihnen genügen.«
»Jawohl, Herr Doktor.«
Als ich schon bei der Tür bin, sagt er noch leise:
»Ich muß Euch beiden ja dankbar sein.«
Am Gang stehen SSler. Man darf nicht sehen, daß ich mich freue. Mit ernster, dienstbeflissener Miene gehe ich an ihnen vorbei in mein Zimmerl.
Am nächsten Tag wird nicht geimpft, am übernächsten auch nicht. Sonst bleibt alles unverändert. Keine Andeutung, kein Wort.

*

Abends sitz ich auf Block 4 bei Ernst an seinem Schreibtisch.

Er ist gerade mit seinen Karteikarten beschäftigt. Er ist guter Laune.
»Du, das Impfen im Krankenbau ist jetzt scheinbar endgültig eingestellt. Prima.«
»Merken's die Leute auch schon? Was sagen sie im Lager dazu?«
Ernst kennt alle Lagergerüchte.
»Sie glauben, daß es im Zusammenhang mit dem russischen Vormarsch steht.«
»Das ist gescheit.«
»Jetzt müßt man noch schauen, ob man gegen die Erschießungen in Block 11 etwas machen kann.«
»Ich möcht erreichen, daß ich den Klehr hier vom Stammlager wegbring. Solang dieser Teufel da ist, ist keine Ruh.«
Jetzt ist auch Ernstl nicht mehr so skeptisch.
Die Ruhe bei der SS ist unheimlich. Zbyszek dürfte ahnen, was vorgegangen ist. Wir haben kein Wort darüber gesprochen, aber er ist viel freundlicher zu mir, offener. Ich spüre, er will mir helfen.
Dr. Entreß kommt in unser Zimmer.
»Langbein, haben Sie einen Augenblick Zeit?«
»Jawohl, Herr Doktor. Soll ich gleich einspannen oder wollen Sie ins Stenogramm diktieren?«
»Spannen Sie gleich ein.«
»Halben Bogen oder ganzen? Durchschläge?«
Dann diktiert er, sitzt neben mir auf einem Hocker. Zum Schluß schaut er mich freundlich durch seine Brille an.
»Danke.«
Blaß ist er, braune Ringe hat er unter den Augen. Sein freundliches Lächeln hat mir gar nicht gefallen.

*

Der Erfolg ist sehr deutlich: Im Monatsbericht vom April ist die Sterblichkeitszahl auf 10,3 Prozent der Belegstärke gesunken.
Vor zwei Monaten war sie noch über 25 Prozent und damals wurde obendrein bei den Totenzahlen geschwindelt. 10,3 Prozent ist noch immer eine ungeheuer hohe Zahl, selbst für Konzentrationslager, aber ich bin sehr froh über das Erreichte. Auch im Krankenbau freut jetzt die Pfleger und Ärzte die Arbeit viel mehr. Ich kann verstehen, daß sie

früher apathisch wurden, wenn sie immer wieder erleben mußten, daß die Patienten, die sie mit Mühe, Liebe und Anwendung all ihrer Kunst gerettet hatten, als Rekonvaleszenten, als »Muselmänner« von Klehr fürs Gas ausgesucht wurden. Wörl schaut drauf, daß die Pfleger gut arbeiten, er kontrolliert sie und läßt ihnen nichts durchgehen.
In den Krankenzimmern sind die Gesichter jetzt ein bisserl anders, oder bild ich's mir nur ein? Ich geh oft in die verschiedenen Blocks, schau mich drin um, so viel ich nur kann. Ich mache Wirths auf die Verbesserung, die sich durch das Einstellen der Impfungen ergeben hat, aufmerksam. Er läßt sich noch einmal von mir die letzten Monatsberichte bringen, vergleicht die Sterblichkeitszahlen.
»Schön. Wirklich schön.«
»Nur in Birkenau ist die Sterblichkeit noch groß«, sage ich.
»Ja, Birkenau, das ist ein eigenes Kapitel.«
Dort gibt's ein Männer- und ein Frauenlager und viele unbelegte, unausgebaute Bauabschnitte. Die sanitären Verhältnisse sind furchtbar. Wasser ist in diesem Lager ein Wertgegenstand, Waschwasser muß man sich mit Brot »organisieren«, das heißt tauschen, so wenig gibt es. Die meisten waschen sich nicht. Zu wenig Latrinen gibt's und die sind in einem fürchterlichen Zustand. Die Baracken sind schlimm. Ein Typ wird von der Bauleitung offiziell »Pferdestallbaracke« genannt. Das Frauenlager besteht fast nur aus solchen.
»Einen Posten gibt's auch noch hier im Stammlager, der die Prozentzahl hinaufdrückt.«
»Und der wäre?«
»Der Block 11, Herr Doktor.«
»Der Bunker, wieso?«
»Sie wissen doch, was in Block 11 vorgeht.«
»Was hat das mit unserer Sterblichkeitszahl zu tun?«
»Die Nummern von denen, die zur Exekution kommen, werden in den Krankenbau geschickt und dort werden sie mit Lungenentzündung oder Herzmuskelschwäche als tot abgeschrieben.«
Weil er schweigt, ziehe ich die letzte Wochenmeldung des Stammlagers hervor, die ich unter meinem Stenogrammblock habe: »Bitte.«
Ich zeige mit dem Bleistift auf die Rubrik, in der die Toten gemeldet werden. Montag waren es 7, Dienstag 53, Mitt-

woch 11, Donnerstag 8, Freitag 67. Samstag und Sonntag wieder 10 und 7.
»Die beiden hohen Zahlen sind durch den Block 11 entstanden. Das sind Häftlinge, die gar nicht im Krankenbau waren. Die belasten jetzt unsere Statistik.«
Ich weiß, daß seit Stalingrad die vorgesetzte Stelle von Wirths in Berlin ihn einmal belobt hat, weil die Sterblichkeit zurückgegangen ist. Alles wegen des totalen Arbeitseinsatzes, der jetzt modern ist.
»Das geht doch nicht. Für die Toten der politischen Abteilung muß diese selbst die Verantwortung tragen. Warum wird mir das von Entreß nicht gemeldet?«
»Ich glaube, Herr Doktor, Sie erfahren manches nicht.«
»Schreiben Sie mir die Tage mit den hohen Zahlen heraus. Aber das stimmt doch wirklich?«
»Jawohl.«
»Woher wissen Sie das?«
»Ich weiß es von Häftlingen, die es Ihnen gegenüber nicht wiederholen würden, keinem einzigen der SS gegenüber.«
»Ich brauche aber einen Beweis.«
»Es ist sehr schwer, in Auschwitz zu beweisen, daß gemordet wird.« Da fällt mir etwas ein.
»Sie hätten den Beweis, Herr Doktor, wenn Sie sich das Totenbuch vom Stammlager geben ließen. Dort sind alle Toten mit Diagnose und Zeit des Todes eingetragen. Bei den Toten von Block 11 gibt es keine Krankengeschichten. Sie brauchen also nur die Krankengeschichten verlangen, dann hätten Sie den Beweis.«
Wirths läutet. Er ist immer so schnell. Schon steht Ontl im Zimmer.
»Ontl, ich möchte das Totenbuch vom Stammlager sehen, jetzt gleich.«
Der Stein rollt. In welche Richtung wird er rollen?
Jetzt kommt ein Zusammenstoß mit der politischen Abteilung.
Ich höre noch, wie durchs Feldtelefon Entreß und Klehr aus dem Stammlager zum Standortarzt befohlen werden. Heut mittag hab ich wenig Appetit.

*

Es ist anscheinend wirklich zu einer Katastrophe gekommen.

Gestern war mit Wirths nicht zu sprechen. Er war sehr nervös und kurz angebunden. Heute diktiert er mir ein Schreiben an Lolling, seinen Chef, in dem er um seine Versetzung von Auschwitz ansucht. Als Grund gibt er an, daß SS-Untersturmführer Grabner, der Leiter der politischen Abteilung, sein Verhalten vor dem Kommandanten als ein für einen SS-Führer unwürdiges bezeichnet. Sicherlich im Zusammenhang mit den Totenmeldungen von Block 11.
Während ich diesen Brief auf der Maschine herunterklopfe, muß ich nachdenken: Hat Wirths absichtlich diesen Brief mir diktiert und nicht Richter, dem SS-Unterscharführer, der sonst immer SS-interne Sachen schreiben muß? Will Wirths, daß wir Häftlinge davon wissen? Glaubt er eigentlich noch an einen Sieg Hitlers? Dann: Seine Versetzung wäre für unsere Organisation ein schwerer Schlag. Wer weiß, wer nachkommt. Sicherlich niemand, den man so gut beeinflussen kann wie ihn. Ich kenne jetzt schon von Dachau und Auschwitz gut zwei Dutzend SS-Ärzte. Von ihnen ist keiner so wie Wirths, bei keinem habe ich so viel erreichen können.
Ich bringe das Schreiben zu ihm hinein. Dabei warte ich einen Augenblick ab, wo er allein in seinem Zimmer ist.
Er schaut mich fragend an.
»Der Brief an D III, Herr Doktor.«
Er nickt und liest das Schreiben durch, die Füllfeder in der Hand. Dann unterschreibt er mit seinen schrägen großen Buchstaben. Er schaut wieder auf, wundert sich anscheinend, daß ich noch hier bin.
»Ich habe jetzt nichts mehr zu schreiben, danke.«
»Darf ich mit Ihnen ganz offen reden, Herr Doktor?«
Er lehnt sich zurück. Ich stehe vor ihm.
»Ich wollte Sie bitten, diesen Brief nicht abzuschicken.«
»Ich kann mir das doch unmöglich gefallen lassen.«
»Ich denke bei dieser Bitte vor allem an uns Häftlinge.«
Wir schauen uns lange an. Ich möchte wissen, ob er das gewünscht, erwartet hat, ich kann's aber nicht erkennen.
»Es ist gut, Langbein, Sie können immer mit mir offen sprechen, Sie brauchen nicht extra zu fragen.«
Zwei Gedanken sind's, die mich am Gang überfallen: ein Spiel mit hohem Einsatz, und: wie kommt dieser Mensch in die SS-Uniform? Einmal habe ich irgendwelche Formulare – in Deutschland gibt's deren ja übergenug – für ihn ausfüllen

müssen, da hat er angegeben: Eintritt in die SS 1. Mai 1933. Da war er 24 Jahre alt. Er hat doch in einer Zeit studiert, wo die Nazis noch nicht die Universitäten okkupiert haben. Ist es die chauvinistische Erziehung der deutschen Intelligenz? Ich habe schon mehrmals bemerkt, daß er überzeugter Antisemit ist. Das spricht dafür.
Ich habe nicht erfahren, ob der Brief schließlich doch abgeschickt wurde. Eines ist sicher: Wirths bleibt. Und das andere: die Erschießungen auf Block 11 gehen nicht mehr auf Konto des Krankenbaues. Aber erschossen wird weiter.

*

Tadek, der Läufer, lacht übers ganze Gesicht, als er vormittag herauskommt.
»Weißt Du schon, Klehr ist nicht mehr bei uns im Stammlager!«
Also doch endlich versetzt. Wie oft habe ich bei Wirths auf Klehr und seine Rolle hingewiesen!
Abends bin ich im Krankenbau. Alles ist vergnügt, ausgelassen. Eine Stimmung, als ob die Deutschen eine große Schlacht verloren hätten. Klehr ist weg! Sein Nachfolger ist einer, den wir als »harmlos« bezeichnen. Am nächsten Tag erfahre ich, daß er nun als Leiter des Desinfektionszuges Dienst macht; er ist also Chef der Gruppe, die dafür zu sorgen hat, daß die Läuse in den Lagern getötet und die Menschen, die nach Auschwitz gebracht werden, in den Gaskammern ermordet werden. Dort paßt er hin.
Ahnt Klehr, daß ich bei Wirths gegen ihn gesprochen habe? Er schaut mich immer ganz giftig an, und wenn es geht, stänkert er mich an. Nur ist das nicht so leicht, denn auch Klehr muß jetzt Berichte schreiben. Selbst ein halber Analphabet, muß er deswegen zu mir kommen, und ich habe schon Routine darin, diejenigen, die mir etwas diktieren wollen, so zu behandeln, daß sie wissen, ich kann auch Ausflüchte wegen Arbeiten für den Standortarzt gebrauchen, wenn sie mich schikanieren.

*

Auch bei Wirths bin ich wieder einen Schritt weitergegangen. Er sitzt hinter seinem Schreibtisch, ist sichtlich gut aufgelegt.

»No, Langbein, wie geht's Ihnen hier im Kommando? Sind Sie zufrieden?«
»O ja, Herr Doktor. Ich glaube, daß ich meinen Kameraden durch meine Arbeit helfen kann. Nur fürcht ich, daß ich nicht mehr lange hier arbeiten werd.«
»Wieso? – Was meinen Sie?«
»Ich habe Feinde. Sie kennen sie auch. Und die werden versuchen, mich zu erledigen. Anzeichen hab ich schon bemerkt.«
»Aber wie denn?« Wirths lacht.
»Das ist in Auschwitz nicht schwer, und da werden auch Sie mir nicht helfen können, Herr Doktor. Ich weiß genau, wie das kommen wird: Es wird bei der politischen Abteilung die Meldung einlaufen, daß ich mich hier kommunistisch betätige . . .«
»Aber Sie betätigen sich doch nicht?«
Jetzt hat er zu lachen aufgehört.
»Selbstverständlich nicht. Aber wie kann ich das beweisen? Es wird festgestellt werden, daß ich hier im Lager oft mit Kommunisten spreche und das stimmt, ich habe hier viele Freunde, die früher Kommunisten waren.«
»Warum denn?« Er ist oft grenzenlos naiv.
»Mit wem soll ich hier im Lager sprechen? Mit den Kriminellen? Bis auf ganz wenige Ausnahmen haben wir keine gemeinsame Sprache. Wenn ich mit Polen spazierengehe, komm ich in Verdacht, zu einer polnischen Geheimorganisation zu gehören; sich mit Juden zu unterhalten, ist das Schlimmste, was man in den Augen der politischen Abteilung machen kann, bleiben nur die politischen Deutschen und da sind eben die meisten solche, die als Kommunisten eingesperrt wurden. Wenn man will, kann man in Auschwitz jeden in den Bunker bringen.«
Wirths' Augen werden hart.
»Nein, Langbein, hier hab ich auch noch ein Wort mitzureden.«
Das Telefon läutet, das Gespräch ist unterbrochen. Während er telefoniert, ziehe ich das Resultat aus den letzten Worten. Ich habe Wirths auf das vorbereitet, was ich erwarte, was früher oder später kommen wird. Wenn jetzt eine derartige Meldung über mich einlangt, wird er ihr nicht sofort Glauben schenken. Vorausdenken und immer der erste

sein – manchmal komme ich mir vor wie einer, der auf einer Rasierklinge balanciert.

*

Ich mache eine Gegenüberstellung der Sterblichkeitszahlen in den letzten Monaten und zeige sie dem Standortarzt. Er ist sichtlich beeindruckt.
»Also ist es ja doch nicht ganz umsonst, was wir machen.«
Wir – meint er dabei uns beide, den SS-Standortarzt und den Häftlingsschreiber? Habe ich ihn schon so weit gebracht?
»Nur das Zigeunerlager in Birkenau hat noch eine große Sterblichkeit«, sage ich.
Das Zigeunerlager wurde vor kurzem auf besonderen Befehl von Berlin eingerichtet. Zigeuner aus allen Ländern, die Hitler besetzt hat, wurden hier zusammengeholt. Das Besondere an dem Lager ist, daß es als Familienlager geführt wird, daß Männer, Frauen und Kinder zusammenbleiben.
»Wollen Sie sich einmal das Zigeunerlager anschauen, Langbein?«
»Gern.«
Am nächsten Tag fahre ich mit dem SDG – dem Sanitätsdienstgrad – des Zigeunerlagers im Sanka nach Birkenau.
Ein Barackenmeer. Dach an Dach, Reihe an Reihe, so weit man sehen kann. Bodenloser Dreck. Man versinkt bis über die Knöchel auf der Straße. Wie die Zigeuner ausschauen! Sie haben ihre Zivilkleider behalten dürfen, aber sie haben keine Gelegenheit, sie zu reinigen. Es gibt im ganzen Lager so gut wie kein Wasser. Schmutzig sind sie, die Kinder haben eine Dreckkruste, die bis zu den Knien hinaufreicht.
Wir gehen in den Krankenbau. Vor der Tür der Ambulanz steht eine lange Schlange. Viele Frauen mit ihren Kindern, jammernd, weinend, schreiend. Was soll aber der Arzt machen? Er hat keine Medikamente für sie, und er kann auch den Kindern nicht das Essen verschreiben, das sie brauchen. Durchfall haben die Babys. Wie sollen sie die Lagersuppe vertragen?
Der Pfleger, ein Pole, den ich vom Stammlager her kenne – er ist hierher versetzt worden –, begrüßt mich: »Du willst Dir das Zigeunerlager anschaun? Komm, da mußt Du mit mir in die andre Baracke gehn!«

In der Nachbarbaracke liegen die kranken Frauen und Kinder.

»Hier gebären sie auch.«

Da liegen auf einem Strohsack sechs Babys, sie können erst ein paar Tage alt sein. Wie schauen sie aus! Dürre Glieder und einen aufgetriebenen Bauch. Auf den Pritschen nebenan liegen die Mütter, ausgezehrt, brennende Augen. Eine singt leise vor sich hin.

»Die hat's am besten, sie hat den Verstand verloren.«

Ich gehe durch die ganze Baracke. An den Anblick der Muselmänner – der Männer, die nur mehr 35 kg wiegen – hab ich mich schon gewöhnt. Furchtbar ist's aber, Frauen sehen zu müssen, die so heruntergekommen sind.

Ausgemergelt, Haut und Knochen, ungepflegt, so liegen sie da. Oft nackt. Sie werden sich ihrer Nacktheit anscheinend nicht mehr bewußt.

»Komm mit, Du sollst alles sehen.«

Er führt mich aus der Baracke heraus. An der Rückwand ist ein Holzverschlag angebaut, den öffnet er: es ist die Leichenkammer. Ich habe schon viele Leichen im KZ gesehen. Hier schreck ich zurück. Ein Berg von Leichen, gut zwei Meter hoch. Fast lauter Kinder, Babys, Halbwüchsige. Darüber huschen Ratten.

»Wir fahren jetzt zurück, Sie haben ja alles gesehen.« Der SDG ist schon ungeduldig.

»Ich möcht noch ins Frauenlager, Herr Unterscharführer.« Ich laß ihn im Ungewissen, ob das auch ein Auftrag des Standortarztes oder mein Wunsch ist. Dort sind französische Genossinnen. Wir stehen zwar mit ihnen in schriftlicher Verbindung, aber eine Aussprache kann nur nützlich sein. Der Unterscharführer, der sich schon genug darüber gewundert hat, daß er mich ins Zigeunerlager spazierenfahren muß, wundert sich nicht weiter, und wir fahren im großen Lagerkomplex Birkenau ins Frauenlager hinüber. Im Sanka komm ich überall durch, der wird ja nicht von den Posten kontrolliert. Wir gehen gleich ins Revier.

Danielle Casanova heißt die Genossin, die für unsre französische Gruppe im Frauenlager verantwortlich ist. Sie arbeitet in der Zahnstation. Zuerst tue ich so, als ob ich in der Revierschreibstube etwas zu tun hätte, schau mir die Ak-

tenablage an, bespreche mit den Schreiberinnen, wie die Meldungen und Berichte abzufassen sind.
Weibliche Häftlinge. Ein eigenartiger Anblick. In der politischen Abteilung im Stammlager arbeiten auch welche, die marschieren täglich an unserem Fenster vorüber. Aber wenn man sie aus der Nähe sieht, mit ihnen spricht, ist's doch was anderes. Die Frauen haben ganz andere Augen. Ich muß immer wieder die Augen anschauen.
Dann bitte ich eine, mir das ganze Revier zu zeigen.
»Die Krankenzimmer interessieren mich nicht so sehr, aber Ambulanz und Zahnstation würd ich gern sehen.«
So komm ich in die Zahnstation.
Der SDG hat inzwischen ein Gespräch mit einer von der Schreibstube angefangen. Oder hat sie mit ihm zu sprechen begonnen, damit ich mich frei bewegen kann?
Sechs Frauen sitzen da. Welche ist Danielle? Ich gehe auf eine zu, die ein F auf ihrem roten Dreieck hat – also Französin ist.
»Connaissez-vous Danielle?«
Sie zeigt auf ihre Nachbarin. Schwarzhaarig, stattlich, intelligent. Sie scheint schon zu ahnen, wer ich bin.
Ernst hat ihr geschrieben, daß ich sie möglicherweise besuchen werde. Zwei kurze Sätze und wir kennen einander. Danielle steht auf und führt mich in das angrenzende Zimmer – den Schlafraum. Die anderen tun diskret so, als ob sie es nicht bemerken würden.
Schnell reden wir. Den Stand der Organisation, die Probleme, die offenen Fragen. Die Mängel der Verbindung. Wir haben nicht viel Zeit. Es ist wirklich eine Schande, daß ich nicht besser Französisch gelernt habe. Danielle gefällt mir, sie ist gesund in ihren Ansichten, konsequent im Denken, energisch.
Dann muß ich wieder gehen. Der SDG sucht schon im ganzen Revier nach mir.
Drei Wochen später bekommen wir Post, daß Danielle Casanova, die Sekretärin des Kommunistischen Jugendverbandes Frankreichs, an Fleckfieber gestorben ist.
So gesund hat sie ausgeschaut! So viel Zuversicht lebte in ihr!

*

Heute gibt's im SS-Revier Großalarm. Die Putzer sausen nur so hin und her.
Auch bei uns ist Hochbetrieb. Zbyszek und ich putzen die Fenster, Emil kehrt das Zimmer noch einmal aus, und Hans macht auf den Tischen Ordnung.
Hans ist neu bei uns in der Schreibstube. Wirths hat mich einmal gefragt, ob ich nicht einen Architekten wüßte. Es gibt immer Pläne für den Umbau von Baracken und dergleichen auszuarbeiten, und die Bauleitung arbeitet furchtbar langsam. Ich habe Wirths gefragt, ob es auch ein Jude sein darf. Ganz recht war's ihm nicht, aber schließlich hat er doch ja gesagt. Hans ist Architekt aus Prag, klein, kurzsichtig. Bisher war er in einem Kommando, wo Erdarbeiten zu verrichten waren.
Weil er nun bei uns ist, bekommt er immer mehr Aufträge: Das Haus, in dem Wirths wohnt, soll vergrößert werden, auch Dr. Fischer richtet sich hier eine Wohnung ein. Hans muß die Pläne dafür ausarbeiten.
Der Grund der Aufregung ist, daß Dr. Lolling, der leitende Arzt beim SS-Wirtschafts- und Verwaltungshauptamt, für heute seinen Besuch angekündigt hat. Da darf niemand auffallen. – Anscheinend ist der Besuch gut ausgefallen. Wirths strahlt. Er kommt zu uns aufs Zimmer. Das ist sonst sehr selten. Wir sind aufgestanden, ich stehe hinter meinem Maschinschreibtischerl, er stellt sich auf die andere Seite des Tischchens, stützt sich auf ihn.
»Wissen Sie, Langbein, der Zimmermann, der Reviercapo von Dachau, ist freigegangen.«
Dann, nach einer Pause, fragt er plötzlich:
»Wollen Sie zur SS?«
Der Rechnungsunterscharführer ist auch im Zimmer, er manipuliert hinten beim Kasten. Auf die Frage hin hat er sich umgedreht. Antworten kann ich also jetzt nicht. So lache ich Wirths nur an. Er lacht mit, dann geht er wieder.
Als ich das nächste Mal allein in seinem Zimmer bin, kommt er darauf zurück.
»Ich habe Lolling von Ihnen erzählt. Er sagt mir, daß es möglich ist, daß Häftlinge, die sich in ihrer Arbeit besonders bewähren, zur SS übernommen werden und als SSler im Lager weiterarbeiten.«

»Herr Doktor, wenn ich schon in einem KZ sein muß, dann nur in der Uniform, die ich jetzt anhabe.«
Ich weiß nicht, ob Wirths vor ein paar Monaten diese Antwort schon vertragen hätte.
Jetzt schaut er mich nur an, sein Gesicht verliert seine Freundlichkeit.
»Für Sie wäre es doch besser.«
»Darf ich so etwas machen, Herr Doktor? Sie wissen, wozu ein SS-Mann in Auschwitz befohlen wird. Die Häftlinge hier sind meine Kameraden, auch wenn ich morgen ihre Uniform nicht mehr trage.«
Er schaut zum Fenster hinaus, ins Lager. Bunt wimmelt's draußen von gestreiften Anzügen. Es ist Mittagspause.
»Ihre Ansicht ehrt Sie.«
Seine Stimme klingt etwas enttäuscht. Er hat gefühlt, daß meine Antwort eine Verurteilung ist.
Abends sprech ich mit Ernstl lang darüber.
»Es ist ganz klar: zur SS darf keiner von uns freiwillig. Schwerer ist's schon, wenn wir einmal gefragt werden, ob wir uns zur Wehrmacht melden wollen.«
Schließlich einigen wir uns darauf, daß wir diese Frage auch mit den anderen Genossen besprechen. Jedenfalls müssen wir eine einheitliche Meinung haben. Wir dürfen uns nicht überraschen lassen.

*

Das ist gescheit! Wirths hat für mich bei der Kommandantur um einen Passierschein nachgesucht, ich kann mich also nun innerhalb der großen Postenkette ohne Posten frei bewegen und – was das wichtigste ist – ich kann auch untertags ins Lager. Ich muß mich dann nur bei der Blockführerstube melden und meinen Passierschein vorzeigen.
So kann ich nun auch bei Tag manchmal mit Ernstl sprechen. Abends ist ja die einzige Zeit, in der Ernst mit denen reden kann, die tagsüber in Kommandos arbeiten. Nun haben wir bei unseren Gesprächen in seinem Block 4 Ruhe, er steht ja unter Tags leer.

*

Heut ist der 1. Mai. Wir haben den Nachmittag frei. Ich hab

einen Besuch bei Józek, dem Polen, der seit seiner Einlieferung ins Lager zu den »Prominenten« gehörte, und mit dem ich im Herbst einige politische Gespräche führte, vereinbart. Das ist so gekommen:
Lang hab ich Józek nicht mehr gesehen, gar nicht gewußt, wo er arbeitet. In der Schreibstube war er nicht mehr. Neulich aber hab ich ihn abends in der Birkenallee getroffen, und er hat mich eingeladen, ihn sobald als möglich zu besuchen.
Józek wohnt in einem kleinen Zimmerl, wie's die Blockowis haben. Er hat sich's so eingerichtet, daß er als Blockschreiber in diesem Zimmer wohnt und nicht sein Blockowi. Ein Bett, ein Tischerl, ein Spind, zwei Hocker – das Zimmer ist voll.
»Vornehm wohnst Du da.«
»So ein Zimmer ist wichtig.«
Das kann ich verstehen. Wir setzen uns an den Tisch. Józeks Gesicht ist ernst geworden.
»Ja, also, wir wollen miteinander sprechen.«
»Freilich.«
»Wir brauchen doch keine langen Einleitungen?«
Ich verneine. Einen Augenblick ist's still. Dann schaut Józek von seinen Händen auf und fragt mit seiner ruhigen Stimme, langsam die Worte in der ihm nicht geläufigen Sprache formend:
»No, Hermann, wie lange willst Du noch im Lager bleiben?«
»Wie kommst Du darauf?« Ich bin wirklich erstaunt.
»Es hat doch nur einen Sinn, wenn wir zwei offen miteinander reden. Ich weiß, was Du für den Krankenbau machst. Das ist schön, Du hast wirklich sehr viel gemacht, aber es ist auch sehr gefährlich, das weißt Du selber. Wie lange willst Du also noch im Lager bleiben? – Es wäre schade, wenn Du auf Block 11 erschossen wirst.«
Dann, wie er sieht, daß ich nachdenke:
»Ich möchte auch fliehen, fliehen wir miteinander.«
Fliehen! Oft hab ich schon davon geträumt, aber noch nie ernstlich daran gedacht. Ich sehe meine Aufgabe darin, hier im Lager die Lebensbedingungen zu verbessern, unseren Genossen zu helfen. Wenn man sich so eine Position erobert hat, wie ich sie beim Standortarzt habe, darf man die verlassen? – All das sag ich Józek. Dann erzähl ich ihm von unserer Organisation und ihren Zielen. Wenn er offen ist, bin ich's auch.

»Schau, Józek, hier im Lager haben wir unsere Aufgabe und bemühen uns, sie zu erfüllen. Wohin sollte ich fliehen?«
»Wir haben Verbindung draußen, da kannst Du ganz ohne Sorge sein.«
»Und was soll ich draußen tun? Mich nur verstecken? Kann ich hier im Lager nicht mehr machen?«
Józek spielt mit Bröseln auf dem Tisch. Ich rede weiter.
»Weißt Du was, Józek, wir müßten hier zusammenarbeiten. Ich mein nicht, nur wir zwei, ich meine unsere Organisationen. Ich weiß, daß Ihr Polen Eure Organisation habt. Wir müssen an die Zukunft denken. Wie lange wird der Krieg noch dauern? Wie er ausgeht, ist klar. Dann muß im Lager eine politische Kraft sein, die sich einschalten kann. Es braucht Zeit, das vorzubereiten.«
Eines ist uns beiden völlig klar: Es ist unsere Aufgabe, nicht nur die Zeit hier zu überleben, sondern zu arbeiten, politisch zu arbeiten, gegen den Faschismus zu kämpfen. Wie können wir das am besten tun? Diese Frage ist das Thema unseres Gesprächs. Józek gefällt anscheinend mein Vorschlag.
»Seid Ihr eine Gruppe?«
»Ja.«
»Eine österreichische Gruppe?«
»Nein, eine internationale. Wir haben Verbindung mit Tschechen und Franzosen und jüdischen Genossen, die in unserer Organisation speziell zusammengefaßt sind.«
Józek nickt.
»Ich verstehe.«
Er ist sichtlich beeindruckt. Dann lächelt er.
»Bei uns Polen ist das nicht so leicht, die Einheit meine ich. Es gibt bei uns verschiedene Gruppen.«
Jetzt nicke ich. Ernst hat manches beobachtet und mir davon erzählt.
»Über das Schlimmste sind wir schon hinweg, jetzt gibt es schon eine gewisse Zusammenarbeit.«
»Das Schlimmste war die Judenfrage?«
Józek lächelt. »Und die Russenfrage.«
Die Polen waren lange Zeit vom russischen Zaren unterdrückt. Der Haß, der damals gegen die Russen entstand, wurde geschickt von denen wachgehalten und genährt, die die Feindschaft gegen die Sowjetunion als ihr politisches Programm ansehen.

Vor allem von den Ukrainern wollen die meisten Polen nichts wissen. Das Verhältnis zu diesem Volk ist die schwache Seite fast aller, die ich kenne.
Józek sieht das auch.
»Wenn hier in Auschwitz eine illegale Organisation sich zum Kampf gegen die Deutschen vorbereiten soll, so kann das nur eine internationale sein, das ist völlig klar.«
»Sicher. Und wenn unsere beiden Gruppen zusammenarbeiten und sich in der Folge vereinigen, dann ist diese internationale Organisation da. Dann fehlen von den Nationen, die es hier in Auschwitz gibt, eigentlich nur noch die Russen und die Deutschen. – Bist Du einverstanden, wenn wir einmal zu dritt zusammenkommen? Kennst Du den Ernst?«
»Welchen Ernst?«
»Den Blockschreiber von vier. Mit ihm bespreche ich alles.«
»Aha, den Burger Ernst. So? Der ist bei Euch? Der ist gut. Ich habe schon von ihm gehört.«
Józek ist mit einer Zusammenkunft zu dritt einverstanden. Wir sitzen uns gegenüber und sprechen über so manches aus dem Lager. Ich erzähle von Wirths; er charakterisiert die Polen im Krankenbau, mit denen ich zu tun habe; wir fragen einander nach diesem und jenem, tauschen Erfahrungen aus. Es ist schön, daß man mit jemandem, zu dem man völliges politisches Vertrauen hat, so schnell auch einen persönlichen Kontakt findet. Wie gute, alte Freunde sprechen wir miteinander.
Józek steht auf.
»Du mußt schon entschuldigen, ich bin ein schlechter Hausherr.«
Er holt aus seinem Spind Bäckerei und bringt aus der Stube Tee. Er ist schon kalt, zu Mittag wurde er in der Küche gefaßt. Sorgfältig streift er die Tischplatte rein.
»Heute ist der 1. Mai.«
»Und da hast Du die Bäckerei aufgehoben?«
»Freilich. Wenn man an einem solchen Feiertag einen Gast hat! Ich habe vorige Woche ein Paket bekommen.«
Es ist seit kurzem erlaubt, uns Pakete zu schicken. Das meiste wird allerdings in der Regel von der SS bei den Zensur gestohlen.
Die polnische Gastfreundschaft hört auch im KZ nicht auf. Beim Abschied sagt Józek noch:

»Wir brauchen ja nicht darüber zu sprechen, daß keiner von uns ein Wort über das da« – mit einer Geste zeigt er auf den Tisch und die beiden Hocker, wo wir gesessen sind – »weiter sagt, nicht wahr?« Dabei lächelt er, halb verlegen, halb sich über sich selbst lustig machend.
Ich gehe die Stiegen hinunter, zum Tor hinaus. Sonne scheint, viele Menschen drängen sich auf den Straßen zwischen den Blocks. Es ist Feiertagsstimmung.
1. Mai! Vor zwei Jahren bin ich in Dachau angekommen.
1. Mai!
Ich überdenke noch einmal den Nachmittag, das Gespräch. Ich bin voll Hoffnung. Ich erwisch mich dabei, daß ich mit lachendem Gesicht durch die Lagerstraße gehe. Ein paar drehen sich nach mir um. Es ist ein schönes Gefühl, zwischen so vielen Menschen zu sein mit dem Bewußtsein, ihnen ein bisserl helfen zu können.
Die Blätter in der Birkenallee blitzen und glänzen. Auch sie scheinen sich zu freuen.

*

Die Besprechung hat stattgefunden. Wir haben beschlossen, daß wir eine Zusammenarbeit der beiden Organisationen vorbereiten mit der Perspektive, sie zu einer einheitlichen Organisation zu verschmelzen. Wir stellen uns das so vor, daß wir dazu übergehen, nicht mehr nationale Gruppen als Grundlage zu behalten, sondern die Genossen kommandoweise zu organisieren. Im Kommando haben sie ein gemeinsames Arbeitsgebiet und in Zukunft werden sie es dort noch viel mehr haben als bisher, wenn unsere Pläne gelingen.
Ernst hat angeregt, daß wir uns systematisch mit der Sabotage in jenen Kommandos beschäftigen sollen, die unmittelbar für die Kriegsproduktion arbeiten.
Bis jetzt hat Ernst mit einer tschechischen und einer französischen Gruppe Verbindung, auch mit einzelnen Deutschen – da gibt's allerdings keine Gruppen und die Arbeit mit ihnen ist nicht leicht. Uns kommt's manchmal so vor, als wären sie ein bissel von der nazistischen Rassentheorie beeinflußt. Gilt doch hier im Lager auch der deutsche Häftling mehr als jeder ausländische. – Dann hat Ernst Verbindung mit den Juden, die eine eigene Gruppe bilden. Lokmanis – das Mitglied un-

seres Zentralkomitees, Dr. Klahr – und Szymon, der polnische Genosse aus Le Vernet, sind für diese verantwortlich.

»Das wird nicht einfach sein, wenn ich meinen Polen erklären soll, daß sie hier mit Juden zusammenarbeiten sollen, aber es wird schon gehen, es muß einfach gehen.«

Durch die Zusammenlegung der Organisationen verbessert sich auch unsere Verbindung mit den Außenlagern wesentlich. Józeks Gruppe hat eine gut funktionierende Verbindung nach Birkenau. Mit Buna halte ich die Verbindung durch einen jüdischen Pfleger, der öfter ins SS-Revier kommt, um Medikamente zu fassen. Er ist seinerzeit mit einem Judentransport aus Buchenwald nach Auschwitz überstellt worden. Dort haben sie schon illegal gearbeitet, und so hat er auch hier Verbindungen gesucht und ist auf mich gestoßen.

Der wichtigste Gewinn für uns aber ist: Józek hat Verbindung mit draußen. Auschwitz liegt in Polen. Selbstverständlich kann eine Verbindung mit der Bevölkerung der Umgebung nur durch die Polen im Lager hergestellt werden.

Die Verbindung geht über Zivilarbeiter, die im Gemeinschaftslager untergebracht sind. Im Lagerbereich gibt es nämlich auch ein Gemeinschaftslager für Zivilisten, Polen aus der Umgebung, die hier Arbeiten verrichten müssen, für die man keine Häftlinge einsetzen will oder kann, wie Kranführer, oder solche, die bei Bauten arbeiten, die außerhalb der Postenkette liegen und dergleichen.

»Wenn wir die Verbindung so ausbauen können, daß wir mit Partisanen in Kontakt kommen, dann bekommt unsere Arbeit hier eine reale Perspektive.«

Ernst hat das gegen Ende unserer ersten Besprechung zusammenfassend festgestellt.

Schließlich hat Józek noch vorgeschlagen, daß in die Leitung – den Kopf der Organisation, wie er es nennt – noch ein vierter kommt, ein zweiter Pole.

»Es ist besser, wenn noch ein zweiter Pole eingeweiht ist, für alle Fälle. Ich meine Tadek, ja, Holuj, Du kennst ihn ja noch von der Schreibstube her, Hermann. Der ist auch Kommunist. Da habt Ihr also immer die Majorität gegen mich«, und er lächelt wieder.

Holuj ist der junge Pole mit der schönen, tiefen Stimme, der

gleichzeitig mit Józek in die Schreibstube des Krankenbaus gekommen ist.
Niemals haben wir in unserer Organisation eine Majorität gebraucht. Oft haben wir über politische Fragen diskutiert, in denen wir nicht dieselbe Meinung hatten. Aber jede Frage, die das Lager und unsere Arbeit hier betrifft, hat uns schließlich gemeinsam eine Antwort finden lassen. Nie hat's da eine Differenz zwischen Józek, dem Sozialisten, und uns Kommunisten gegeben. Warum auch, wir haben denselben Feind: den Faschismus. Wir wollen dasselbe: unsere Freiheit, die Freiheit überhaupt, den Sozialismus.
Tadek hat vorgeschlagen, daß unsere Organisation einen Namen bekommen soll, und so heißen wir jetzt »Kampfgruppe Auschwitz«.

*

Ein Pflegertransport aus Dachau ist eingetroffen. Ich beeile mich, Bekannte zu sprechen. Viel gibt's zu fragen, zu erzählen. Unseren Leuten geht's gut – was man halt im KZ gut nennt –, nur der Lackner Vickerl ist gestorben. Viele Grüße bekommen wir und dann müssen wir erzählen. Kreuzmann, ein Spanienkämpfer, den ich gut kenne, nimmt mich beiseite.
»Ihr müßt aufpassen. Der Linhart, Du kennst ihn eh, der Spaniak« – so nennt man uns Spanienkämpfer allgemein –, »ist ein rechtes Schwein in Dachau geworden.«
»Der Linhart ist auch da?«
»Ja. Und der Lagerälteste hat ihn schon als Blockältesten eingeteilt.«
Der Wörl! Immer seine Extratouren!
Linhart hat schon in Gurs eine schlechte Rolle gespielt. Er war immer sehr auf seinen persönlichen Vorteil bedacht. Ich frage Wörl, wie er ihn, obwohl er ihn nicht kennt, als Blockältesten einteilen kann.
»Er hat mir gesagt, daß er Spanienkämpfer ist. Da hab ich gedacht, er ist in Ordnung.«
Jetzt kann er's nicht mehr rückgängig machen. Linhart trägt schon die Binde und ist der SS gemeldet. Er grüßt mich mit übertriebener Freundlichkeit. Ich versuche, auch freundlich mit ihm zu reden, es hat keinen Sinn, ihm zu zeigen, was ich von ihm denke.

Da wird's noch Schwierigkeiten geben. »Ich seh schwarz«, ist ein beliebtes Sprichwort hier.

*

Seit dem 1. Mai, seit Józek von einer Flucht gesprochen hat, hat mich der Gedanke daran nicht mehr verlassen. Freilich sind all die Argumente, die ich seinerzeit Józek vorgehalten habe, richtig, aber diese Gründe sind nicht stark genug, um jeden Gedanken zu ersticken.
Wenn ich die Zeitung lese, muß ich immer wieder daran denken. Wenn ich zum Fenster hinausschaue in die Sonne des Frühsommers, werde ich stets daran erinnert. Auch Ernstl beginnt manchmal davon zu sprechen.
»Man müßte nur wissen, wohin man fliehen könnte.«
»Vielleicht gibt's doch eine Möglichkeit, zu den Partisanen in den Beskiden zu kommen.«
Es gibt beharrliche Gerüchte, daß in den Beskiden, einem wegearmen Gebirge ein paar Dutzend Kilometer südlich von hier, Partisanengruppen versteckt sind. Józek ist auch überzeugt davon.
»Partisanen gibt's in der Umgebung ziemlich sicher.«
»Ist nur die Frage, was die Partisanen mit uns machen werden. Wir sprechen deutsch und nicht polnisch. Mitkämpfen wäre jedenfalls eine schwierige Sache. Man muß doch im Partisanenkrieg in der Bevölkerung untertauchen können.«
Ernst schaut in die Zeitung, die er vor sich liegen hat. Es ist die letzte Nummer des »Reich«. Er hat meistens etwas vor sich liegen, damit unser Gespräch motiviert ist, wenn jemand überraschend hereinkommt. Die Spitzel haben Weisung, illegale Organisationen aufzustöbern, Tadek hat's in Erfahrung gebracht.
»Vielleicht wär's möglich, daß wir uns irgendwie nach Jugoslawien durchschlagen. Ich kann mir nicht vorstellen, daß es dort keine österreichischen Einheiten gibt. Steiermark und Kärnten grenzen doch an das Gebiet, in dem es schon Kämpfe gibt. Ich habe neulich mit einem Slowenen gesprochen, der erst ganz kurz hier ist.«
»Wie willst Du aber hinkommen? Mußt doch durch ganz Mähren und Österreich durch.«
»Das wäre nur möglich, wenn wir Unterstützung von zu Hause hätten.«

»Wenn wir Verbindung mit Genossen in Wien herstellen können, könnten wir gleich in Wien untertauchen und uns dort in die illegale Bewegung einschalten.«
Wir müssen uns über den Stand der illegalen Bewegung in Österreich orientieren. Ohne die Verbindung mit einer solchen Bewegung hat eine Flucht für uns vorderhand noch keinen Zweck. Sich bei den polnischen Partisanen in einen Kampf auf lange Sicht einzuschalten, wäre eine Belastung für sie und keine Hilfe.
Schließlich vereinbaren wir, daß sich Rudl bemühen soll, mit seinem Vater illegal zu korrespondieren. Er kennt einen SSler in der Fahrbereitschaft, der ihm Briefe befördert. Ich soll auch versuchen, mit meinem Bruder, dem es gelungen ist, von Frankreich nach Wien zu kommen, in illegalen Schriftwechsel zu treten. Ich hoffe, daß Schwester Maria für mich die Briefe aufgibt und empfängt – und sie tut's auch.
Mit ihren braunen Augen schaut sie mich ernst an:
»Machen S' aber keinen Unsinn, Hermann!«
»Nein, ich schreib vorsichtig, der Otto und ich, wir sind schon in illegaler Korrespondenz eingespielt, da kann keiner so leicht verstehen, was wir meinen.«
Ich gebe ihr den ersten Brief offen, sie klebt ihn aber vor meinen Augen zu.
So bekommen wir das erstemal Post, die nicht durch die Zensur geht.
In Block 4 – dem Block, wo Ernstl wohnt – ist unter der Kellerstiege, die in zwei Absätzen hinunterführt, ein Holzverschlag, eng und dunkel. Da werden Besen, Fetzen, Schuhbandln, Fußlappen, all das Zeug aufgehoben, das ein Blockältester braucht, das aber nicht in einer Stube sein darf. Der Verschlag hat ein Schloß, und Ernstl als Blockschreiber hat den Schlüssel. Hier sperren wir uns immer ein, wenn wir mit Józek und Tadek unsere Besprechungen haben. Zu viert können wir nicht in der Stube sitzen, ohne aufzufallen. Im Lager ist man nirgends allein. Ständig flüstern, ist verdächtig. Wenn wir lauter sprechen, kann ein Vorübergehender was aufschnappen. Auch miteinander spazierengehen ist nicht gut, vor allem sollen die Spitzel nicht immer einen Österreicher mit demselben Polen zusammen sehen.
Im Verschlag unter der Kellerstiege muß man leise sein, denn sonst hört man uns durch die dünne Holzwand auf der Stie-

ge. Heiß ist's auch furchtbar, das Hemd pickt einem nach wenigen Minuten am Leib, trotzdem sind wir froh, diesen Raum zu haben.
Auch heute gehen wir hinunter, um die Antwort meines Bruders durchzubesprechen.
Ernst geht voraus. Er hat den Schlüssel und sperrt ganz offiziell auf, tut so, als ob er was holen würde. Dann komme ich nach. Ich wart einen Augenblick ab, wo niemand im Stiegenhaus ist, klopf beim Vorbeigehen unser Zeichen an die Holzwand, Ernst öffnet von drinnen und ich schlüpf hinein, wenn die Luft rein ist.
»Sehr ermutigend ist der Brief nicht.«
»Zeig her.«
Otto schreibt, daß man sich keine Illusionen von einer großen illegalen Bewegung machen soll. Es gibt nur einzelne kleine Gruppen:
»Vielleicht könnt ich eine Möglichkeit verschaffen, daß Du irgendwo unterschlüpfen kannst – wenn's auch auf lange Zeit sehr schwer sein wird –, aber illegale Arbeit wäre dann nur in sehr beschränktem Rahmen möglich, Du müßtest Dich vor allem versteckt halten.«
»Hoffnung macht der Brief nicht.«
»Vielleicht sieht er ein bisserl zu schwarz. Ist er sonst auch pessimistisch?«
»Eigentlich nicht.«
»Verstecken hat keinen Sinn.«
»Warten wir noch ab, was Rudls Vater schreibt.«
Er hat nicht anders geschrieben.
Dann ist noch etwas: Jeder, der bei einem Fluchtversuch erwischt wird, der auch nur unter Fluchtverdacht steht, wird hier in Auschwitz öffentlich gehenkt. Einmal ist einer geflohen und nicht erwischt worden – auch so etwas kommt vor –, da haben sie die Eltern des Flüchtlings verhaftet und ins Lager gebracht. Beim Appell sind sie vorne auf Hockern gesessen, ein alter Mann und eine noch älter aussehende Frau, beide in Häftlingsanzügen, kahlgeschoren, und über ihnen war eine Tafel angebracht, darauf ist gestanden: Auf Befehl des Lagerkommandanten, SS-Obersturmbannführer Höß, werden von nun an die Angehörigen aller Flüchtlinge so lange im Lager interniert, bis sich der Flüchtling der SS stellt.

Es ist kein leichter Entschluß, aus Auschwitz zu fliehen. Trotzdem, jeden Tag beim Zeitunglesen, oft beim Blick aus dem Fenster, kommt der Gedanke daran.

*

Wir haben's schon gewußt, bevor es in der Zeitung gestanden ist. In einem Kommando haben Genossen die Möglichkeit gehabt, einen ausländischen Sender zu hören: Mussolini ist verhaftet, Italien hat Waffenstillstand geschlossen. Auch an der Ostfront geht es vorwärts.
»Das ist der Anfang vom Ende!«
Józek hat ganz veränderte Augen, sie blitzen vor Energie. Wir sprechen von den kommenden Aufgaben unserer Kampfgruppe. Wir müssen aktionsfähig sein, wenn's endgültig kracht.
»Wir müssen aber auch unseren Leuten sagen, daß sie jetzt die Vorsicht nicht vernachlässigen dürfen.«
Ernst hat Nachrichten, daß die politische Abteilung ihren Spitzelapparat vergrößert hat. Ein belauschter Gesprächsfetzen genügt – und spurlos verschwinden Häftlinge. In der Schreibstube werden dann ihre Totenmeldungen geschrieben.
Der Faschismus in Italien ist zusammengebrochen. Die Aufgaben unserer Organisation sind gewachsen.

*

Samstag nachmittag ist's, der letzte Samstag im August. Wirths und die anderen Ärzte sind schon weg, in der Schreibstube gibt's nichts mehr zu tun. Wir sitzen und unterhalten uns.
Die Tür geht auf, ich seh den Kopf eines SSlers, dann schließt sich die Tür wieder.
Wer war das? Es war niemand von unserer Dienststelle. Aber bekannt kommt er mir doch vor. War das nicht Lachmann? Jetzt hör ich auch draußen seine unnatürlich hohe, affektierte Stimme. Was macht Lachmann hier im Revier?
Lachmann ist Unterscharführer der politischen Abteilung, vielleicht der Berüchtigtste. Er ist Spezialist in Bekämpfung von Widerstandsgruppen im Lager. Er ist der, der die Spitzel für sich arbeiten läßt. In der letzten Zeit war er verdächtig oft

im Häftlingskrankenbau. Fast täglich haben ihn unsere Genossen in der Ohrenstation auf Block 28 gesehen. Und jetzt taucht er bei uns hier im Revier auf – ?
Es wird Abend. Ignaz, unser Capo, kommt herein.
»Meine Herren, herrichten zum Einrücken. Es ist schon so weit.«
Dann erzählt er noch einen Witz und geht.
Plötzlich ist Lachmann wieder da.
»Kommen Sie, Langbein.«
Er winkt mit dem Finger.
Mir wird kalt. Ich sehe die angstvoll fragenden Augen Zbyszeks. Ich nehme meinen Block und den Bleistift. Gewohnheit, Zeitgewinn, ich weiß nicht.
»Lassen Sie das. Nehmen Sie Ihre Mütze.«
Seine Stimme ist leise, mir klingt sie unheimlich.
»Hinunter. Gehen Sie vor mir.«
Das ist eindeutig. Die Stiege geht's hinunter. Hier hat Lachmann sein Fahrrad stehen.
»Ins Lager.« Er fährt hinter mir.
Die Kommandos rücken ein. Ich gehe an den Kolonnen vorbei. Scheue Blicke streifen mich. Lachmann ist im ganzen Lager bekannt. Jetzt ist's so weit.
»Halt!«
Vor der Blockführerstube muß ich stehenbleiben.
»Schreiben Sie einen ab vom Kommando SS-Revier, den da nehm ich mit in den Bunker.«
Der Blockführer notiert meine Nummer, die er vom Rock abliest. Hauptsturmführer Schwarz, der Lagerführer, kommt vorbei.
»Wen haben Sie da, Lachmann?«
Lachmann schlägt die Hacken zusammen.
». . . vom SS-Revier . . . politische Organisation . . .« Das ist das einzige, was ich hören kann. Lachmann spricht leise. Dann kommandiert er:
»Marsch zu Block 11!«
Die Blocks im Lager sind schon angetreten, an ihren Reihen geht's vorbei. Ich komme also jetzt in den Bunker. Unsere politische Organisation ist aufgeflogen! Was wissen sie? Was kommt jetzt? Gut ist's, daß mich alle sehen, so erfahren wenigstens gleich die anderen davon. Die Gedanken jagen sich. Ich spüre das Blut im Kopf pulsen.

»Schneller!«
Wir sind beim Krankenbau, biegen ein, vor uns ist Block 11. Lachmann läutet. Das Tor ist immer zugesperrt. Jakob, ein jüdischer Häftling, öffnet. Wegen seiner Größe und Stärke – er ist Athlet – wurde er seinerzeit aus einem für die Vergasung bestimmten Transport herausgesucht und muß seitdem auf Block 11 »arbeiten«. Es wird viel über ihn im Lager gesprochen.
Noch einmal dreh ich mich um; Sonne, das Lager, die Baumkronen hinter der Mauer; dann fällt die Tür zu.
Lachmann hat inzwischen mit Jakob gesprochen. Dieser führt mich weiter. Die Stiegen in den Keller geht's hinunter, er sperrt eine Eisentür auf. Eine zweite Gittertür.
»Was hast Du in den Taschen?«
Er spricht stark jüdisch. Ich zeige: meinen Passierschein, Füllfeder, Taschentuch. Das Taschentuch gibt er mir zurück. Dann schiebt er mich in einen finsteren Gang, auf den vier Zellentüren münden, eisenbeschlagen, mit einem Guckloch. Er öffnet eine, sie fällt hinter mir mit einem dumpfen Krach zu. Die Zelle schaut so aus, wie eine Gefängniszelle im Keller ausschaut. Drei Meter im Quadrat, ein kleines vergittertes Fenster ganz hoch hoben. Eine Holzpritsche und ein Kübel. Und sechs Menschen.
Sie fragen mich nach meinem Kommando, warum ich hier bin. Warum bin ich hier? Ich kann darauf nicht antworten.
»Warum hat man Dir Dein Gewand gelassen?«
Sie alle tragen einen Drillichanzug ohne Nummer. Sie haben keine Unterwäsche.
»Sie haben mich so heruntergeschickt.«
Die Gedanken sammeln. Zuerst: Hab ich nicht etwas bei mir? Ich such in meinen Taschen nach, aber unauffällig, die anderen sollen es nicht bemerken. In der Brusttasche ist ein Zettel, das sind die Nummern von den jüdischen Häftlingen, die mir Lokmanis gestern gegeben hat. Ich sollte schauen, ob ich ihnen ein gutes Kommando verschaffen kann. Der Zettel muß weg. Wohin? Vor den anderen will ich ihn nicht zerreißen und wegwerfen.
Die Tür ist wieder offen. Alles steht stramm. Einer meldet: »Zelle 27 belegt mit sieben Häftlingen.«
Wörl, der Lagerälteste des Krankenbaus, wird hereinge-

schoben. Mit breiten Schritten kommt er in die Zelle. Er ist genauso erstaunt wie ich.
»Du bist auch da?«
»Und Du auch?«
Schon wieder ist die Tür offen. Jetzt steht Lachmann in der Tür.
»Die beiden dürfen doch nicht beisammen sein. Kommen Sie!« Und er winkt mir.
»Haben Sie ihn schon durchsucht?«
»Jawohl, Unterscharführer, ganz genau, er hat nur ein Taschentuch.«
Jakob steht stramm.
»Ziehen Sie die Schuhe aus!«
Dann untersucht er genau meine Schuhe, ob ich in ihnen nichts versteckt habe. Ich hör mein Herz klopfen.
»Der kommt auf die andere Seite. Einzeln.«
Wieder geht's durch zwei Gittertüren, wieder in einen dunklen Gang, diesmal sperrt Jakob die letzte Tür auf. Eine leere Zelle. Ich bin allein. Der Zettel! Schnell nehm ich ihn heraus und zerfetz ihn in kleinste Teile, werf sie in den Kübel, in dem eine Flüssigkeit ist.
Jakob hat Lachmann angelogen. Er hat mir geholfen.
Ich setz mich auf die Pritsche.
Es wird Nacht.

Im Bunker

Der nächste Tag ist Sonntag. Ich hab nicht viel geschlafen. Die Pritsche war hart und die Gedanken waren wach.
Was wissen sie von uns? Wer sitzt noch? Mit dem Krankenbau hängt's auf jeden Fall zusammen. Wörl wird nichts reden.
Ich hab schon viel vom Bunker gehört. Hier gibt's die schwarze Wand. An der werden jede Woche viele erschossen. Man hat mir schon manches von den Verhören der politischen Abteilung erzählt. Ich kann mich noch erinnern, wie ich im SS-Revier das Schreien durch den Fußboden hörte. Was für ein Schreien war das! Jetzt ist die politische Abteilung übersiedelt. Wie werde ich Schläge aushalten? Sie sollen mir nur nicht die Zähne einschlagen. Einmal hat Ernst gesagt: der Block 11 ist eine Spitzelfabrik. Achtgeben! Vor jedem achtgeben. Heute werden sie mich nicht verhören, heute ist Sonntag. Von einer politischen Organisation darf ich nicht das geringste zugeben.
Schritte, Schlüssel, die Tür geht auf. Jakob bringt das Essen. Nach einiger Zeit kommt er wieder, die Schüssel abholen. Ich geb ihm das unberührte Essen zurück.
»Du mußt was essen, laß den Kopf nicht hängen.«
»Wie viele sind gleichzeitig mit mir gekommen?«
»Der Lagerälteste vom Krankenbau« – das ist Wörl – »und ein Blockältester, auch vom Krankenbau.«
Die Tür ist wieder zu. Also Ernst, Józek und Tadek sind frei. Das ist das Wichtigste.
Sonnenstrahlen zeichnen das Gitter an die Mauer.
Jetzt muß ich abwarten, was kommt. Langsam tropft die Zeit. Vielleicht wär es doch besser gewesen, ich hätt Józek gefolgt und wäre geflohen? Jetzt haben sie mich am Kragen, und ich bin ganz wehrlos.

Ein Radio grölt durchs Fenster herein, über mir muß die Wachstube sein.
Werd ich hier lebend herauskommen? Was werde ich noch alles durchmachen müssen, bis es so weit ist?
Ich geh auf und ab. Ich war doch immer darauf gefaßt, daß es einmal so kommt. Daß ich etwas riskiere, hab ich immer gewußt. Wenn vier Millionen in Auschwitz gestorben sind, werd ich auch zu sterben wissen.
Langsam kriecht das Gitterfenster an der Mauer weiter.
Ich setz mich hin. Schwer wird's schon werden. Ich muß an den denken, der sich damals mit letzter Kraft an das Tor des Reviers geklammert hat, nicht hinein wollte in den Tod.
Der Lautsprecher spielt ein neues Lied. Zuerst leise einschmeichelnde Takte, dann eine Frauenstimme. Es klingt so, als ob sie ganz nahe wäre: »Franzl, ganz Wien läßt dich grüßen . . .« – ganz Wien läßt dich grüßen! Mir wird heiß. Ich leg mich auf die Decken.
Wahrscheinlich ist es ein ganz gewöhnlicher Schmachtfetzen, aber mir ist's, als hätt ich während des Liedes Abschied genommen.

*

Der Abend ist wie im Märchen.
Ich liege schon auf meiner Pritsche, da höre ich draußen leise Schritte. Das Licht in meiner Zelle wird aufgedreht, ich höre eine Frauenstimme:
»Wer bist Du?«
Das Guckerl ist offen. Nur eine Glasscheibe trennt jetzt unsere beiden Augen.
»Bist Du schon lang da?«
»Erst seit heute.«
»Mach Dir nichts draus.«
Dann wird's wieder dunkel, ich bin allein.
Erst später erfahr ich: Hier sind auch Frauen eingesperrt. Und Sonntag abends kann Jakob meistens allein, ohne Begleitung des diensthabenden SSlers, herunter. Da sperrt er dann die Zellentür einer Frau auf, die allein in der Zelle ist und nun für diesen Abend Gesellschaft hat.
Das zweitemal wird mir heute Mut zugesprochen. Diese Nacht schlafe ich.

*

Am nächsten Tag wird ein zweiter zu mir in die Zelle hereingeschoben. Dann ein dritter. Schnell geht das. Bald sind wir elf in diesem kleinen Loch. Niemand wird verhört. Die Luft ist schlimm, das Fenster nur sehr klein, der Kübel hat keinen Deckel. Er wird nur einmal am Tag ausgeleert. Zum Schlafen haben wir kaum auf dem Boden Platz. Auch direkt neben dem Kübel müssen welche liegen.
Jeder fragt jeden, warum er da ist. Einer, weil er im Schlachthaus eine Wurst organisiert hat, ein anderer, ein deutscher Krimineller aus Birkenau, weil er besoffen war und dabei randaliert hat. Ein dritter weiß es nicht oder will es nicht sagen.
Auch ich sage nichts. Ich kenne niemanden, der in die Zelle kommt. Ich kenne aber die politische Abteilung und ihre Methoden. Träg schleppen sich die Tage dahin.
Was wird kommen? Diese Frage wird immer wieder gestellt, von jedem einzelnen, vom einen leise, vom andern laut.

*

»Alles saubermachen, die Kommission kommt!«
In der Früh, bei der Kaffeeausgabe, sagt's Jakob in jeder Zelle. Die Kommission? Wer ist das? Jedenfalls kommt jetzt eine Entscheidung.
Wir kehren mit Papier und Pappendeckel den Betonboden sauber. Die Decken werden mustergültig zusammengelegt, auch draußen auf dem Gang hören wir lange das Geräusch von Besen und Schaufel.
»Du mußt melden!«
Ich bin Zellenältester, bin ja am längsten hier.
»Wir treten hier in einer Reihe an, Du brüllst ›Achtung!‹ und dann meldest Du. Du mußt Dich ganz vorne zur Tür stellen.«
Mit Capogeschäftigkeit versucht sich der Deutsche über seine Nervosität hinüberzuhelfen.
Ich gehe auf und ab. Es ist verdammt wenig Platz dazu vorhanden, aber ich muß herumgehen, ich kann jetzt nicht still in einem Winkel stehen. Alles, was ich schon über den Bunker gehört habe, geht mir immer wieder durch den Kopf. »Man kommt sehr leicht hinein, aber nicht mehr heraus.« – »Hinein geht man zu Fuß, hinaus fährt man auf einem Lastwagen.« – Ich habe die Wagen von Block 11 schon wegfah-

ren sehen und auch die Blutspuren, die sie im Lager hinterließen. »Es muß ja nicht so schlimm sein.« Will ich mich selber mit Lügen trösten? Weiß ich nicht am besten, daß Auschwitz schlimm ist, fürchterlich schlimm?
Wieviele Totenmeldungen der hier Ermordeten hab ich nicht selbst geschrieben mit der Todesursache »Lungenentzündung« oder »Herzmuskelschwäche«! Werden meine Leute zu Hause auch so einen Zettel bekommen?
Einer hockt apathisch in einer Ecke, ein anderer steht bei der Tür und lauert auf jedes Geräusch.
»Jetzt kommen sie!«
Er hat's schon ein paarmal gesagt, aber diesmal kommen sie wirklich. Schlüssel. Das Klappern der Gittertür, Schritte – es sind viele. Dann undeutliche Stimmen.
Kein Laut ist bei uns zu vernehmen. Wir alle leben mit den Ohren. Jetzt sind sie in unseren Gang gekommen.
»Sei ruhig, man kann ja nichts verstehen!«
Ein paar drängen zur Tür.
»Aufstellen! Sie kommen gleich!«
Wir stehen in einer Reihe, ich an der Spitze, mit dem Gesicht zur Tür. Jetzt kreischt der Schlüssel. Ich spüre mein Herz. Die Tür ist offen. Grabner steht in der Tür und Hoffmann, SS-Obersturmführer und zweiter Lagerführer, der Rapportführer steht auch daneben, Lachmann seh ich im Hintergrund. Dann noch ein paar Mützen und Gesichter, die ich nicht kenne. Jakob ist auch dabei.
Ich seh das alles überdeutlich, wie auf einer scharfen Fotografie. Ich habe mich bemüht, daß man meiner Stimme bei der Meldung die Aufregung nicht anmerkt.
»Jeder sagt seine Nummer!« – brüllt der Rapportführer. Er packt mich am Ärmel und dreht ihn zusammen.
»Häftling 60-3-55« melde ich. Das klingt wie eine Telefonnummer, muß ich denken.
»Den brauche ich gleich. Raus.«
Die Stimme kommt von hinten. Ich erkenne sie sofort. Das war Lachmann.
Bevor ich noch gehen kann, werde ich hinausgezerrt.
»Den stellen Sie aber abseits, der kommt zum Verhör.«
Das war Grabners Stimme. Er hat zu Jakob gesprochen, der mich am Arm hat. Der zerrt mich ans Ende vom Gang.
»Passiert Dir nichts«, flüstert er mir zu. Dann gibt er mir eine

Ohrfeige. Vielleicht hat er Angst, daß ihn jemand zu mir sprechen gesehen hat. Ich werde weitergeführt. Im Vorraum stehen viele, in Fünferreihen. Ihre Gesichter sind blaß. Oder ist's das künstliche Licht hier unten? Mich schiebt Jakob in einen dunklen Winkel.
»Rühr Dich nicht vom Fleck!«
Ich seh und hör nichts mehr.
Lange bin ich hier gestanden. Schritte, Stimmen, immer wieder Schritte und Stimmen. Zuletzt Befehle. »Rechts um!« Dann ein Schleifen, Klappern, Marschieren.
Wie lange stehe ich schon hier? Das Gefühl für Zeit hab ich ganz verloren. Es ist ein langer, finsterer Augenblick zwischen Leben und Tod. Jakob holt mich wieder. Ich bin allein mit ihm. Er führt mich durch die Gitter hinauf und stellt mich auf dem Gang auf. Drei andere stehen auch noch hier. Die anderen – die vielen – habe ich nirgends gesehen. Lachmann kommt.
»Ah ja, da sind ja noch diese Vögel.«
Die anderen drei gehen frei, erfahre ich jetzt. Ich muß mit ihm. Wieder fährt er hinter mir auf dem Rad durchs Lager. Jetzt ist es wie ausgestorben. Es ist Arbeitszeit. Wir gehen auch an Block 4 vorbei. Da kommt gerade Ernst heraus. Er zieht die Mütze und steht Habtacht. Er muß so Lachmann grüßen, aber ich weiß, er grüßt damit mich. Ich nicke ihm zu, nur mit den Augen, eine Bewegung des Kopfes kann Lachmann von hinten sehen.
Jetzt bin ich ganz sicher, daß sie nichts aus mir herausbekommen, was immer auch mit mir geschieht. Dank dir, Ernstl, daß du hier gestanden bist.
Am SS-Revier geht's vorbei, Blumen stehen am Fenster wie immer. Im Gebäude der politischen Abteilung muß ich zuerst in einem Nebenzimmer warten. Lange, sehr lange.
Dann holt mich Lachmann.
Zuerst die Daten, dann meine politische Vergangenheit. Ich weiß, daß sie meine Akten von der Schuschnigg-Polizei haben und sage dasselbe, was ich damals angegeben habe.
Dann wird Lachmann unterbrochen. Ein Telefonanruf. Ich muß wieder ins Nebenzimmer.
Bis Spanien ist er mit seinen Fragen gekommen. Er fragt sehr genau. Was wird jetzt kommen? Ich bin ruhiger.
Ein SSler kommt, ein Sturmmann – also eine niedere Charge.

»Du bist der Langbein? Zurück ins Loch!«
»Werd ich heute nicht mehr verhört?«
»Du kommst schon noch rechtzeitig dran. So was, einer, der's nicht erwarten kann!«
Vor dem Tor, das in den Hof führt, steht ein Lastauto, mit einer Plache überdeckt. Das Lastauto also. Jakob nimmt mich in Empfang und führt mich zu meiner Zelle. Sie ist leer.
»Wo sind die andern hin?«
Jakob haut die Tür ins Schloß, ohne zu antworten. Alle zehn liegen jetzt also auf dem Lastwagen? Der, der die Wurst gestohlen hat und der Bursch, der nicht gewußt hat, weswegen er hier ist und auch der, der heute früh geweint hat und polnisch nach seiner Mutter gerufen hat?
Ich bin wieder allein.

*

Nachmittag werde ich aus der Zelle herausgeholt.
»Raus mit Dir, Du kommst in ein anderes Loch. Die Einzelzellen brauchen wir.«
Auf der anderen Seite des Kellers öffnet sich wieder eine Tür für mich. Zwei sind da drinnen – ja, was ist denn das? Paul ist hier, der Blockälteste von Block 20, dem Infektionsblock des Krankenbaus.
Schnell begrüßen wir uns.
»Kannst ruhig reden, der hier« – und er deutet auf seinen Zellenkameraden – »versteht kein Wort deutsch.«
Paul war schon beim Verhör.
»Sie glauben, daß wir eine illegale Organisation im Krankenbau haben. Wir sollen eine Verschwörung gebildet haben, für den Fall, daß die Russen kommen. Wörl soll dann Lagerkommandant und du Schutzhaftlagerführer werden, so ein Blödsinn!«
Paul gehört nicht zu unserer Organisation. Er weiß nichts von ihr.
»Wer kann ihnen das gesagt haben?«
»Ich glaub, der Linhart. Er bemüht sich, daß er freikommt.«
Linhart ist der Spanienkämpfer, vor dem ich gewarnt wurde und den Wörl voreilig zum Blockältesten gemacht hat.
»Sonst hat er nichts gefragt?«
»Nein. Ich hab auch nur ein paar Ohrfeigen bekommen, sonst nichts.«

Ich überlege schnell. Lachmann darf nicht wissen, daß ich schon mit Paul gesprochen habe. Kurz informieren wir uns noch gegenseitig, dann klopfe ich, sobald ich draußen Schritte höre.
»Was ist denn los? Verrückt geworden?« – Es ist der diensthabende SSler, der mich hier hereingeschoben hat.
»Herr Rottenführer, ich will nur melden, daß ich mit diesem Häftling hier kompliziert bin. Ich möchte nicht, daß Sie einen Anstand haben, wenn Herr Unterscharführer Lachmann uns hier miteinander in einer Zelle sieht.«
»So, so.« Er brummt irgendwas. »Kommen Sie heraus. Warum haben Sie denn das nicht gleich gesagt?«
Wieder wandere ich in eine andere Zelle. Hier sind drei drinnen, ein Grüner führt das große Wort. Ein übler Geselle, einer von den kriminellen Capos, die das Lager noch schlimmer machen, als es ohnehin ist, das merke ich nach den ersten Minuten. Auch sie erzählen, wie heute vormittag bei ihnen »ausgemistet« wurde.
»Über 70 waren es diesmal zusammen.«
Ich warte auf mein Verhör. Drei Tage muß ich noch warten. Aber seit ich mit Paul gesprochen habe, ist's mir leichter zumute. Von unserer Organisation weiß Lachmann also nichts, zumindest bis jetzt.

*

Dann ist's endlich soweit. Bevor der Schlüssel sich im Schloß dreht, höre ich draußen schon meinen Namen. Derselbe Sturmmann, der mich letztesmal hereingeführt hat, holt mich ab. Ich muß in der Sonne blinzeln.
»Häftling 60-3-55 meldet sich zur Stelle.«
Wieder stehe ich vor Lachmann. Er sitzt hinter seinem Schreibtisch. Nimmt einen Revolver aus der Lade und lädt ihn nach. Dann macht er die Lade wieder zu. Damit willst du mich einschüchtern? Ich weiß auch so, daß du schießen kannst. Neben ihm steht ein Maschinschreibtischerl, dort sitzt ein weiblicher Häftling, eine Jüdin. In der politischen Abteilung machen nur Jüdinnen Dienst.
»Sie wissen, was mit Ihnen geschieht, wenn Sie die Unwahrheit reden? Sie sind ja intelligent genug, um das zu wissen und auch schon lang genug im Lager.«

»Jawohl.«
Ich halte die Hände hinter dem Rücken verschränkt. Ich muß etwas in der Hand haben, das ich drücken kann, damit sich keine Aufregung in meinem Gesicht zeigt, wenn eine Frage kommen sollte, die gefährlich ist. Bis in die Fingerspitzen hinein spür ich mein Leben. Jetzt gilt's. Ich hab mir's so zurechtgelegt: Ich will ängstlich scheinen, dann ist das glaubhafter, was ich sag. Ich habe mir vorgenommen, langsam zu sprechen, gleich von Anfang an, auch bei unverfänglichen Fragen, so habe ich mehr Zeit zum Nachdenken.
Er fragt über Spanien. Dann unvermittelt: »Bereuen Sie, daß Sie nach Spanien gegangen sind? Würden Sie sich heute unter den gleichen Umständen wieder dazu entschließen?«
Glaubhaft muß meine Antwort klingen.
»Herr Unterscharführer, es ist schwer, im KZ diese Frage zu beantworten. Meine Antwort könnte so ausgelegt werden, als ob ich durch sie Vorteile erreichen wollte. Bittschön, erlassen Sie mir die Antwort.«
Ich hab schon Übung im Umgang mit SSlern. Mit dem »Bittschön« und gewählter Ausdrucksweise erreiche ich einen günstigeren Gesprächston als mit dem militärischen »Jawohl« oder »Zu Befehl«. Auch bei Lachmann stellt sich diese Wirkung ein, ich merk's an den nächsten Fragen. Er behandelt scheinbar Nebensächliches, dann wieder plötzlich: »Und wie ist das mit der geheimen Organisation im Krankenbau? Welche Aufgabe haben Sie dabei?« Er will mich überraschen, starrt mir scharf ins Gesicht. Aber ich habe ja meine Hände auf dem Rücken, aus meinem Gesicht kannst du nur das lesen, was ich dich lesen lasse – außerdem hilft mir das Gespräch, das ich mit Paul gehabt habe.
Jetzt zeige ich mich äußerst erstaunt: »Geheimorganisation im Krankenbau, Herr Unterscharführer? Ich weiß von keiner.« Dann ängstlich: »Wirklich, Herr Unterscharführer, ich kenne keine Geheimorganisation.« Er soll sehen, daß ich vor ihm Angst habe.
Er schlägt jetzt einen Akt auf, liest daraus vor. Ich schau schnell, während er liest, hinein. Der Akt liegt für mich verkehrt. Einzelne Worte sind gesperrt geschrieben, gleich in den ersten Zeilen kann ich eines lesen – Linhart. Hier steht auch das, was mir Paul erzählt hat, daß ich Schutzhaftlagerführer werden will, wenn einmal die Russen da sind. Wäh-

rend er das vorliest, lache ich laut. Wie er mich überrascht anschaut, sage ich:
»Herr Unterscharführer, das ist doch ganz unglaubhaft. Glauben Sie, daß ein Häftling auch nur einen Tag freiwillig in Auschwitz bleiben würde, wenn er weg könnte?«
»So lächerlich ist das Ganze aber nicht!« Trotzdem sehe ich, daß mein Verhalten richtig war.
»Darf ich darum bitten, mit dem Zeugen konfrontiert zu werden? Das kann nur jemand sagen, der sich mit solchen lügnerischen Aussagen seine Freiheit erkaufen will.« – Das sitzt. Lachmann spricht nicht mehr von Linharts Zeugenaussage.
Wieder fragt er harmlos. Plötzlich:
»Welches Verhältnis haben Sie zum Standortarzt?«
»Ich bin Häftlingsschreiber bei ihm.«
»Spricht er nicht hie und da mit Ihnen privat?« – Dann gibt er der Frau einen Wink, die an der Schreibmaschine sitzt und das Protokoll schreibt, das er absatzweise zwischen dem Verhör diktiert hat. Sie geht hinaus.
»Es ergibt sich ja von selbst, daß Sie miteinander ins Gespräch kommen, wenn Sie täglich zum Diktat bei ihm sind.«
»Der Standortarzt hat mich einmal gefragt, ob ich mich krank fühle, weil ich schlecht ausgeschaut habe, sonst spricht er nie ein Wort privat. Ich meinerseits habe nicht das Recht, mit ihm privat zu sprechen. Ich bin Häftling.«
Meine linke Hand hat meine rechte fest umschlossen. Jetzt kann's gefährlich werden.
Noch ein paar Fragen in dieser Richtung, so ganz nebenbei. Ich schwitze, wische mir mit der Hand über die Stirn.
»Wieso ist Ihre Hand so blau?«
Wirklich, mein Handrücken ist ganz blau verfärbt.
»Im Bunker ist's jetzt schon kalt. Ich glaub, ich bin nicht ganz gesund.«
Dann gestattet er mir, einen Sessel zu nehmen.
»Sie sind erstaunt? Sie haben erwartet, anders verhört zu werden? Ich kann auch das. Setzen Sie sich nur.«
Er spielt den Gentleman-Detektiv. Ich spiele den von seinen vornehmen Gesten stark Beeindruckten.
Wieder unangenehme Fragen.
»Sie verkehren hier im Lager viel mit Juden? Sie bemühen sich, ihnen zu helfen?«

Jetzt drücke ich meine Hand an den unteren Rand der Schreibtischkante. Ich verneine nicht völlig, schwäche nur ab. Wenn er mich beobachten ließ, hat er sicher mehrere Berichte dieses Inhalts zusammenbekommen.
»Wie ist überhaupt Ihre Stellung zu den Juden?«
»Darf ich offen antworten?«
»Sie müssen hier sogar offen antworten.« Er ist wieder der große Meisterdetektiv.
»Ich bemühe mich immer, den einzelnen Menschen einzuschätzen, mit dem ich zu tun habe.«
»Die Juden sind aber keine vollwertigen Menschen.« Unwillkürlich muß ich auf seine Stenotypistin schauen, die er inzwischen wieder hereingerufen hat. Grell leuchtet der Judenstern auf ihrem Arbeitsmantel. Sie blickt nicht von der Maschine auf, kein Zug verändert sich in ihrem Gesicht.
Dann hält er mir einen Vortrag über Antisemitismus.
»Ja, es ist grausam, die Juden auszurotten, aber man muß hart sein können, wenn man etwas Großes durchführen will. Das macht ja eben den Führer, daß er auch hart sein kann bei der Verfolgung eines Zieles, das er als richtig erkannt hat. Die Juden müssen ausgerottet werden, sie sind eine Gefahr für das deutsche Volk.«
Und so weiter. Was für ein Mensch sitzt mir gegenüber! Er hält sich wahrscheinlich selbst für eine Führernatur und bemitleidet sich womöglich noch, weil er so grausam sein muß.
Das Verhör scheint beendet. Jetzt spricht er, und ich höre zu. Plötzlich bricht er ab.
»Ich lasse Sie jetzt zurückführen. Ihre Angaben werden genau überprüft. Wenn sich auch nur irgendwo die kleinste Unwahrheit herausstellt, wissen Sie ja, was mit Ihnen geschieht?«
»Jawohl.«
»Unterschreiben Sie das Protokoll.«
Er deutet auf einen Federstiel, der auf seinem Schreibtisch liegt. Soll ich verlangen, es noch einmal durchlesen zu dürfen? Wozu? Das hat keinen Sinn.
»Wenn Ihre Aussage richtig ist, gehen Sie frei. Zum Standortarzt kommen Sie natürlich nicht mehr zurück. Ich werde schon ein Kommando für Sie suchen. Ab!«
Mein erstes Gefühl: Ich habe die Schlacht gewonnen. Dann:

Hab ich sie wirklich gewonnen? Wen wird er als Zeugen vernehmen? Was werden sie aussagen?
In der Zelle fragen sie mich, ob ich geschlagen worden bin. »Was? Über drei Stunden warst Du weg und bist nicht geschlagen worden? Gibt's denn so was? Ich hab geglaubt, sie haben Dich auf die Schaukel gespannt.«
Was soll das heißen: Er sucht ein Kommando für mich? Er will mich in einem Kommando unterbringen, in dem er einen Spitzel braucht. Soll das die Bedingung sein, unter der er mich aus dem Bunker läßt?
Nein, ich habe die Schlacht noch nicht gewonnen.
Die andern ärgern sich, daß ich so wenig von meinem Verhör berichte. Solche Erzählungen lenken von den eigenen Sorgen ab.

*

Warten.
In die Zellen auf dieser Seite scheint nicht einmal die Sonne, man kann also die Zeit nicht bestimmen.
Nur in der Früh werden wir aus der Zelle geführt, hinauf in den Waschraum, und das auch nicht jeden Tag. Seife gibt's selbstverständlich keine.
Heute schaut alles ganz anders aus, viel freundlicher. Ich habe beim Waschen Robert getroffen, meinen französischen Freund. Er hat mich ganz erstaunt, erschreckt angeschaut. Ich habe noch Gelegenheit gehabt, ihm zu sagen, daß ich in der vorletzten Zelle bin, deren Fenster in den Hof geht. Abends ist dann durch das Gitterfenster eine Zeitung gesteckt worden, Brot war in ihr eingepackt.
Danke, Robert! Du weißt, was ich brauche. Eine Zeitung!
In demselben Block, in dessen Keller sich der Bunker befindet, sind im ersten Stock die Quarantäneräume für Häftlinge untergebracht, die aus dem Lager entlassen oder in ein anderes Lager überstellt werden sollen. Alle Franzosen sind auf Quarantäne, sie sollen nach Buchenwald überstellt werden. Wirths hatte mir auch gesagt, warum: Die meisten nach Auschwitz deportierten Franzosen sind schon gestorben. Die vielen Totenmeldungen, die nach Frankreich gekommen sind, haben sich dort so ausgewirkt, daß von Berlin befohlen wurde, die Franzosen in ein Lager mit weniger ungünstigen Lebensbedingungen zu überstellen.

So ist Robert hier auf Block 11. Die Häftlinge in Quarantäne dürfen täglich eine Stunde im Hof spazierengehen; es ist derselbe Hof, in den unser Zellenfenster geht.
Ich denke an die Tage zurück, als ich mit Typhus im Einzelzimmer gelegen bin, und Robert mich abends besucht hat. Robert, der sich so gefreut hat, weil Stalingrad von Hitler nicht genommen werden konnte. Heute steht die Front hunderte Kilometer westlich – heute bin ich im Bunker. Wie lange ist das schon wieder her!
Ich weiß, daß Robert sein Leben riskiert. Danke dir. Die Zeitung: Jetzt denk ich nicht mehr an Lachmann und an das, was für mich kommen kann. Die Russen dringen vor. Orel, Kursk – auch in Italien geht's vorwärts.
Fast täglich kommen jetzt die Zeitungen und meistens ist auch was zum Essen dabei. Ich richt's so ein, wie wir's früher im Landesgericht und auf der »Liesl« in Wien gewohnt waren, ich mach ein Kollektiv. Alles, was an Essen hereinkommt, wird auf alle in der Zelle aufgeteilt. Sie sind erstaunt, dankbar. Sicher reden sie jetzt auch nicht über die Hand, die täglich zwischen den Fenstergittern auftaucht.

*

Die Zelle ist wieder voll, neun Mann sind wir. Wieder kommt die Kommission.
Dieselbe Prozedur, dieselben Gesichter vor der Tür. Das gleiche Klopfen des Herzens.
Diesmal bleiben wir zu dritt zurück. Der »grüne« Deutsche, ein älterer Pole, der sehr schweigsam ist, und ich.
In der Zelle wird's plötzlich finster.
»Sie haben eine Decke über den Luftschacht gehängt. Jetzt fängt's gleich an.«
Der Deutsche hat die Kommission schon öfters mitgemacht. Ich war bei der vorigen noch in einer Zelle, deren Fenster auf die andere Seite ging.
Schritte, ein Knall, gar nicht so laut.
»Die schießen mit einem Schalldämpfer.«
Schritte, ein Knall, immer wieder, immer wieder.
»Heute sind's viele.«
Hastig laufen sie, bevor der dumpfe Knall ertönt.
»Die müssen sich im Waschraum nackt ausziehen, dann wird einer nach dem anderen vom Jakob und dem feschen Polen

zur schwarzen Wand geführt. Der Rapportführer knallt sie ab.«
Schritte, ein Knall. Kein Wort, kein Schrei.
Unheimlich ist's in der dunklen Zelle. Als ob die Decke überm Fenster uns auch die Luft genommen hätte. Vor einer Viertelstunde waren wir hier noch neun beisammen.
Bei der Ausgabe des Mittagessens schau ich Jakob ins Gesicht. Wie er meinen Blick spürt, nickt er mir leicht zu, traurig.
Armer Jakob.

*

Über Robert korrespondiere ich jetzt auch mit Ernst. Sehr vorsichtig, so wenig wie möglich. Aber ich muß ihm doch schreiben, was ich gefragt worden bin.
Er antwortet. Wirths hat bei der politischen Abteilung meinetwegen interveniert, da hat ihm Grabner gesagt, daß das zwecklos sei, ich wäre schon tot. Karl, der jetzt an meiner Stelle für ihn schreibt, hat ihm nun gesagt, daß ich noch am Leben bin.
Viele Menschen lerne ich kennen, vielleicht besser, als man sie irgendwo anders kennenlernen kann.
Zum Beispiel einen grünen Capo, der hier ist, weil jemand angegeben hat, daß er mit einem jungen Burschen, der in seinem Kommando Putzer ist, geschlechtlich verkehrt. Der Bursch ist Zigeuner, 19jährig. Ich habe ihn einmal gesehen, als wir gemeinsam in den Waschraum hinaufgeführt wurden. In aller Frühe, wenn noch niemand von der SS unten im Bunker ist, stellt sich der Grüne immer zur Tür und ruft seinen Buben. Ständig erzählt er von ihm mit aller Liebe. Der Zigeuner streitet bei der politischen Leitung alles ab, obwohl er geschlagen wurde, der Grüne gibt nach ein paar Schlägen den Verkehr zu. Die Kommission holt beim nächsten Mal den Zigeunerjungen heraus – für die schwarze Wand. Der Grüne kommt frei, er wird sterilisiert und übernimmt dann wieder sein Kommando; er ist ja Deutscher. Er hat bitterlich geweint, als sein Freund erschossen wurde.
Wie viele seh ich, wenn sie von der »Schaukel« kommen. Wie schauen sie aus!
Die Schaukel ist die beliebteste Folter der politischen Abteilung. Der Häftling muß sich mit angezogenen Knien auf

den Boden setzen. Seine Hände werden ihm vorne gefesselt und über die Knie gezogen. Unter die Kniekehlen, aber über die Unterarme, stecken sie eine Stange. An dieser Stange wird der Häftling aufgehängt, den Kopf nach unten. Dann schaukeln sie ihn, und bei jedem Schwung bekommt er einen Schlag aufs Gesäß.

»Das alles könnte man aushalten, aber das Schlimmste ist, daß sie die Geschlechtsteile treffen, und der Boger, der berüchtigte Oberscharführer der politischen Abteilung, zielt direkt darauf.«

Die Häftlinge, die in den Bunker eingeliefert werden, müssen sich nackt ausziehen und bekommen nur einen dünnen Drilichanzug, keine Unterwäsche.

Ich hätte mir nie vorstellen können, daß Hoden so fürchterlich groß anschwellen können. Blau und grün! Die, die von der Schaukel kommen, können die nächsten Tage nicht sitzen und liegen. Wenn einer trotz der Schaukel nichts gesagt hat, holen sie ihn nach zwei Tagen wieder. Dann schmerzt schon jede leise Berührung höllisch. Wenn einer dann wieder auf die Schaukel gespannt wird, muß er eisern sein, damit er den Mund hält.

Das nächste Mal Kommission. Wieder Decke, Finsternis, Knallen. Die Polen beten. Ich bleibe wieder übrig. Jetzt sind schon Wochen seit dem Verhör vergangen. Was hat Lachmann vor? Mit mir bleiben nur zwei. Der ältere, intelligente Pole und der Volksdeutsche, den sie so fürchterlich auf der Schaukel zugerichtet haben.

In ein paar Tagen ist die Zelle wieder voll.

Jeder kommt mit Angst und Hoffnung, Sorgen und Geheimnissen. Ich weiß jetzt schon: In ein paar Tagen steht ihr vor der schwarzen Wand, und der Genickschuß, den der »Völkische Beobachter« als den bolschewistischen bezeichnet, macht allem ein Ende.

Ein einziges Mal höre ich einen rufen, bevor er erschossen wird. Es muß ein Russe sein. Ich kann seine Worte nicht verstehen, aber »Stalin« war dabei, das hab ich verstanden. Wenn sie mich an die schwarze Wand stellen – ich sterb nicht schweigend.

Jedes Geräusch, jedes Sperren im Schloß außerhalb der Zeiten, in denen das Essen verteilt wird, kann dir gelten. Jeder

Tag kann dein Todestag sein. Die Tage verrinnen. Jetzt muß schon Oktober sein.

*

»Langbein!«

Ich muß hinaus. Aber Boger steht vor der Tür, nicht Lachmann. Was kommt jetzt? Er führt mich hinauf ins Wachzimmer.

»Haben Sie gesehen, daß der alte Pole, der bei Ihnen auf der Zelle ist, Briefe schreibt und hinausschickt?«

»Nein, Herr Oberscharführer.«

»Er hat aber Briefe geschrieben.« Ganz nahe ist er an mich herangetreten. Jetzt schaut er sich um, als suche er etwas zum Schlagen.

»Dann muß er sie geschrieben haben, während ich geschlafen hab. Vor mir hat er nie geschrieben.«

»Sie sind doch ein Deutscher?«

»Jawohl, Oberscharführer.«

»Sagen Sie, wenn Sie etwas wissen. Sie wollen doch noch einmal aus dem Bunker heraus, was?«

»Jawohl, Oberscharführer. Ich habe alles gesagt, was ich weiß.«

»Los, runter!«

Wir alle müssen uns in der Zelle nackt ausziehen, dann müssen wir einzeln hinaus, selbst unser nackter Körper wird aufs peinlichste revidiert. Alle Kleider, alles wird nun durchsucht. In den Kleidern des alten Polen haben sie einen Brief gefunden.

»Du Drecksau, hast also doch geschrieben und mich angelogen! Du glaubst, ich kann Dir keine herunterhauen, weil Du Offizier gewesen bist? Da schau her!«

Da steht der nackte polnische Offizier, noch in seiner Nacktheit würdig, und Boger schlägt und schlägt auf ihn los.

Wir alle müssen in eine Zelle übersiedeln, die auf der anderen Seite des Bunkers liegt.

»Die Briefe hat er selbstverständlich durch das Fenster in den Hof hinausgeschwindelt.«

Der Pole ist nicht mehr bei uns. Er kommt in den Stehbunker, das ist ein kleines Loch, so eng, daß man drinnen nur stehen kann, nicht einmal hocken. Dort bleibt er bis zur

nächsten Kommission. Dann geht er den bekannten Weg, Jakob erzählt's mir.
Der Volksdeutsche hat den Polen verraten. Sie haben ihn mit seinen blaugeschwollenen Gliedmaßen wieder auf die Schaukel gespannt. Weil er nicht das gewußt hat, was sie von ihm verlangt haben, wird er wohl von dem Brief erzählt haben. Er kommt jetzt in eine andere Zelle.
Ich weiß das alles von Jakob. Ich habe entdeckt, daß er gut spanisch spricht. Er war lange Zeit in Südamerika. Wenn ich in dieser Sprache mit ihm rede, erzählt er mehr. Deutsch redet er nicht gerne. Vielleicht ist er auch deswegen so offen zu mir, weil Szymon mit ihm über mich gesprochen hat.
Die Verbindung mit Robert klappt trotz der Übersiedlung auf die andere Seite weiter. Er schaut, daß er dann, wenn wir zum Waschen nach oben geführt werden, am Waschraum vorbeikommt, hie und da schickt er mir auch durch Jakob Zeitung und Brot.
Sieg um Sieg! Im Osten und im Süden! Wie lange werdet ihr noch morden können?

*

Einmal in der Woche kommt ein Häftlingspfleger auf Block 11. Dann wird in jeder Zelle gefragt, wer zu ihm will. Anfangs habe ich mich nicht gemeldet, aber jetzt bin ich klüger; denn bei dieser Gelegenheit kann man mit Kameraden aus anderen Zellen zusammenkommen. Ich lasse mir ein Abführmittel geben, daß ich dann in der Zelle unbemerkt in den Kübel werfe.
So lerne ich Erich Eisler kennen, einen Wiener, jung, groß. In seinem Gesicht ist alles Leid eingezeichnet, das die in den letzten Jahren zu tragen hatten, die Hitler zwang, einen Judenstern zu tragen. Er hört zufällig meinen Namen, als wir oben am Gang in Doppelreihe angetreten sind, und tauscht seinen Platz, damit er neben mir zu stehen kommt.
»Ich habe schon von Dir gehört. Ich bin aus Buna, aus dem Krankenbau.« Dann nennt er mir den Namen des Pflegers, der immer zu mir ins SS-Revier gekommen ist, und mit dem wir die Verbindung zu unserer Organisation in Buna aufrechterhalten. »Ich kenne ihn schon von Buchenwald.«
»Weswegen bist Du da?«
»Ich soll mich politisch im Krankenbau betätigt haben. Ein

Capo hat mich angegeben, der von mir Morphium wollte, und dem ich keines verschafft habe.«
»Warst Du schon beim Verhör?«
»Nein. Ich weiß auch nicht, ob sie mich überhaupt verhören werden. Ich glaub, Juden stellen sie gleich an die Wand.«
Sachlich, nüchtern sagt er das. Was soll ich darauf sagen? Märchen erzählen? Ich schweige.
»Ich habe eine Bitte.«
»Ja, was willst Du?«
»Kannst Du mir nicht eine Zeitung verschaffen? Ich möcht gern wissen, wie's steht.«
»Ich werd' Jakob bitten, daß er Dir eine zusteckt.«
»Bitte, solang ich noch da bin.«
Nach der nächsten Kommission winkt Jakob müde ab, als ich ihm wieder eine Zeitung für Eisler geben will.
»Er ist nicht mehr da.«
Ich bin auch diesmal wieder übriggeblieben.

*

Auch hier im Bunker gibt's Freuden. Einige von uns haben es bei den diensthabenden SSlern durchgesetzt, zum Zahnarzt gebracht zu werden. Immer wieder sind wir dem diensthabenden SSler deswegen in den Ohren gelegen, wenn er gut aufgelegt – das heißt, wenn er besoffen – war. Wir haben ihm zu verstehen gegeben, daß es auch für ihn vorteilhaft sein wird, wenn er uns in den Krankenbau hinüberführt. Heute ist's endlich so weit. Zu fünft werden wir hinausgeführt.
Wieder im Lager. In den Block 21 geht's, da ist die Häftlingszahnstation. Ich stelle mich gleich abseits im Gang auf. Die Pfleger kennen mich alle, bringen mir zu essen, holen Franzl, einen österreichischen Pfleger. Sie nehmen an, daß ich mit ihm zu reden habe. Er ist mein Landsmann, das wissen sie. Er ist mein Genosse, das ahnen manche.
»Geh, Franzl, bitte hol schnell den Ernst.«
Es dauert gar nicht lange, dann ist er da.
In Hast besprechen wir alles. Meine Aussage, Möglichkeiten, Stand der Organisation im Lager. Meine Verhaftung war ein Schock, aber sie haben ihn schnell überwunden.
Ruhig, sachlich spricht Ernstl, wie immer. Bei jedem Wort spür ich seine Kraft, die nicht mehr seine Kraft ist, sondern die Kraft der Partei.

»Wenn ich an die schwarze Wand komm, hab ich mir vorgenommen zu rufen: Es lebe ein freies Österreich! Nieder mit dem Faschismus! Bist du einverstanden mit den Parolen?«
Ernst ist einverstanden.
Unter der Wäsche haben wir Lebensmittel, Zeitungen, Zigaretten, wie wir zurückgeführt werden. Der SSler sieht nichts. Ich merke, daß auch seine Taschen gebauscht sind.

*

Jetzt war schon 14 Tage keine Kommission da. Der Bunker ist überfüllt. In unserer Zelle sind dreizehn. In der Nacht muß man auf der Seite liegen, nur so haben wir nebeneinandergeschichtet Platz.
Mit jedem Tag wächst die Nervosität.
»Es soll überhaupt keine Kommission mehr kommen.«
»Grabner ist krank.«
»Morgen kommen sie.«
Und einmal kommen sie wirklich.
Jakob sagt uns schon beim Frühstück, daß wir heute gut auskehren sollen. Ich weiß, was das bedeutet. Das letzte Brot und die Zwiebel, die ich von Robert bekommen habe, teile ich in dreizehn Teile, zum Kollektivessen.
»Heb's lieber auf. Die, die übrigbleiben, haben dann mehr davon.«
Wir essen trotzdem gemeinsam.
Dann das Warten. Die letzten Stunden für die meisten. Wenn dreizehn Menschen mit angespannten Nerven in einem so kleinen Raum zusammengepfercht sind, wird einem jeder zuwider. Allein sein! Der Schlüssel dreht sich im Schloß. Überlaut klingt's in der stillen Zelle.
»Zelle 8, belegt mit dreizehn Häftlingen.«
Grabner ist wirklich nicht dabei. Ich kann auch Lachmann nicht sehen.
»Häftling 60-3-55.«
Der Lagerführer schaut auf seine Liste. Dann deutet er mit der Hand: Beiseite treten, bleibt!
Hinter mir einer, der eine Flucht geplant hat. Verzweifelt und kindisch. Nie wäre er hinausgekommen. Ein junger Bub, ganz heruntergekommen.
»Hinaus!«
Dann ein Fünfzehnjähriger, ein Jude aus Warschau. Er hat

in seinem Kommando aus einer Feldflasche Kaffee getrunken, hat nicht gewußt, daß sie einem SSler gehört. Jetzt muß auch er hinaus. Er hat vom Sterben wie ein Alter gesprochen. Auch jetzt wird er nicht blaß.
Noch einer, noch einer. Wie oft habe ich das schon erlebt. Es ist meine sechste Kommission.
Drei bleiben zurück. Fremd schaut die Zelle aus, unheimlich leer.
Was ist das? Kommt die Kommission wieder? Die Nachbartür geht auf, wir hören die Meldung. Schon stehen wir in einer Reihe.
»Zelle 8, belegt mit drei Häftlingen.« Beinahe hätte ich dreizehn gesagt.
Diesmal steht Lachmann allein draußen. Schiefes Käppi, blaß, mit Lederhandschuhen.
»Häftling 60-3-55.«
Er bewegt nur den Daumen, zeigt hinaus.
Ich trete auf den Gang. Jetzt ist es also soweit. Ich bin eigentlich ruhig.
»Nein. Sie bleiben drinnen!«
Er holt sich meinen Hintermann.
Zu zweit bleiben wir zurück.
Eine Sekunde lang war ich jetzt sicher, daß ich sterben muß. In Romanbüchern werden solche Momente viel dramatischer geschildert. Ich muß lächeln, als ich mit langen Schritten quer durch die Zelle gehe, die Größe des freien Raumes genießend.
Der andere sitzt auf der Pritsche, den Kopf in die Hände gestützt. Es ist das erstemal, daß er bei einer Kommission zurückbleibt.

*

Kalt ist's jetzt. Unsere Zelle ist nicht geheizt. Bald sind wir wieder acht und neun. Der SSler, der hier Dienst tut, öffnet. Ich melde, Jakob steht hinter ihm.
»Langbein, kommen Sie heraus, Sie gehen frei.« Dabei lacht er.
Frei. So einfach frei? Geht's nicht woanders hin?
Jakob muß meine Gedanken erraten haben.
»Ich schwör Dir, Du gehst wirklich frei, hab keine Angst, ich habe den Zettel oben selbst gesehen.«

Schnell sagt er mir das auf dem Weg aus dem Bunker. – Jetzt hab ich mich gar nicht von meinen Kameraden verabschiedet. Werden sie mich in den Waschraum führen? Dort muß man sich ausziehen, bevor man an die schwarze Wand gestellt wird.
Ein Posten führt mich zur politischen Abteilung. Warten. Dann werde ich einem Untersturmführer vorgeführt, es ist aber nicht Grabner. Der SS-Mann meldet.
»Weswegen waren Sie im Bunker?«
»Ich weiß nicht, Herr Untersturmführer.«
Er murmelt etwas und befiehlt, daß ich freigelassen werde.
Den Weg zurück möchte ich laufen. Noch einmal in Block 11, aber nur mehr ins Wachzimmer. Zettel werden geschrieben und unterschrieben. Das Tor des Blocks 11 schließt sich hinter mir.
Wie schön ist doch der Himmel. Ein Vogel singt, Häftlinge gehen auf der Lagerstraße. – Frei!
Zuerst gehe ich in die Desinfektion. Schilling ist dort Capo. Baden, frische Wäsche anziehen! Essen!
Eine Zeitung liegt auf dem Tisch. Molotow, Hull und Eden waren in Moskau beisammen. Es geht vorwärts. Sie haben auch darüber gesprochen, daß sie für die Wiederherstellung Österreichs kämpfen werden. Die großen Drei werden bald zusammenkommen. Ja, schimpf nur, »Völkischer Beobachter«, die Zeit rückt vor.
Der 11. März 1938 fällt mir ein – als wir das letzte Mal mit dem rot-weiß-roten Abzeichen für die Unabhängigkeit Österreichs demonstrierten.
Anfang November ist's jetzt, die Bäume sind kahl. Sommer war's, als ich in den Bunker gekommen bin, August.
Ich bin frei – im Konzentrationslager Auschwitz.
Abends bin ich bei Ernst.
Als erstes erzählt er mir, daß Józek gestern wegen Fluchtverdacht in den Bunker eingeliefert wurde. Man hat bei ihm Zivilkleider und eine Perücke gefunden.

Wieder Auschwitz

Lachmann wollte mich in ein anderes Kommando stecken. Da ich aber keinen diesbezüglichen Befehl bekommen habe, rücke ich am nächsten Tag mit unserem Kommando »SS-Revier« aus.
Karl, Zbyszek und die anderen begrüßen mich wie einen, der von weit, weit kommt.
Es läutet. Ich gehe zu Wirths.
Wirths steht im weißen Mantel im Zimmer. Er hat den Ärztemantel gerne an, lieber als die Uniform, scheint's mir. Er geht auf mich zu und gibt mir die Hand. Wir haben uns bisher noch nie die Hand gegeben.
Er fragt, ich berichte.
Dann erzählt Wirths. Grabner ist krank, aber es ist nicht nur das. Er kommt nicht mehr als Leiter der politischen Abteilung zurück. Von Berlin aus ist eine Untersuchung der Arbeit der politischen Abteilung angeordnet worden, weil nicht alle Toten ordnungsgemäß gemeldet wurden. Um ein paar hunderttausend soll's differieren, und »Ordnung über alles« ist die Parole von Berlin.
»Darum habe ich Sie jetzt auch freibekommen. Meine Position ist wesentlich besser geworden.«
Er hat also über die politische Abteilung gesiegt. Das ist gut. Auch für uns.
»Ich glaube, Höß wird auch nicht mehr lange hier Kommandant sein. Aber darüber reden Sie noch nicht.«
SS-Obersturmbannführer Höß, der Lagerkommandant, rührt selbst keinen Häftling an, schaut nicht einmal einen an. Aber er steht hinter allem, den Gaskammern, den Hinrichtungen, den Folterungen.
Auch im Krankenbau hat es Veränderungen gegeben. Nachdem Wörl in den Bunker gekommen ist, wurde der polnische

Arzt Dering dort Lagerältester. Früher hatte ich mich mit ihm gut verstanden, aber jetzt ist sein Verhalten mir gegenüber merkwürdig verändert. Ich glaube, ich weiß auch, warum: Er hofft auf seine Freilassung und orientiert sich deswegen auf die politische Abteilung.
Das hat eine Vorgeschichte: In Block 10, den Nachbarblock des Bunkers, sind Frauen hineingekommen, Jüdinnen, die meisten aus Griechenland. Der Block ist strengstens abgesondert, die Tür versperrt, vor den Fenstern sind Holzverschläge.
An den Frauen werden Versuche gemacht. Ein Dr. Clauberg, Chefarzt der Frauenklinik in Königshütte, ein Zwerg, dick, mit Froschaugen, versucht, wie man Frauen schnell und ohne große Kosten unfruchtbar machen kann. Nach Einspritzungen werden an den »Kaninchen« auch chirurgische Eingriffe vorgenommen. Dem erfahrenen Chirurgen Dering hat Clauberg den Auftrag gegeben, diese Operationen serienmäßig vorzunehmen, und hat ihm dafür versprochen, sich für seine Freilassung einzusetzen, wenn er gut und schnell arbeitet. Dering bemüht sich, zur vollsten Zufriedenheit zu arbeiten.
Noch etwas verändert sich. Am zweiten Tag, seit ich wieder draußen bin, wird Linhart, der Blockälteste von 21, plötzlich nach Buna transportiert. Ich habe Wirths erzählt, daß er uns vernadert hat. Es freut mich, daß er von selbst darauf gekommen ist, diesen Denunzianten zu entfernen.
»Wissen Sie jemanden, der ein guter Blockältester für 21 wäre?«
»Ja. Dort arbeitet ein Pole, ein Medizinstudent, sehr fleißig. Er schaut auf die Kranken. Er ist auch kein Linhart.«
Als ich abends ins Lager komme, trägt Staszek Oszacki – ihn hatte ich gemeint – schon die Blockältestenbinde. Das ist für uns vorteilhaft, denn Staszek hört auf mich.
Maria hat auch den Brief aus Wien aufgehoben. Ausführlich ist er, aber viel Hoffnung macht er uns nicht.
»Nach dem Brief können wir die Hoffnung, nach Wien oder nach Jugoslawien zu fliehen, vorderhand aufgeben.« Ich muß Ernstl recht geben.
Davon, daß ich in ein anderes Kommando komme, ist nicht mehr die Rede. Ich habe Wirths die Äußerung Lachmanns berichtet. Er hat dazu nur kampflustig gelacht. Ich habe

auch gesagt, daß Lachmann mich nach Privatgesprächen mit dem Standortarzt gefragt hat. Da haben seine Finger auf der Glasplatte des Schreibtisches zu trommeln angefangen.
»Was will denn dieser Unterscharführer?«
Mit welcher Betonung er das gesagt hat: Unterscharführer! Ich habe ihn durch meinen Bericht über mein Verhör bei Lachmann schon in die nötige Stimmung der politischen Abteilung gegenüber versetzt.
Aber Vorsicht ist weiter am Platz. Zbyszek erzählt mir, daß er erfahren hat, daß unser polnischer Capo Ignaz einen Tag vor meiner Entlassung aus dem Bunker zu Lachmann gerufen wurde. Der befahl ihm, sofort alles zu melden, was er über mich in Erfahrung bringen kann. Wenn ich mich politisch betätigen sollte, wird auch er als mein Capo dafür zur Verantwortung gezogen, drohte Lachmann.
Ignaz hat mir davon nichts gesagt. Ich muß jetzt also doppelt achtgeben.

*

Wörl und Paul sind noch im Bunker. Ich habe mit Wirths ihretwegen gesprochen, er hat mich vertröstet.
Abends spreche ich mit Ernst und Tadek über unsere weitere Arbeit.
»Du mußt jetzt sehr vorsichtig sein. Ganz bestimmt läßt Dich der Lachmann beobachten. Spitzel hat er ja genug. Ihm paßt es nicht, daß Du beim Standortarzt bist und ihn informierst. Also sucht er sicher Material gegen Dich. Du weißt ja, daß er seinen Hauptspitzel jetzt in Block 15 als Blockältesten untergebracht hat? Ich seh in sein Blockältestenzimmerl hinein.« – Block 15 liegt gegenüber Block 4 – »Bis spät in der Nacht brennt dort hinter der Verdunklung Licht. Auch Lachmann kommt oft noch nach zehn Uhr ins Lager und geht in diesen Block.«
Erst seit ich im Bunker war, ahne ich, wie viele Spitzel es im Lager gibt. Und wer kann morgen nicht Spitzel werden, wenn er der politischen Abteilung in die Finger gerät?
Wir vereinbaren, daß ich nur mit Ernst und Tadek, dem zweiten Polen in der Leitung unserer Kampfgruppe, Verbindung aufrechthalte und mich ganz auf die Arbeit unter der SS konzentriere. Dazu sind die Voraussetzungen jetzt sehr

günstig. Die Niederlagen haben sie demoralisiert, und die Veränderungen im Lager wirken sich auch aus.
Die Zersetzungsarbeit unter der SS wird immer wichtiger. Unsere Organisation muß ihre Aufgaben erweitern. Die Fortschritte im Krieg verlangen es.
Mit Tadek vereinbare ich die Zusammenarbeit im Krankenbau. Ich muß über alles auf dem laufenden sein, damit ich Wirths richtig bearbeiten kann. Ständig frag ich Tadek nach Józek.
»Józek hat Post aus dem Bunker herausgeschickt. Die politische Abteilung glaubt, daß es sich um eine Einzelaktion handelt. Unsere Organisation ist nicht gefährdet. Wir sollen uns um ihn nicht mehr kümmern und weiterarbeiten.«
Dann sagt Tadek nach einer Pause:
»Er hat mich gebeten, daß ich ihm Gift in den Bunker schick.«
Wenn wir ihn irgendwie retten könnten!
Jetzt sitzt er dort unten und zählt die Tage, wartet auf die Vernehmung, auf die Schaukel, auf die schwarze Wand.
Er soll noch kein Gift nehmen. Aber kann ich ihm Hoffnung machen? Ich kenne den Bunker.

*

Wie recht Ernst hat, mich zur Vorsicht zu mahnen, merk ich sehr schnell.
Die Franzosen sind aus der Quarantäne wieder ins Lager entlassen worden, aus ihrem Abtransport ist nichts geworden.
Der junge Tbc-kranke Franzose, den ich seinerzeit als Pfleger in Block 20 untergebracht habe, und der für unsere Kampfgruppe gut und verläßlich gearbeitet hat, geht auch zurück in den HKB. So heißt der Häftlingskrankenbau abgekürzt. Aber der neue Lagerälteste will ihn nicht nehmen. Schließlich hab ich zu Wirths gehen müssen, und erst auf seinen ausdrücklichen Befehl wurde er wieder eingestellt.
Heute früh läutet Wirths. Er steht allein im Zimmer.
»Sagen Sie, warum haben Sie sich neulich bei mir für den jungen französischen Pfleger so eingesetzt?«
Dabei schaut er mir scharf in die Augen. Wir beide versuchen immer, die Gedanken des anderen vom Gesicht abzulesen.
»Darf ich ehrlich sein, Herr Doktor?«

Ich will ein bißchen Zeit gewinnen. Er muß einen Grund haben, so zu fragen. Meine Antwort muß ihn zufriedenstellen.
»Ja.«
»Ich hab mich für ihn eingesetzt, weil er mir, als ich im Bunker war, öfters Brot zugesteckt hat. Durch ihn ist auch der Brief gegangen, auf Grund dessen Karl Sie verständigt hat, daß ich noch nicht tot bin, wie Grabner Ihnen gesagt hat. Ich glaube, es ist meine Pflicht gewesen, jetzt ihm zu helfen. Er ist nicht ganz gesund.«
Seine Augen haben ihre Härte verloren. Er ist sichtlich erleichtert.
»Also schauen Sie, wie schlecht die Menschen sind! Der Lagerälteste war bei mir und hat mir gemeldet, daß Sie eine kommunistische Organisation im Krankenbau aufbauen, und daß Sie darauf dringen, daß der Franzose hineinkommt, weil er auch Kommunist ist.«
Ich lache, er lacht, dann geht er zum Schreibtisch, und ich setze mich zum Diktat. Wie grenzenlos naiv ist doch Wirths manchmal. Wie ich fertig bin und schon bei der Tür stehe, sagt er noch:
»Der Franzose bleibt als Pfleger, auf meinen Befehl. Veranlassen Sie das.«
Abends spreche ich mit André, unserem jungen französischen Genossen.
»Beaucoup d'attention, toujours beaucoup d'attention!«

*

»Achtung, Häftlingsschreibstube, vier Häftlinge bei der Arbeit.«
Wirths steht in der Tür, vor ihm ein kleiner, dunkler Mann mit dem Abzeichen eines Obersturmbannführers – der neue Kommandant. Höß ist nach Berlin versetzt worden.
Schon in den nächsten Tagen gibt's eine große Überraschung. Der gesamte Bunker wird amnestiert. Hat Wirths mit dem neuen Kommandanten, Liebehenschel, mit dem er persönlich gut steht, deswegen gesprochen? Wörl ist jetzt frei, Paul auch, Józek und einige andere bleiben zwar weiter im Block 11, sind aber jetzt oben im Stock, wo früher die Quarantäne war. Ein Hoffnungsschimmer. Józek hofft auch. Seine Briefe klingen anders als früher. Wie gut, daß er noch

kein Gift genommen hat. Gelingt es jetzt unserer Kampfgruppe, ihn zu retten, dann sind die Polen für eine vorbehaltlose Zusammenarbeit mit uns endgültig gewonnen. Bis jetzt hat's noch manche Schwierigkeit gegeben. Tadek weiß davon zu berichten. Diese Zusammenarbeit ist für die letzte Kampfphase in Auschwitz sicher das Wichtigste.
Die Erschießungen an der schwarzen Wand sind eingestellt worden. Aber vielleicht kommt er vor ein Gericht? Wegen Fluchtverdacht – das bedeutet auch den Tod. Oder vielleicht geht er auf Straftransport in ein anderes Lager. Józek muß gerettet werden. Sein Leben und auch seine Anwesenheit hier in Auschwitz müssen uns erhalten bleiben.
Aber wie? Mit Wirths sprechen? Zum Kommandanten gehen? Aber wenn sie mich fragen, warum ich mich gerade für ihn einsetze, was soll ich antworten?
Ich schreibe Józek, frage ihn, ob er eine Möglichkeit sieht. Drei Tage muß ich warten, bis ich Antwort bekomme. Dann aber zeigt ein Brief von Józek einen Weg. Er schreibt, daß der Spitzelcapo, der Blockälteste von 15, gestern bei ihm auf Block 11 war und ihn gefragt hat, ob er nicht mit ihm flüchten will. Wenn Józek ihm eine sichere Adresse in Krakau besorgt, dann bringt er ihn bis dorthin.
Offensichtlich eine Provokation.
»Vielleicht kannst Du damit etwas anfangen. Du kannst das ruhig angeben, ich bin auch bereit, das vor dem Kommandanten zu wiederholen. Ich habe ja nichts zu verlieren. Bedenken wegen des Spitzels brauchen wir keine haben. Nun herzliche Grüße.«
Er schreibt immer ohne Unterschrift in Blockbuchstaben.
Das Ganze ist sehr gewagt. Aber man muß es versuchen. Ernst ist auch dafür. Nach einem langen nächtlichen Gespräch haben wir uns entschieden. Das Risiko muß getragen werden.
Schließlich ist mir ja mein Leben wiedergeschenkt worden. Jetzt gehört's gar nicht mehr mir. Józek muß gerettet werden! Ich nütze gleich die erste Gelegenheit bei Wirths aus.
»Herr Doktor, ich habe Ihnen neulich schon von den Spitzeln der politischen Abteilung erzählt. Heute habe ich einen Fall, der klar zeigt, mit welchen Methoden sie arbeiten.« Und ich erzähle von Józek und dem Blockältesten. »Solange die Spitzel mit solchen Methoden im Lager arbeiten, wird es

immer Fluchtversuche geben. Die Spitzel sind's, die die Unruhe ins Lager tragen.«
Wirths hört sehr interessiert zu. Er sammelt anscheinend Material gegen die politische Abteilung.
»Schreiben Sie mir das alles auf einen Zettel auf, ganz formlos. Ich glaube, das wird Obersturmbannführer Liebehenschel interessieren.«
Dann diktiert er seine Post weiter. Ich schreibe das Diktat. Wirths fährt weg, kommt gleich wieder.
Es läutet.
»Ich war beim Kommandanten. Er war mit Ihrem Bericht zufrieden. Er ist dagegen, daß im Lager mit Spitzeln gearbeitet wird. Er läßt Sie fragen, was Sie raten würden, jetzt mit dem betreffenden Spitzel zu machen.«
Das ist besser, als ich gedacht habe.
»Jetzt kann er noch nichts machen. Wenn er den Spitzel vernehmen läßt, wird der natürlich alles abstreiten, und die politische Abteilung wird ihn selbstverständlich unterstützen. Das Gespräch ist nicht zu beweisen. Jetzt muß man warten und den Spitzel beobachten. Wichtig ist nur, daß inzwischen dem Polen nichts geschieht.«
»Nein, der Kommandant hat sich seine Nummer aufgeschrieben.«
Heute fällt's mir schwer, ruhig hinter meiner Maschine zu sitzen und lange, fade Listen herunterzuklopfen. Am liebsten würd ich Zbyszek und den anderen alles erzählen.
Ich red aber nichts. Und schreib die Listen. Und denk an Józek.

*

Am nächsten Tag gibt's nur einen Gesprächsstoff im ganzen Lager. Mir erzählt's unser Läufer:
»Der Blockowi von 15 ist geflohen. Mit dem Juden aus Kanada, weißt Du, mit dem Spitzel. Beide haben einen Unterscharführer der politischen Abteilung, den sie gut gekannt haben, mitgenommen. Sie haben ihm gesagt, sie kennen eine Stelle in der Nähe des Lagers, wo Gold vergraben ist. Er hat sie über die Postenkette hinausgeführt, dann haben sie ihn am anderen Ufer der Sola erschlagen und sind weg.«
Die Sola ist ein Flüßchen, das von den Beskiden kommt, am Lager vorbeifließt und dann in die Weichsel mündet.

Die SS hat Alarm. Die ganze Umgebung wird abgesucht. Wirths ist auch aufgeregt.
»Haben Sie schon gehört?«
Ich nicke nur mit dem Kopf.
»Das ist doch der Spitzel, von dem Sie gestern diese Geschichte mit dem Polen gemeldet haben? Der, von dem ich dem Kommandanten berichtet habe?«
»Jawohl.«
»Also hat alles gestimmt.«
»Jawohl.«
Nachmittags kommt der Unterscharführer Richter ganz nervös in unser Zimmer.
»Langbein, nehmen Sie sofort Ihren Stenogrammblock, der Standortarzt ist beim Kommandanten und hat Sie telefonisch verlangt.«
Jetzt gilt's.
Der Unterscharführer in der Schreibstube führt mich gleich ins Kommandantenzimmer. Doppelte Türen, gepolstert.
»Häftling 60-3-55 meldet sich zur Stelle.«
Dunkle Möbel, ein dunkler, großer Schreibtisch. Dahinter Kommandant Liebehenschel. Ihm gegenüber, mit dem Rükken zu mir, der Standortarzt.
Ich spüre mein Herz. Meine Nerven sind doch nicht mehr ganz in Ordnung.
»So. Da sind Sie also. Ihre gestrige Meldung war wertvoll für mich.«
Eine kleine Pause. Dann sagt Wirths:
»Langbein, berichten Sie dem Kommandanten über die Spitzel im Lager, so wie Sie es mir gesagt haben.«‹
»Ja, sprechen Sie.«
»Obersturmbannführer, ich habe vorher eine Bitte.«
»Welche?«
»Darf ich so sprechen, als ob ich nicht Häftling wäre?«
Eine kleine Pause, nicht sehr lange.
»Ja, sprechen Sie ganz frei von der Leber weg.«
»Dann ersuche ich darum, mich nicht zu fragen, woher ich meine Informationen habe. Wir Häftlinge wissen viel, aber wir dürfen nichts wissen.«
»Interessiert mich auch nicht.«
»Dieser Spitzel hat dem Polen nicht nur jetzt zur Flucht geraten, sondern ihn auch schon früher durch Drohungen und

Erpressungen soweit gebracht. Er ist nicht der einzige Spitzel im Lager. Darum fürchte ich auch, daß der Pole jetzt nicht mehr lang leben wird. Dabei ist er anständig, ich habe früher mit ihm gemeinsam in der Schreibstube des HKB gearbeitet, ich kenne ihn.«
»Dem Polen wird nichts geschehen. Ich werde mich selbst für den Fall interessieren.«
»Ich weiß nicht, ob Sie das verhindern können, Obersturmbannführer. Die politische Abteilung hat viele verschiedene Methoden. Ich war selbst über zwei Monate im Bunker.«
»Weswegen waren Sie im Bunker?«
»Wegen Verdacht einer politischen Betätigung.«
Er runzelt die Stirn.
»Ich bin sicher, daß der Verdacht wieder auftauchen wird, und daß sich genügend Aussagen finden werden, wenn die politische Abteilung erfährt, daß ich Ihnen Meldung darüber gemacht habe, daß der Flüchtling von heute ihr Hauptspitzel war.«
»Sie vergessen, daß ich Lagerkommandant bin.« Er ist böse. Ich bin also im richtigen Geleise. »Sie kommen nicht mehr in den Bunker, solange ich hier bin. Hauptsturmführer, wenn mit ihm irgend etwas sein sollte, verständigen Sie mich sofort.«
»Jawohl.«
Wirths nickt mit dem Kopf. Ich weiß nicht, ob ich noch länger bleiben soll. Also schlage ich die Hacken zusammen. Da blickt Liebehenschel auf.
»Was haben Sie sonst vom Lager zu berichten? Sie sind doch gut informiert.«
Es klingt nicht höhnisch. Und auch nicht gefährlich.
»Darf ich wieder frei antworten?«
Liebehenschel nickt.
»Zwei Sachen sind besonders schlimm. Das eine sind die Spitzel. Sie halten das ganze Lager in Unruhe. Die meisten Fluchtversuche sind ihretwegen. Nur ein Fall als Beispiel, von dem ich neulich gehört habe: Ein lagerbekannter Spitzel spricht mit einem Blockältesten, einem Deutschen. Er sieht, daß dieser eine schöne Armbanduhr trägt und verlangt, daß er sie ihm gibt. Der Blockälteste weigert sich. Am nächsten Tag treffen sich die beiden wieder. Der Spitzel fragt ihn nach seinem Blockschreiber, einem jungen Polen: ›In der Politi-

schen hat man erfahren, daß Dein Schreiber bei einer polnischen Geheimorganisation ist. Ich fürchte, Du wirst ihn nicht mehr lang bei Dir haben.‹ Der Blockälteste versteht und gibt dem Spitzel seine Armbanduhr. Wieder einen Tag später sagt der Spitzel: ›Das mit Deinem Blockschreiber war ein Irrtum. Es handelt sich um einen anderen Polen.‹« Ernstl hat mir diese Geschichte erst vor ein paar Tagen erzählt.
»Solche Sachen sind häufig.«
Liebehenschel schweigt und so schildere ich weitere Fälle. Ich kenne genug aus dem Bunker.
»Sie haben gesagt, daß es zwei Dinge sind, die im Lager schlecht sind. Was ist das zweite?«
Er hat also aufgepaßt.
»Das zweite ist die Herrschaft der Grünen« – der Kriminellen – »im Lager. Lagerälteste, Blockälteste, Capos sind in der Regel Grüne. Und sie sorgen dafür, daß das Leben im Lager uns noch schwerer gemacht wird, als es ohnehin schon ist. Sie stehlen beim Essen, prügeln, schikanieren. Dadurch helfen sie auch mit, die Arbeitskraft der Häftlinge herabzumindern. Es gibt natürlich Ausnahmen, aber die Regel ist schlimm.«
»Sind Sie der Meinung, daß politische Häftlinge das Lager anders führen würden?«
»Jawohl.«
Eine Pause. Wirths schaut mich an. Er nickt leicht mit dem Kopf, ist anscheinend zufrieden.
»Ich brauche Sie nicht mehr.«
»Bitte, wegtreten zu dürfen.«
Am Rückweg ins Revier überleg ich: Józek hat er das Leben garantiert. Das ist das Wichtigste. Für mich habe ich vorgebaut, falls wieder etwas von der politischen Abteilung kommen sollte. Das ist auch wichtig. Sollte das mit den Spitzeln und den Grünen auch ziehen? Das wäre herrlich. Ganz leise summe ich vor mich hin.
Sofort schreibe ich Tadek Holuj ein Brieferl. Er muß Józek informieren, vielleicht läßt der Kommandant ihn kommen. Der Läufer Tadek bringt den Brief ins Lager. Es muß schnell gehen, und so habe ich ihn einfach durch das Feldtelefon verlangt. Die SSler in der Schreibstube glauben, daß es im Auftrag vom Standortarzt ist. Tadek fragt nicht, was im Brief steht und warum es so eilig ist, er schaut mich nur an und steckt den Brief ein. Er hat innen in seinem Rock eine

kleine Tasche eingenäht, die man nicht so leicht finden kann, selbst wenn man ihn gründlich durchsuchen würde.
Es war gut, daß ich so schnell war. Abends erfahre ich, daß Józek tatsächlich zum Kommandanten geholt wurde. Er hat vorher mein Brieferl gelesen und hat im gleichen Sinn wie ich gesprochen.

*

Das ist ein schöner Dezember!
Józek ist endgültig aus Block 11 heraus. Wirths hat mir erzählt, daß der Kommandant einen guten Eindruck von ihm bekommen hat. Ich habe gleich gefragt, was nun weiter aus ihm werden soll.
»Fluchtverdacht bleibt trotzdem Fluchtverdacht. Also das, was Sie befürchten, wird nicht geschehen, der Kommandant hat das ausdrücklich gesagt.«
»Vielleicht ist es möglich, daß er inzwischen im Krankenbau als Patient aufgenommen wird?«
Wirths hat den Kommandanten deswegen gefragt und seitdem ist Józek im Krankenbau. Er liegt in der Infektionsabteilung, da ist er am sichersten. Jetzt gibt's ja keine Vergasungstransporte mehr aus diesem Block und hierher trauen sich die SSler am wenigsten. Sein Stubenpfleger ist ein Medizinstudent, parteilos, Mitglied unserer Organisation, schweigsam, eifrig, unbedingt verläßlich. Die Verbindung mit Józek halte ich aufrecht. Bei mir fällt es am wenigsten auf, wenn ich zu ihm komme, ich bin ja täglich im Krankenbau.
Das war eine Begrüßung! Gleich fängt Józek wieder zu arbeiten an. Von seinem Zimmer aus erledigt er die Korrespondenz mit draußen. Zu unseren Besprechungen im Kammerl unter der Kellerstiege in Block 4 kommt Tadek. Es ist besser, wenn Józek sich nicht im Lager sehen läßt. Er gilt ja als krank.
Das ist das eine: Józek lebt und arbeitet wieder.
Das andere: Die Spitzel verschwinden aus dem Lager. Eines Tages sagt mir Wirths, daß der Kommandant eine Liste mit den Nummern aller mir bekannten Spitzel haben will. Ich gehe sofort ins Lager und spreche mit Ernst.
»Freilich geben wir ihm die Liste. Wenn man schon mit der Spitzelgeschichte anfängt, muß man sie auch durchführen.

Durch die Liste vergrößert sich unser Risiko nicht. Höchstens, wenn er Dich fragt, woher Du die Nummern hast.«
»Dann sag ich eben dasselbe wie letztesmal, daß ich darüber nichts sagen kann.«
Auch Józek ist einverstanden. Józek, Tadek und Ernst schreiben die Nummern zusammen. Ein paar Tage drauf wird ein Transport ins KZ Flossenbürg zusammengestellt und alle von uns aufgeschriebenen Spitzel sind dabei. Ein Aufatmen geht durchs Lager. Niemand kann sich erklären, wieso es dazu gekommen ist, die Spitzel selbst am allerwenigsten. Sie versuchen alles, um aus dem Transport herauszukommen, aber alle Schliche sind vergebens.
»Ausdrücklicher Befehl des Lagerkommandanten!« heißt's überall.
Das ist das zweite.
Und das dritte Schöne ist: Ein Politischer wird Lagerältester. Liebehenschel hat sich dazu Wörl ausgesucht. Er hat ihn kennengelernt, als er bei der Bunkeramnestie alle Häftlinge dort gemustert hat, und seine offene Art zu reden hat ihm gefallen.
Jeder Posten, der frei wird, wird nun, wenn's nur irgend geht, von ihm durch einen Politischen besetzt. Und dann: Wörl erlaubt nicht, daß im Lager durch Häftlinge geschlagen wird.
Das Leben in Auschwitz ist leichter geworden.
Häufiger hört man Lachen, sieht man fröhliche Gesichter. Abends gehen mehr Häftlinge zwischen den Blocks spazieren, gehn auch am Block 4 vorbei, die Kellerstiege hinauf und hinunter, gehen am Holzverschlag vorbei, wo unsichtbar für alle die Kampfgruppe Auschwitz arbeitet.
Und vielleicht das Schönste in diesen Tagen: Teheran. Wir sorgen dafür, daß wir Nachrichten von ausländischen Radiosendern bekommen.
In den ersten Jännertagen kommt zu allem noch eine Nachricht:
»Weißt du schon, Lachmann ist versetzt.«
Warum macht Liebehenschel das alles? Weil jetzt schon Jänner 44 ist und Teheran war? Weil er vielleicht auch ausländisches Radio hört und an den Sieg nicht mehr glaubt? Weil er vorbauen will?

*

Hauptsache, es wird anders.
»Sie fürchten uns Häftlinge. Wenn wir mehr erreichen wollen, müssen sie uns noch mehr fürchten. Ich habe eine Idee.«
Fast jeden Abend bin ich bei Józek.
Da sitzen wir, schmal zwischen Wand und Spind eingeklemmt, auf Hockern, und Józek entwickelt seine Idee. Die polnische Widerstandsgruppe, mit der er in schriftlicher Verbindung steht, hat Möglichkeit, Post an Radio London zu schicken.
»Wir sammeln alle Namen und Daten der SS, die in Auschwitz Dienst machen und lassen im Radio London ihr Todesurteil wegen der Vorkommnisse in Auschwitz verlesen.«
Gut. – Emil sucht die Namen, Geburtsdaten und Geburtsorte der SSler zusammen. Wozu haben wir die Gesundheitsakte im Revier?
»Man muß unbedingt die Namen mit Geburtstag und -ort durchgeben. Du kennst die Deutschen, wenn sie hören, daß die in London auch ihren Geburtstag wissen, dann spüren sie erst, daß es ernst ist. Gründlichkeit imponiert denen am meisten.«
Józek lacht.
Ich habe nicht gehört, wann Radio London unsere Meldung durchgegeben hat. Aber daß sie durchgegeben wurde, habe ich schnell bemerkt. Wie ein aufgestöberter Ameisenhaufen ist in diesen Tagen die SS. Das erstemal höre ich, daß sich welche freiwillig zur Front melden. Jetzt wird sogar unsere SS tapfer!

*

Dering geht frei; er hat es bei Clauberg erreicht. Wenige verabschieden sich von ihm und wünschen ihm Glück. Womit hast du dir deine Freiheit erkauft? Wie viele Frauen von Block 10 hast du operiert?
Ich bin froh, daß er weg ist. Nun muß ein besserer Nachfolger her. Ich schlage Wirths den polnischen Arzt Fejkiel vor, der nicht nur Spezialist für Fleckfieber ist, sondern unserer Kampfgruppe auch mutig hilft. Wirths ist einverstanden.
Bock ist gestorben. Er war zuletzt Lagerältester des Kran-

kenbaus in Lagischa, einem der vielen jetzt entstandenen kleinen Außenlager. Dort hat er sich mit Morphium vergiftet. Weiß der Teufel, wie er es sich beschaffen konnte.
Es ist wieder einmal Neujahr geworden. Das letztemal hinter Stacheldraht? Die Zeit vergeht, schnell wie immer.
Heute kommt der Läufer Tadek vormittags mit einem Brieferl zu mir.
»Gleich lesen!«
Ernst läßt mir sagen, ich soll möglichst schnell ins Lager kommen.
»Zbyszek, steht der Wagen vom Chef vor'm Haus?«
»Nein, der ist weggefahren.« Zbyszeks Tischerl steht direkt beim Fenster.
»Wenn der Chef kommt, ruf gleich im Krankenbau an, ich geh ins Lager.« Er kann das Feldtelefon, das das SS-Revier mit der Häftlingsschreibstube im HKB verbindet, benützen, ohne daß es besonders auffällt.
In der Schreibstube sage ich nur: »Ich geh auf Block 4 ein bisserl schlafen. Wenn die von draußen anrufen, holt mich bitte.« Das fällt nicht auf. Wir alle haben ständig ein Schlafdefizit.
»Was ist denn, Ernstl?«
»Sie haben wieder einen Transport fürs Gas zusammengestellt. Lauter Juden. Sie haben sie derweil in die Badebaracke eingesperrt. Es sind über tausend. Versuch, daß Du durch Wirths den Kommandanten erreichst. Vielleicht kann man's noch verhindern.«
Die ganze Zeit bin ich beim Fenster auf der Lauer, wann Wirths, der auswärts ist, ins Revier kommt. Aber erst abends biegt sein feldmäßig hellbraun gestrichener, breiter Wagen in unsere Straße ein. Lange läutet's nicht. Endlich. Schnell bin ich bei ihm, aber vor seinem Schreibtisch steht der Spieß und hat ihm die Unterschriftenmappe vorgelegt.
»Schreiben Sie« – und er diktiert Belangloses. Ich muß schweigen und stenographieren, und im Bad sind tausend Menschen eingesperrt, die in den nächsten Stunden vergast werden sollen und leben wollen.
Nach dem Einrücken wartet schon Ernst auf mich in der Lagerstraße.
»Hast Du was machen können?«

»Nein, ich hab keine Gelegenheit gehabt. Sind sie schon weg?«
»Vor dem Appell waren die Lastautos hier. – Jetzt fängt's also wieder an.«
Überall seh ich's an den Gesichtern: Der Tod ist wieder jedem nähergerückt. War's nur ein Traum, den wir in den letzten Wochen geträumt haben?
Am nächsten Tag sprech ich mit Wirths. Und er mit dem Kommandanten.
»Der Kommandant hat von dem Transport gewußt. Es war nicht hinter seinem Rücken, wie Sie glauben, Langbein. Die Aktion war direkt von Berlin befohlen. Vom Arbeitseinsatz. Dort liegt eine Meldung vor, daß zu viele nicht voll arbeitseinsatzfähige Häftlinge im Lager sind.«
»Auschwitz ist ein Vernichtungslager, daran werden wir nichts ändern können.« – Ich erinnere mich wieder an diese Worte, die Ernstl seinerzeit gesagt hat.
Trotzdem ist das nicht umsonst, was geschehen ist. Ich rechne mir aus: Wenn im Dreiundvierzigerjahr die Sterblichkeit prozentuell genauso hoch gewesen wäre wie 42, dann wären über 90 000 Menschen mehr gestorben. Wir können den Charakter des Vernichtungslagers nicht ändern, aber die Vernichtung der Menschen können wir verzögern und erschweren. Ich zeige Wirths diese Zahlen. Schon mehrmals in der letzten Zeit habe ich bemerkt, daß er mutlos zu werden droht, daß er weg will von Auschwitz. Vielleicht auch im Zusammenhang mit dem Urteil aus London.
»Diese 90 000 verdanken Ihnen ihr Leben, Herr Doktor.«

*

Sieg um Sieg. Der dritte Kriegswinter im Kampf gegen Rußland. Man riecht schon das Ende des Tausendjährigen Reiches.
Neulich sind wir wieder lange in unserem Holzverschlag beisammengesessen, Ernst, Tadek und ich, und haben nach gründlicher Beratung beschlossen, daß unsere Kampfgruppe in der Zersetzungsarbeit unter der SS einen Schritt weitergehen muß. Wir dürfen nicht von einer Liquidierung des Lagers infolge der Entwicklung des Krieges überrascht werden. Unsere Position bei Wirths muß ausgebaut werden.

Ich habe eine gute Gelegenheit gefunden, um Wirths fester in unsere Hand zu bekommen.
Im Feber hat seine Frau Geburtstag. Ich kenne den Tag, da ich schon oft ihre Geburtsdaten in Formularen einsetzen mußte. Wir wissen, daß der Lagerkommandant jeder Frau eines SS-Führers zum Geburtstag Blumen aus der Gärtnerei Rajsko überbringen läßt. Diesmal müssen wir schönere Blumen haben als der Kommandant. Fejkiel, der Polen kennt, die in der Gärtnerei arbeiten, besorgt das. Nach einem Foto, das Emil im Haus von Wirths gefunden hat, ließen wir ein Bild von ihr und den Kindern von einem Künstler, der als Patient im Krankenbau liegt, malen und haben beides durch unseren tschechischen Läufer Emil in seine Wohnung geschickt. Er legt eine Karte dazu, auf der Zbyszek mit Kunstschrift gemalt hat: Geburtstagsgrüße von den Gefangenen von Auschwitz.
»Hat Dich auch niemand mit den Blumen und dem Bild gesehen?«
»Nein. Es war nur die Bibelforscherin zu Hause, und die war in der Küche.«
Die SS-Führer haben Bibelforscherinnen – weibliche Häftlinge – als Dienstmädchen im Haus. Die nehmen nichts weg und fliehen nicht; denn das wäre gegen ihre Weltanschauung. Das nützt die SS aus.
Am nächsten Morgen läutet Wirths gleich in der Früh.
»Bitte schreiben Sie . . .« und dann diktiert er einen Untersuchungsbefund einer Aufseherin, die bei ihm in der Ambulanz war. Es ist immer dasselbe: Geschlechtskrankheit.
Die letzten Sätze hat er schnell diktiert und ich muß noch weiterschreiben, wie er schon fertig ist. So, jetzt hab ich's. Ich will aufstehen.
Da beugt er sich über den Schreibtisch.
»Sagen Sie, Langbein, wissen Sie von dem Bild und den Blumen?«
»Ja.«
»Warum haben Sie denn das gemacht? Das beschämt mich doch.«
»Das Bild hat seine Bedeutung, Herr Doktor.«
Fragend, mit gerötetem Gesicht, schaut er mich an.
»Sie wissen, Herr Doktor, daß auch gegen Sie und Ihre Familie ein Todesurteil ausgesprochen wurde.«

Ich mache eine Pause, er schweigt. Ich spüre, er weiß davon. Er zeigt keine Überraschung.
»Das Bild soll anzeigen, daß das Todesurteil widerrufen worden ist.«
»Ja, aber wieso – ich meine – woher wissen Sie das?«
»Ich habe das Recht, Ihnen das mitzuteilen. Ich sage das nicht in meinem Namen.«
Still ist's. In rotem und schwarzem Zickzack zeigen die Statistiken an den Wänden die Belegstärke des Lagers, das Fallen der Sterblichkeit. Ich höre ihn atmen.
»Das ist gut. Was können denn die Kinder dafür? Und meine Frau.«
Wieder still.
»Ich muß Ihnen danken, Langbein.«
»Nicht mir, Herr Doktor.«
Beim Hinausgehen nehm ich bei der Tür – wie immer – militärische Haltung an. Jetzt ist das nur mehr Formsache.
Das war unser Plan: Wirths soll wissen, daß er es mit einer Organisation zu tun hat und nicht mit mir allein. Er kann nichts gegen uns machen, denn er hat das zugleich mit der Tatsache erfahren, daß wir ihn und seine Familie retten wollen. Er liebt seine Familie und will ihr Leben. Jetzt bist du unser Werkzeug, Standortarzt!
Die Russen rücken vor, in Italien gab's einen Achsenbruch, die Jugoslawen kämpfen. Es kommt der letzte Akt. Wir rüsten dazu.

*

Vorige Woche sind wir übersiedelt. Unsere Schreibstube ist jetzt in einem netten, schönen Zimmer, völlig getrennt von der Schreibstube der SS. Am Fenster haben wir Blumen stehen, zuerst einen Topf, dann – als niemand deswegen etwas sagte – kam ein zweiter dazu und jetzt ist schon das ganze Fensterbrett voll.
Gestern hat Emil uns eine Überraschung bereitet: Er hat ein junges Katzerl gebracht. Wenn es auf den Hosenbeinen hinaufklettert, kratzt's zwar ganz schön, ich hab's aber gern, wenn es zu mir kommt. Über Nacht sperren wir es im Zimmer ein. Emil hat eine Kiste mit Sand in die Ecke hinter die Tür gestellt. Richter, der ekelhafte SS-Unterscharführer, hat zwar gefragt:

»Was macht die Katze hier?«
Aber ich habe einfach geantwortet: »Das ist unsere Katze. Der Standortarzt hat erlaubt, daß sie hierbleibt.«
Das ist zwar nicht wahr, Wirths hat sie lediglich einmal gesehen und nichts gesagt, aber ich bin sicher, daß Richter ihn nicht deswegen fragen wird.
In diesem Zimmer kann ich auch mit SSlern, die dieses oder jenes von mir wollen, offener sprechen. Ich kenne sie jetzt schon einigermaßen und fühle den »Guten« auf den Zahn.
Hie und da bekommen wir auch anderen Besuch. Sonntags kommt Wirths meist vormittags in Zivil ins Revier. Vorigen Sonntag hat er seine Kinder mitgebracht und zu uns hereingeführt; er hat uns gefragt – so wie man Bekannte ersucht –, ob sie bei uns bleiben können, während er in seinem Zimmer arbeitet. Zbyszek hat ihnen Papier und Farbstifte gegeben und mit ihnen gezeichnet, der größere Bub hat auf meiner Schreibmaschine geklimpert, und Emil wurde mit ihnen selbst wieder zum Kind. Man hat ihn ja in einem Alter, in dem andere noch spielen, gezwungen, im Konzentrationslager erwachsen zu werden. Zbyszek beobachte ich, wie er die Kinder still und versunken betrachtet. Sein Bub muß jetzt fast so alt sein wie das Mädel von Wirths.
Schön ist's in unserem Zimmer mit den Blumen am Fenster; eine Insel in Auschwitz.

*

Wenn die Luft rein ist, schau ich oft, daß ich in die Küche zu Schwester Maria komme. Edek, ein junger Pole aus dem ersten Transport, der bei ihr arbeitet, ist schweigsam wie ein Grab. Trotzdem hab' ich diesmal gewartet, bis Edek hinausgegangen ist.
»Schwester Maria, Sie fahren doch jetzt auf Urlaub?« Ich habe den Fahrbefehl für sie ausgestellt.
»Ja.«
»Nach Bregenz?«
»Ja.«
»Da fahren Sie über Wien?« Sie nickt. »Bleiben Sie da einen Tag in Wien?«
»Ich glaub schon.« Sie weiß, worauf ich hinaus will. »Sie wollen, daß ich zu Otto geh?«
»Ich würde Sie sehr darum bitten.«

»Richten Sie mir her, was ich mitnehmen soll, aber zu viel darfs nicht sein.«
Ich schreibe einen genauen Bericht über Auschwitz. Alles, die Methoden der Ermordung, die Namen der SS-Führer, steht dadrin. Ich habe den Bericht in der Maschine eingespannt, da kommt ein Unterscharführer herein und setzt sich neben mich auf einen Hocker und schaut auf das Blatt.
»Das ist ein Geheimbericht für den Standortarzt, Herr Unterscharführer.«
»Ach so, na, dann komme ich später.«
Herzklopfen habe ich bekommen.
Ernst besorgt eine Kleiderbürste, deren Rücken abgenommen und mit Schrauben wieder befestigt worden ist. Die Schraubenköpfe befinden sich auf der Haarseite, von außen ist also der Bürste nichts anzumerken. Schraubt man den Rücken ab, so öffnet sich ein Hohlraum. Dort gebe ich die Dokumente hinein. Schwester Maria soll nicht gefährdet werden, wenn ihr Gepäck zufällig kontrolliert wird. Otto wird schon wissen, daß ich ihm keine harmlose Kleiderbürste schicke.
Zbyszek zeichnet ein Bild von mir. »Für Otto«.
Ich habe ihn eingeweiht, denn er ist viel geschickter als ich, und ich habe ihn daher gebeten, die Schrauben zu montieren. Das Bild gebe ich der Schwester auch mit.

*

Dr. Kitt ist heute sehr erregt. »Das ist doch unerhört! Ontl, melden Sie mich sofort dem Standortarzt, ich muß ihn augenblicklich sprechen!«
Bald erfahre ich auch den Grund seiner Erregung. Wirths läutet mich zu sich. Kitt sitzt vor seinem Schreibtisch und berichtet ihm:
» ich habe ausdrücklich gesagt, daß es Befehl ist, daß ich von jedem SB-Transport verständigt werden muß. Als ich heute in das Lager hinauskomme, meldet mir die Lagerälteste im Revier, daß in der Frühe mehr als 300 aus dem Krankenbau ausgesucht worden sind. Auch im Lager wurde ausgesucht. Alle waren schon weg, als ich in das Lager kam.«
»Haben Sie mit der Oberaufseherin gesprochen?«
»Sie braucht Ordnung im Lager und so lange das Lager über-

Hermann Langbein, gezeichnet von Zbyszek Raynoch

belegt ist, kann sie keine Ordnung erreichen, hat sie mir geantwortet.«
Die Oberaufseherin im Frauenlager heißt Maria Mandel. Klein, blond, hübsch, wenn sie keinen so brutalen Mund hätte. Sie ist Oberösterreicherin. Ich schäme mich für Österreich.

*

Wieder geht's den altbekannten Weg die Kellerstiege hinunter in unser Versteck. Heute sind Leute auf der Treppe, ich kann daher nicht anklopfen. Ich tue so, als ob ich in der einen Stube jemanden suchen wollte. Stickige Luft eines feuchten Kellers, Ausdünstungen von Hunderten Menschen, Dunkel. Ich schaue hinaus: Jetzt ist der Raum vor dem Holzverschlag frei. Schnell bin ich draußen und klopfe an. Józek ist heute auch bei uns. Ernst hat auf einer vollzähligen Leitungssitzung bestanden.
Wieder klopft es und Tadek huscht in den Verschlag. Zu viert ist es unbequem eng. Ernstl setzt sich auf einen umgekehrten Kübel, Józek und ich hocken auf der Holzstellage. Man muß den Kopf einziehen, sonst stößt man an das Regal an. Tadek lehnt im Eck.
Ernst fängt an:
»Zuerst einen Bericht: Ich hab jetzt endlich Verbindung mit der russischen Gruppe bekommen, die hier im Lager arbeitet.«
Schon lange suchten wir diese Verbindung, aber bisher ist das nie gelungen. Sie sind besonders vorsichtig.
»Es ist ein russischer Major, mit dem ich gesprochen hab. Er ist der Leiter ihrer Gruppe hier im Stammlager. Er wußte schon von unserer Kampfgruppe. Er hat mich gefragt, welche Vorbereitungen wir für einen bewaffneten Aufstand im Zusammenhang mit den Partisanen getroffen haben, und welche Möglichkeiten wir haben, Fluchten, auch Massenfluchten, zu organisieren.«
Ernst berichtet ausführlich. Die Russen drängen.
»Vielleicht unterschätzen sie unsere Arbeit hier im Lager. Ich glaub aber, daß sie recht haben, wenn sie die Lage so einschätzen, daß man konkrete Vorbereitungen für einen Aufstand oder eine Massenflucht treffen muß.«
»Die Russen sind Soldaten. Sie sehen alles militärisch.«

»Im Krieg ist das nicht der schlechteste Gesichtspunkt.«
Józek spielt mit einem Schuhbandl. Ich schaukle mit den Füßen und betrachte meine Schuhe. Tadek raucht heftig. Daß er auch immer hier rauchen muß, die Luft ist sowieso schon schlecht genug!
Dann beginnt eine rege Diskussion. Vieles haben wir schon besprochen. Die Perspektive unserer Arbeit ist uns allen klar. Unsere Kampfgruppe muß vom Lager aus in den Krieg eingreifen, wenn die Fronten sich Auschwitz nähern.
»Die Russen haben recht: Wir müssen mit den praktischen Vorbereitungsarbeiten beginnen.«
So faßt Tadek diese Diskussion zusammen.
Eine möglichst genaue Übersicht über die militärische Kraft und die politische Einstellung der polnischen Partisanengruppen in der Umgebung, mit denen Józek die Verbindung aufrechterhält, ist eine Voraussetzung für die Planung unserer Arbeit.
»Wieweit können und wollen sie uns unterstützen? Welche Möglichkeiten sehen sie?«
Ernst wendet sich mit dieser Frage an Józek.
»Die Widerstandsbewegung draußen tut das, was wir ihnen sagen. Ich habe im letzten Brief die offizielle Bestätigung bekommen, daß ich als Kommandant der polnischen Widerstandsbewegung in Auschwitz anerkannt bin.«
Józek lacht, halb verlegen, halb ironisch. Ich kenne dieses Lächeln und seine lustigen Augen dabei.
»So hat der Lachmann mit seiner Behauptung doch recht gehabt, daß wir schon einen Kommandanten bestimmt haben.«
Jetzt lachen wir alle.
»Pst! Nicht so laut!«
Man darf uns auf der Stiege nicht hören.
»Für uns Polen ist das wichtig«, sagt Józek in das verhaltene Lachen hinein. »Bei uns gibt's noch viele, die eine politische Disziplin einem Sozialisten gegenüber nicht anerkennen, aber eine militärische Disziplin halten sie.«
Józek wird beauftragt, von draußen einen genauen Bericht anzufordern.
»Sollen wir uns auf die Organisierung von Fluchten konzentrieren oder auf die Vorbereitung einer militärischen Aktion im Lager?«

Diese Frage beschäftigt uns nun.
Schweißperlen stehen uns auf der Stirn. Es ist drückend heiß in dem engen Verschlag.
Schließlich beschließen wir, daß beides gleichzeitig vorbereitet werden soll. Bei den Lagerverhältnissen benötigt beides viel Zeit. Wir müssen uns alle Wege offenhalten.
Die nächste Schlußfolgerung ist: Unsere Organisation im Lager muß so umgestellt werden, daß sie militärisch schlagkräftig ist. Bisher haben wir versucht, die Genossen unserer Kampfgruppe möglichst in verschiedenen Kommandos zu haben, damit unsere Augen und Ohren überall sind, und unsere Leute mit möglichst vielen Kontakt haben. Eine Konzentration von Genossen hatten wir nur in einer der Rüstungsfabriken und in ein paar anderen Kommandos, die direkt für die Kriegsrüstung produzieren, und wo wir Sabotage zu organisieren versuchen.
»Wir müssen die Genossen in solchen Kommandos zusammenfassen, die militärisch wichtig werden können.«
»Zum Beispiel in der Fahrbereitschaft.«
»Oder in solchen, die außerhalb der großen Postenkette arbeiten.«
»Oder in der SS-Bekleidungskammer.«
»Oder im Reinigungskommando in der Truppenunterkunft. Dort sind Waffen.«
Der Wechsel von Arbeitskommandos ist nicht einfach.
»Am leichtesten kann man über den Krankenbau wechseln. Die auf einen anderen Platz sollen, werden als krank aufgenommen und nach ihrer Entlassung dem neuen Kommando zugeteilt.« Ernst und Tadek haben Verbindung mit Freunden, die im Arbeitseinsatz beschäftigt sind.
»Das geht. Fejkiel ist in Ordnung, der macht uns die Aufnahmen schon.«
Ernst schlägt vor, daß unsere Organisation eine eigene militärische Leitung bekommt. Diese hätte sich ausschließlich mit der Vorbereitung einer Aktion zu beschäftigen, hätte ein Fünfergruppensystem auszuarbeiten, die Verbindungen untereinander zu sichern.
Tadek schließt sich diesem Vorschlag an:
»Józek und Hermann sind der politischen Abteilung bekannt. Sie können nicht in der militärischen Leitung sein,

denn man muß doch damit rechnen, daß sie in einem kritischen Augenblick keine Bewegungsfreiheit haben.«
»Jedenfalls dürfen aber nicht nur Polen in der Leitung sein. Sie muß international sein.«
Józek sagt's. Die Schuhbandln in seinen Händen sind schon ganz verknüpft. Schließlich beschließen wir, daß die militärische Leitung uns unterstellt ist, aber in ihrem Wirkungsbereich selbständig arbeitet. Die Verbindung mit draußen bleibt zentralisiert. Von uns Österreichern haben wir Heinz Dürmayer, den Spanienkämpfer, der auch in Le Vernet war und seit kurzem mit einem Transport aus dem KZ Flossenbürg hergekommen ist, für diese Leitung vorgeschlagen.
»Das nächste ist die Organisierung von Fluchten.«
Ernst drängt auf möglichst gute Ausnützung der Zeit. Die Luft ist schlimm in unserem Loch, auch ist's schon spät.
»Fliehen können wir jetzt schon jederzeit.«
Józek sagt das, als ob's eine Kleinigkeit wäre.
»Wir müssen nur innerhalb der großen Postenkette ein gutes Versteck finden, wo man drei Tage lang bleiben kann. Die Verbindung mit draußen klappt. Anlaufstellen kann ich morgen schon zur Verfügung stellen, wenn wir sie brauchen.«
Das Versteck benötigen wir, weil die SS die große Postenkette, die um die Arbeitsplätze der Kommandos im Lagerbereich gezogen ist und abends nach dem Appell eingezogen wird, drei Tage und drei Nächte lang stehen läßt, wenn Fluchtalarm gegeben wird.
»Sind wir fertig?«
»Ein Problem ist noch Birkenau. Wenn wir eine Aktion im Lager organisieren wollen, müssen wir zumindestens das Stammlager und Birkenau koordinieren. Dort sind die meisten Leute, und die beiden Lager sind ganz nah beisammen. Aber die dortige Kampfgruppenleitung ist recht schwach, besonders im Männerlager.«
Ich werde beauftragt, über Wirths eine Möglichkeit zu schaffen, daß Sioma, mein Freund aus Spanien und Gurs, der jetzt in der Fahrbereitschaft mit Rudl und Vickerl zusammenarbeitet, nach Birkenau verlegt wird. Er soll draußen die politische Leitung der Kampfgruppe übernehmen. So ist eine Zusammenarbeit sichergestellt.

Endlich sind wir fertig. Es ist nach Mitternacht. Ernst dreht die Lampe aus und öffnet die Tür. Józek geht als erster. Ich bleib als letzter.
»Mich freut der heutige Abend.«
Auch Ernst hat Freude an unseren Beschlüssen. Ich seh's ihm deutlich an.
»Manchmal kommt man sich ja hier im KZ ganz unnötig vor.«
»Wir haben es uns ja nicht freiwillig ausgesucht.« Ernstl zeigt seine Zähne beim Lachen. »Aber es ist schon gescheit, daß wir jetzt aktiver werden.«
Die Sterne stehen klar am Himmel. Ich atme auf, als ich wieder in der frischen Luft bin. Ganz steif bin ich da unten geworden.
Das Lager ist wie ausgestorben.
Im Schatten der Häusermauern gehe ich schnell durchs Lager.
Die Eisentür von Block 20 ist versperrt. Laut tönt mein Klopfen durch den Gang. Der Nachtwächter öffnet. Er ist es schon gewohnt, daß ich spät nach Hause komme. Ich bin »prominent«.
Müd steig ich ins Bett. Morgen muß ich wieder um halb 5 Uhr aufstehn.

*

Sioma ist nach Birkenau überstellt.
Wirths wollte dort ein Desinfektionskommando einrichten. Das kommt mir sehr gelegen, denn Desinfektoren können in die verschiedenen Lagerabschnitte. Ich habe Wirths einen Bekannten als Capo vorgeschlagen und dem gesagt, daß er Sioma in sein Kommando nehmen soll. Der Capo ist mir dankbar, denn im Birkenauer Frauenlager ist seine Frau. So erfüllt er meine Bitte. Und Sioma kann unschwer auch zu uns ins Stammlager kommen, denn oft ist etwas aus der Apotheke zu holen.
Ernst nickt zufrieden mit dem Kopf, als ich ihm davon erzähle. Wir sitzen nebeneinander in der leeren Stube.
»Ich hab auch eine Neuigkeit.«
Wie jung doch Ernst manchmal ausschaut! Vielleicht fällt mir das aber nur deswegen auf, weil wir alle ihn als Autorität

anerkennen, obwohl er mit seinen 29 Jahren der Jüngste von uns ist.
»Denk dir, ein Zugang aus Wien ist gekommen, den Du kennen mußt, er war ja auch in Spanien.«
Mir ist's immer, als höre ich von jemandem aus meiner Familie, wenn von einem österreichischen Spanienkämpfer die Rede ist.
»Der Pepi Meisel ist's.«
Pepi war in der Schuschnigg-Illegalität führender kommunistischer Funktionär in Wien. Ich kenne ihn vom Margaretner Bezirksgericht. Dort sind wir im Siebenunddreißigerjahr gemeinsam gesessen. Er hat in Spanien gekämpft, dann war er in Frankreich und ist mit falschen Papieren nach Wien zurückgekommen. Er hat an der illegalen Widerstandsbewegung teilgenommen, bis er von einem Spitzel verraten wurde. Trotz aller Folterungen hat er bei der Gestapo nichts ausgesagt. Und nun ist er hier in Auschwitz . . .
»Was erzählt er von Wien?«
»Nicht viel Schönes. Die Leute schimpfen, aber machen nichts. Ziemlich dasselbe, was in den Briefen gestanden ist.«
»Ich möcht ihn gern sprechen.«
»Es ist besser, wenn Du nicht mit ihm zusammenkommst.«
Pepi muß den Judenstern tragen und mit jüdischen Häftlingen komme ich möglichst nicht so zusammen, daß ich dabei beobachtet werden kann. Seit ich im Bunker war, werd ich sicher bespitzelt.
Einmal habe ich ihn aber doch zu mir auf Block 20 gebracht. An einem Sonntag ist er gekommen, da fällt es nicht auf. Im Blockältestenzimmerl sind wir allein. Hier kann ich ihm auch zu essen geben. So sitzen wir also wieder beisammen.
»Bissel älter sind wir beide geworden, was?«
Dann erzählt er von Wien. Eine ganze Reihe früherer Spanienkämpfer sind als Elsässer, Franzosen oder Belgier nach Wien zurückgekehrt, um die Widerstandsbewegung zu leiten. Viele wurden verhaftet, viele zum Tod verurteilt. Er selbst erwartet, daß man ihm das Todesurteil nach Auschwitz nachschicken wird.
Am Abend bin ich beim Ernst.
»Du, wenn wir eine Fluchtmöglichkeit haben, muß der Pepi unbedingt als erster fliehen.«
Von Pepi bekomme ich eine Adresse in Wien, eine Anlauf-

stelle, die sicher ist. Die schick ich Otto in einem Brief, den mir Schwester Maria aufgibt. So bekommt er besseren Kontakt mit der Wiener illegalen Organisation.
Im nächsten Brief schreibt er mir, daß die Verbindung klappt.

*

Rudl Friemel, der sozialistische Spanienkämpfer, der in Auschwitz zum Kommunisten wurde, hat heute im Lager geheiratet.
Lange hat er sich bemüht, die Erlaubnis dafür zu bekommen. Der Akt war in Berlin. Endlich wurde sein Ansuchen ausnahmsweise bewilligt. Rudl hat während des Freiheitskampfes eine Spanierin geheiratet. Sie ist ihm nach Frankreich und Österreich nachgefolgt. Sie hat ein Kind von ihm, einen kleinen Sohn. Ihre Ehe wird aber von den deutschen Behörden nicht anerkannt. Rudl hat nun darum angesucht, seine Frau nochmals nach deutschem Recht heiraten zu dürfen. Endlich wurde es ihm bewilligt. Seine Frau, sein Sohn und seine Eltern durften herkommen, und in einer Baracke der SS wurden sie nochmals standesamtlich getraut. Einen Nachmittag durfte er gemeinsam mit seiner Frau verbringen.
Beim Lagereingang ist ein großer Auflauf. SSler stehen und gaffen. Gerade geht Rudl mit Frau und Kind zum Block 24.
»Ich gratuliere! Buena suerte!«
Dem Kleinen streichle ich über sein Haar. In Auschwitz ist alles möglich: Auch eine Hochzeit zwischen Krematorien.
Abends sitzen wir im Keller der Bekleidungskammer beisammen. Hier feiern wir den Tag. Die Kellerfenster sind verhängt, die Blocktür ist zugesperrt. Für Essen und Alkohol ist gesorgt. Es ist richtiger Feiertag. Rudl strahlt. Vickerl, sein bester Freund, strahlt mit ihm. Ernstl und ich, wir sind beide Nichtraucher. Aber heute rauchen wir.
Späte Nacht ist's, das Fest ist zu Ende. Wir gehen über die dunkle Lagerstraße nach Hause.
»Ich glaub, es wird doch das beste sein, wenn wir selbst fliehen.«
Ernst nickt stumm mit dem Kopf.
»Gute Nacht.«

*

Merkwürdig. Was soll das wieder heißen?
Im Infektionsblock 20 werden ebenerdig zwei kleine Zimmer leer gemacht.
»Für Versuche« – sagt Hans, und er muß es wissen, er ist ja der Blockälteste.
Versuche? Wirths hat mir gar nichts von Versuchen gesagt. Es hat schon manche Versuche in Auschwitz gegeben. Dr. Mengele hat mit Zwillingen, vor allem bei Zigeunern, solche angestellt, Dr. Vetter in Birkenau. Aber jetzt läuft keine Versuchsreihe.
Ich schaue jeden Abend in die Zimmer. Der Eintritt ist streng verboten. Ich gehe am Pförtner und am Pfleger vorbei, als ob's selbstverständlich wäre, und keiner von beiden traut sich, den Schreiber vom Standortarzt am Betreten der Zimmer zu hindern.
Heute abend sind die Zimmer belegt. Vier Juden liegen drin. Sie sind alle vier gesund. Ich habe sie gefragt.
Ich gehe zum Lagerältesten des Krankenbaus.
»Sag einmal, was geschieht mit den Juden in den zwei Zimmern auf Block 20?«
»Ich darf es nicht sagen.«
»Sag's mir ruhig.«
»Der Standortarzt hat mir ausdrücklich befohlen, auch mit Dir nicht darüber zu reden. Du darfst mich also nicht verraten. Die vier werden künstlich fleckfieberkrank gemacht. Der Standortarzt will ein neues Mittel gegen Fleckfieber ausprobieren. Wir haben aber keine Fleckfieberfälle mehr im Lager. Er hat mich nach Birkenau geschickt, aber auch dort habe ich im ganzen Revier keine Fleckfieberkranken gefunden.«
»Sind sie schon infiziert?«
»Ja, gestern. Wirths war selber hier.«
Ich überlege: Soll ich deswegen mit Wirths sprechen? Ja, ich muß mit ihm sprechen, nach einem solchen Schritt können andere kommen. Ich muß ihn in der Hand behalten.
Ich warte eine Gelegenheit ab, wo ich allein bei ihm bin, und er Zeit hat.
»Herr Doktor, darf ich etwas fragen?«
»Ja.«
Eine bekannte Einleitung. Aber das, was nun folgt, ist bisher noch nicht zwischen uns gesprochen worden.

»Ich war gestern auf Block 20 in den beiden Stuben, die Sie mit den vier Juden belegen ließen.«
»Wieso wissen Sie davon?«
Seine Stimme ist unangenehm hart.
»Herr Doktor, es gibt wenig, was wir im Lager nicht erfahren.« Ich betone das »Wir«.
»Und?«
»Die vier haben jetzt Fleckfieber und waren gesund, als sie in den Krankenbau kamen.«
»Ich habe ein neues Mittel gegen Fleckfieber bekommen, wahrscheinlich ein sehr wirksames. Es ist vorteilhaft für die Wissenschaft und auch für die Häftlinge, wenn ein wirksames Mittel gegen Fleckfieber vorhanden ist.«
»Es sind vier Menschen, die in den beiden Zimmern liegen. Sie haben gestern abend hohes Fieber gehabt.«
Wirths ist ganz rot im Gesicht.
»Schließlich, bin ich hier Standortarzt oder Sie?« Er schlägt mit der Faust auf den Tisch. Er ist richtig wütend. So hat er noch nie zu mir gesprochen.
»Sie, Herr Doktor.«
Ich rücke meinen Stenogrammblock zurecht und bleibe stumm, warte, was er diktieren will.
»Ich brauche Sie jetzt nicht mehr.«
Bin ich zu weit gegangen? Kann er mir gefährlich werden? Kann er überhaupt noch gefährlich werden?
Am nächsten Tag sage ich streng militärisch »Jawohl« auf alles, was er befiehlt. Er macht einmal während des Diktats eine Bemerkung, die ein Gespräch einleiten soll, ich gehe aber nicht darauf ein. Zwischen zwei Briefen macht er eine lange Pause, ich habe den Eindruck, daß er will, daß ich zu reden anfange, ich sitze aber stumm über meinen Stenogrammblock gebeugt. Ich darf keine Schwäche auf meiner Seite merken lassen. Er muß beginnen. Strammer als jemals nehme ich Haltung an, wenn ich sein Zimmer verlasse.
Nachmittag ist's dann soweit.
»Waren Sie gestern wieder bei den vieren? Wie geht es ihnen?«
Unvermittelt stellt er die Frage, mitten im Diktat eines Briefes an die Bauleitung wegen des Legens einer Wasserleitung in den neuen Bauabschnitten in Birkenau, die anscheinend in der nächsten Zeit auch belegt werden sollen.

»Jawohl. Es geht ihnen schlecht.«
»Bekommen sie genug zu essen?«
»Bei Fleckfieber hat man keinen Appetit.«
Er weicht meinem Blick aus. Schämt er sich?
»Herr Doktor, Sie dürfen es mir nicht so schwer machen, Ihnen zu helfen.«
»Wieso? Was meinen Sie?«
»Ich meine wegen des Bildes seinerzeit. Ich habe mich für Sie eingesetzt.«
Seine Finger spielen auf der Glasplatte des Schreibtisches.
»Das war das letztemal, Langbein, daß so etwas im Lager geschehen ist. Genügt Ihnen das?«
»Ja.«
Er kann also nicht mehr aus der Reihe tanzen. Wenn die Rote Armee noch in Stalingrad kämpfen und nicht an der polnischen Grenze stehen würde, wäre dieses Gespräch anders ausgegangen. Zwei von den vier infizierten Juden sind gestorben. Ich habe es Wirths mitgeteilt.

*

»Haben Sie Zeit, Langbein?«
Dr. Fischer, der Stellvertreter von Wirths, steht in der Tür.
»Jawohl. Halben oder ganzen Bogen, Herr Doktor?«
»Einen ganzen mit Durchschlag. Oder warten Sie, kommen Sie lieber, ich diktiere Ihnen im Zimmer vom Chef.«
Fischer will offensichtlich nicht vor Zbyszek und Emil sprechen. Es muß etwas Besonderes sein.
Er setzt sich hinter den Schreibtisch von Wirths.
»Schreiben Sie: An den Standortarzt. Machen Sie aber gleich mehrere Durchschläge, ich habe mit dem Chef schon gesprochen, er will diese Meldung mit einem Begleitschreiben nach Berlin schicken.«
»Betreff?«
»Sanitäre Zustände im Arbeitslager Jawischowitz.«
Dr. Fischer ist als Lagerarzt für alle Außenlager eingeteilt. Ich habe ihn erst neulich darauf aufmerksam gemacht, daß die Totenzahl in Jawischowitz in letzter Zeit stark gestiegen ist, während sie in den meisten anderen Lagern im Frühling sinkt. Jetzt hat er anscheinend die Gründe dafür gesucht. Der Brief ist eine Beschwerde über den Direktor der Grube, Herrn Heine. Die Grube gehört zu den Hermann-Göring-

Werken. Heine verlangt Verlängerung der Arbeitszeit, fordert, daß die Häftlinge zu Mittag kein Essen bekommen, weil das Essenausteilen untertags viel Zeit wegnimmt, verlangt schließlich, daß die nicht voll arbeitsfähigen Häftlinge laufend aus dem Lager entfernt – das heißt vergast – und durch Neuzugänge ersetzt werden sollen.
Beim Diktat hat sich Fischer in Wut geredet.
»Da sagt man immer, daß wir von der SS so schlecht sind. Aber diese Herren sieht man nicht! Die drängen ja ständig! Und das ist nicht das erstemal.«
In solchen Fällen ist es immer am besten, reden lassen. Erstens erfährt man mehr, und dann kenne ich Fischer zu wenig, um ihm offen zu antworten.
Jetzt ist er fertig. Seine Augen funkeln hinter der Brille. Seine Haare rollen sich eigenwillig in die Höhe, seine Frisur ist gar nicht militärisch korrekt. So eine Situation muß man ausnützen.
»Könnte man nicht auch, um die sanitären Zustände in Jawischowitz zu verbessern, einen tüchtigen Pfleger von hier in den Krankenbau als Lagerältesten schicken?«
»Freilich wäre es gut.«
Am nächsten Tag bringe ich Dr. Fischer eine Nummer. Die vom Kreuzmann, dem Spanienkämpfer, der mit dem zweiten Pflegertransport von Dachau gekommen ist und mich bei der Ankunft vor Linhart gewarnt hat. Er übersiedelt nach Jawischowitz. Jetzt hat unsere Kampfgruppe auch eine verläßliche Verbindung mit diesem Außenlager.

*

Ernst klagt immer wieder, daß es so schwer ist, mit den deutschen Genossen zusammenzuarbeiten.
»Sie wollen immer den anderen diktieren. Daß man den Polen, Franzosen oder gar Juden nichts zu kommandieren hat, wollen sie nicht einsehen. In fast jedem von ihnen steckt ein Stückerl deutscher Chauvinist.«
Die Deutschen sind aber wichtig, sie haben viele Möglichkeiten. Der Blockälteste auf Block 5 zum Beispiel läßt Ernst und mich in seiner Stube Besprechungen abhalten, er überläßt uns das Zimmer allein und paßt auf, daß uns niemand stört. Aber Polen will er nicht bei solchen illegalen Besprechungen haben, Juden auf keinen Fall.

»Auf die ist ja doch kein Verlaß. Wenn sie bei der Politischen vorn sind und ein paar übern Arsch bekommen, speiben sie, soviel die nur wollen.«
Lokmanis, der unermüdlich in der Organisation unserer jüdischen Genossen arbeitet, und mit dem ich über diese Fragen gesprochen habe, beschließt, eine Abhandlung über die Wurzeln und Auswirkungen des deutschen Chauvinismus zu schreiben. Vielleicht hilft das.
Drei Nächte lang sperrt er sich in den Holzverschlag unter der Kellerstiege ein, schreibt dort. Tagsüber muß er ohne Schlaf zur Arbeit ausrücken. In Blockschrift, in engen Zeilen, faßt er seinen Artikel ab. Ernst gibt ihn mir zu lesen.
»Das ist ja ganz fabelhaft. Eine zwingende Logik. So etwas müßte gedruckt erscheinen und in einer großen Auflage in Deutschland verbreitet werden.«
»Ja, da sieht man erst, wer er ist! Weißt du, daß er Mitglied des Zentralkomitees unserer Partei ist?«
Fünf Deutsche haben die Schrift zu lesen bekommen. Sonst konnte Ernst sie niemandem geben. Mit schriftlichen Sachen muß man sehr vorsichtig sein. Durch Vermittlung von Józek schicken wir den Aufsatz auch aus dem Lager hinaus.

*

»Der Höß ist wieder da!«
Wie ein Lauffeuer verbreitet sich diese Nachricht im Lager. Zuerst heißt's, nur zu Besuch, und die Eingeweihten behaupten, genau zu wissen, daß er nur hergekommen ist, um zu organisieren. In Berlin gibt's kein Kanada.
Aber dann stellt es sich anders heraus. Liebehenschel wird von Auschwitz versetzt, ein neuer Kommandant kommt, SS-Sturmbannführer Baer.
»Liebehenschel ist zu weich, sagt man in Berlin.«
»Und was macht Höß hier?«
»Er ist zur besonderen Verwendung herkommandiert.«
Wirths hat ein bißchen gezögert, bevor er diese Antwort gegeben hat. Liebehenschel zu weich – der Neue war Adjutant von Pohl. Pohl ist Chef des SS-Wirtschafts- und Verwaltungshauptamtes, der Verantwortliche für alle KZs. Wir haben nichts Gutes von dem Wechsel zu erwarten.
Und vor allem: Zu welcher besonderen Verwendung ist Höß hier? Täglich macht er seinen Morgenritt. Oft sehen wir ihn in

seinem Auto vorbeiflitzen. Bald ahnen wir, was Höß hier soll. In den letzten Wochen sind kaum noch Transporte gekommen, die Krematorien in Birkenau wurden nicht mehr Tag und Nacht mit Leichen geheizt. Der Westwind brachte nicht mehr täglich den Geruch von verbranntem Menschenfleisch. Die letzte Monatsmeldung der Zahnstation nach Berlin lautete nur auf etwas mehr als 3 Kilo Gold – »nur« 3 Kilo.
Manchem gefiel das nicht. Denn wenn keine Menschen kommen, kommt auch kein Gold, keine Dollars, keine Seidenwäsche, die man stehlen kann. Die Desinfektoren im SS-Revier – Klehr, Koch, Theuer – laufen mit langen Gesichtern herum, sie sind einträglichere Arbeit gewohnt, als Baracken zu desinfizieren.
Zufällig hör ich ein Gespräch, das mir Klarheit über die Mission von Höß bringt. Die Frau des Untersturmführers Dr. Rohde, eines dicken, großen Arztes, spricht mit Richter, dem Unterscharführer aus der Schreibstube, einem guten Freund von Koch. Ich bin gerade im Nebenraum, in dem sich die Aktenablage befindet, und suche etwas heraus. Sie haben mich nicht bemerkt.
»Jetzt wird es endlich wieder Kanada geben, haben Sie schon gehört?« – Das ist die Stimme von Frau Rohde.
»Jawohl. Zeit ist es schon.«
»Diesmal werden es ungarische Juden sein, soviel ich weiß. Obersturmbannführer Höß ist vor ein paar Tagen nach Budapest gefahren. Er organisiert die Transporte.«
»Hoffentlich bringen sie genug mit.«
»Ach, dort unten gibt's noch 'ne Masse Juden, hat mein Mann gesagt.«
»Ich meine, hoffentlich bringen die Juden genug mit.«
»Da können Sie beruhigt sein, diese Juden haben immer noch ganze Berge von Schätzen.«
Frau Rohde schaut aus, wie eine gepflegte, kultivierte Frau aussieht. Dabei kann sie es nicht mehr erwarten, bis die Flammen in den Krematorien wieder entzündet werden.
Das ist also die besondere Verwendung von Höß. Freilich, in der Organisation der Massenmorde hat er die größte Praxis von allen.
Abends sitz ich im Krankenzimmer hinter dem Spind mit Józek beisammen und erzähl ihm das.
»Wir haben gerade im richtigen Augenblick mit den Vorbe-

reitungen für unsere militärische Arbeit angefangen«, sagt er als Antwort zu meinem Bericht.
»Hast Du schon Post von draußen?«
»Ja. Sie sind einverstanden, mit uns gemeinsam eine Aktion zu planen. Aber sie sind nicht sehr stark hier in der Gegend. Morgen schreibe ich wieder hinaus. Ich werde sie auffordern, einen Plan auszuarbeiten, wie sie sich die Befreiung des Lagers vorstellen. Wir können unseren danach abstimmen. Gestern hat unsere militärische Leitung in der Kleiderkammer eine Sitzung gehabt.«
In der Kleiderkammer arbeitet Bernard, ein Pole, den Józek und Tadek mit der militärischen Arbeit betraut haben. Der Capo dieser Kammer ist ein sudetendeutscher Spanienkämpfer, also stehen uns die Räume, in denen Berge von Häftlingskleidung lagern, zur Verfügung.
Am nächsten Abend teilt mir Józek mit, daß er auch hinausgeschrieben hat, die draußen sollen eine Verbindung mit Ungarn herstellen und die Juden warnen.

*

Höß ist wieder da.
Und heute sind Transporte auf der Rampe angekommen. Gestern mußte ich die Liste der Diensteinteilung der Lagerärzte schreiben. Heute fährt der erste Sanka hinaus.
Kanada wird aufgefüllt. Frau Rohde wird eine Freude haben und wie viele andere noch! Abends lodern wieder die Schlote qualmig-rot zum Himmel. Es ist der 16. Mai 1944.
Jetzt kommen jeden Tag Transporte. Oft auch in der Nacht. Der Arzt vom Dienst hat viel zu tun. Die Lagerärzte stehen an der Rampe und teilen ein, wer ins Gas kommt und wer ins Lager. Dazu haben sie jahrelang Medizin studiert.
Höß ist bei jedem Transport dabei. Sein großes Auto mit der Kommandantenstandarte saust an unserem Fenster vorbei. Etwa 15 bis 20 Prozent kommen ins Lager – so lautet die Post aus Birkenau. Die, die nicht ins Gas kommen, bleiben bis auf einige Spezialarbeiter in Birkenau, werden in die neuen Bauabschnitte gelegt. Die Zustände dort sollen unbeschreiblich sein. Eng gedrängt, ohne Waschgelegenheit, selbst ohne genügend Trinkwasser, warten die Überlebenden ihr weiteres Schicksal ab. Sie werden zum Arbeitseinsatz überallhin ins Reich verschickt. Aber es sind nicht genug Transportmittel

da, und so müssen sie wochenlang dort bleiben. In dem Bauabschnitt, in dem die Frauen untergebracht sind, sind so viele zusammengedrängt, daß die Frauen in drei Schichten am Erdboden der Baracken schlafen. Zwei Schichten müssen im Freien warten, während eine Schicht schläft.
Aber für die Transporte der Juden von Ungarn nach Auschwitz gibt's genügend Waggons und genug Lokomotiven. Dafür sorgt Höß. Immer mehr ungarische Juden kommen auch zu uns ins Stammlager. Die letzten haben wieder niedrige Nummern bekommen. Bis Nummer 200 000 wurde fortlaufend numeriert, jetzt fangen die Häftlingsnummern wieder bei 1 an, nur wird ein A vorgesetzt.
Ich gehe mit Ernst in den Keller, in dem der größte Teil der Neuzugänge untergebracht ist. Gerade unterhält sich ein Capo mit ihnen. Wir hören zu.
Er fragt sie nach Ungarn aus, wie's draußen ausschaut. Dann fragt ein Ungar:
»Können Sie mir sagen, wo meine Eltern und meine Frau sind? Ich habe mich von ihnen bei der Ankunft verabschiedet. Sie wurden auf einen Lastwagen verladen. Ein Herr von der SS hat gesagt, daß die Älteren von uns und die Frauen auf die Wagen sollen, damit sie nicht so weit gehen müssen. Hier habe ich sie aber noch nicht sehen können.«
»Du blöder Hund, die wirst Du auch nicht mehr sehen. Deine Frau singt schon längst Halleluja. Deine Eltern haben Husten, sie haben nämlich ein bißchen zu viel Gas geschluckt.«
Der Capo schaut sich triumphierend um. Er glaubt sicher, daß er einen köstlichen Witz gemacht hat. Der Jude lächelt schief, ungläubig. Dann wendet er sich an mich:
»Können Sie mir sagen, wo ich meine Frau finden kann?«
»Die findest Du nicht mehr.«
Ein andrer drängt sich vor und sagt:
»Wenn man hier fleißig arbeitet, wird einem sicher nichts geschehen. Man muß nur gut arbeiten, dann sind die Herren von der SS auch gut zu einem.«
Hoffnungslos.
Józek erzählt mir, daß die Widerstandsorganisation tatsächlich Post nach Ungarn schicken konnte. Es wurde aber geantwortet, man glaube solche Greuelmärchen nicht.

*

Die zweite Front ist da. – Endlich! Wie lange haben wir gewartet, geschimpft, geflucht.
Die Zeitung muß es bestätigen. Ja, prahl nur großartig, wir kennen dich jetzt schon, Goebbels.
Zbyszek, der polnische Zeichner, der mit mir zusammen arbeitet, ist heute sehr lebendig. Mittags schleppt er einen Radioapparat in unser Zimmer.
»Zum Reparieren.«
»Von wo ist der Apparat?«
»Aus dem Krankenzimmer der SS.«
»So ein Zufall, daß gerade jetzt einer kaputt wird!«
»Ich habe ihn kaputtgemacht.«
Zbyszek ist bei uns Mädchen für alles. Alles muß er richten und er kann's auch. Auch an so manchem Radioapparat hat er schon herumgedoktert und wir haben paar Tage Musik gehabt. Zbyszek erklärt seinen Auftraggebern, er muß ihn eine Zeitlang spielen lassen, um ihn zu kontrollieren. Den, den er jetzt hergeschleppt hat, hat er in paar Minuten wieder beisammen, er hat ja nur irgendwo einen Draht gelockert. Nun muß er aber »ausprobiert« werden. In der Früh, wenn noch kein SSler im Revier ist, stellt Zbyszek auf London ein. Ganz still ist's im Zimmer.
Zbyszek dreht an den Schrauben herum. Er will alles hören, selber prüfen, alles wissen. In der letzten Zeit fragt er auch viel.
»Warum wollen die Kommunisten die Religion verbieten?«
Zbyszek ist fromm. Er freut sich sichtlich, als ich ihm erklärt habe, daß Kommunisten nie einen Glauben verbieten oder aufzwingen wollen.
In diesen Tagen gibt es nur einen Gesprächsstoff: Die zweite Front. Die SSler sagen großmäulig:
»Wir haben sie doch nur hereingelassen, damit wir sie tüchtig schlagen können.«
Zbyszek hat eine Landkarte der Normandie aus dem »Völkischen Beobachter« ausgeschnitten.
»Herr Unterscharführer, wissen Sie, wie weit Sie die Engländer und Amerikaner hereinlassen, damit Sie sie richtig schlagen können?«
Ganz unschuldig schaut er bei der Frage drein. Der Unterscharführer murmelt etwas und geht hinaus.
Den Radioapparat haben wir zurückgeben müssen, die

kranken SSler haben immer wieder nach ihm verlangt. Aber jetzt brauchen wir uns keinen mehr zu holen: Wirths hat sich seinen Apparat in sein Arbeitszimmer bringen lassen. Wir rücken zwei Stunden, bevor der erste SSler kommt, aus. Das Zimmer vom Standortarzt ist offen, die Putzer müssen es ja reinigen. Alles muß glänzen, kein Stäubchen darf sichtbar sein.
Mit den Putzern ist jetzt auch immer einer von uns in Wirths' Zimmer, meistens Zbyszek, er findet am besten die verschiedenen Stationen. Wenn es wichtige Neuigkeiten gibt, gehe ich untertags ins Lager, um Ernstl zu informieren. Hab ich keine Zeit, dann geht Emil. So sind wir von jedem Sieg schnell unterrichtet – und es gibt jetzt viele Siege, im Osten, im Westen und im Süden.

*

Es muß schon recht schlecht stehen mit dem Tausendjährigen Reich: Sie haben kriminelle deutsche Häftlinge zur SS eingezogen.
Zuerst hieß es, die »Grünen« und die »Schwarzen« – also die »Berufsverbrecher« und die »Asozialen« – können sich freiwillig zu einer Sondereinheit der SS melden. Am nächsten Tag haben aber alle Grünen antreten müssen und der Rapportführer hat jeden einzelnen gefragt, ob er sich freiwillig melden will. Denn anfangs haben sich offenbar zu wenige gemeldet.
Jetzt exerzieren die Grünen im Lagerbereich. Von der SS werden sie als Kameraden angesprochen.
Werden sie auch die Politischen zur SS zwingen, wenn noch weitere Niederlagen folgen? Wie sollen wir uns dann verhalten? Darf man sich zur Hitlerarmee melden, selbst wenn man die Absicht hat, zu desertieren? Soll man sich weigern? Ist das nicht Selbstmord?
Die Grünen marschieren in SS-Uniform ab, deren Lieder grölend. Mit ihnen geht ein Teil unserer Bewachungsmannschaft. Es kommen an ihre Stelle alte Soldaten aus der Wehrmacht, meist frontdienstuntaugliche, die zwangsweise in die SS eingegliedert worden sind.
Überall versuchen wir, Kontakt mit diesen Neuen aufzunehmen. »Jetzt wird die Arbeit unter der SS doppelt wichtig für uns.«

Bald bekommen wir einen Überblick: Gehorsam und brav tun sie ihren Dienst. Gewissenhaft stehen sie Posten und schauen zu, wie Häftlinge verprügelt werden. Auch bei den Vergasungen erfüllen sie ihren Dienst vor den Krematorien mit sturer Genauigkeit. Sie haben noch keinen so harten Schlag wie die alten SSler, aber sonst ist ein grundlegender Unterschied kaum festzustellen. Einzelne schimpfen heimlich, wenn sie mit einem Häftling allein sind; das ist alles.
»Der Beste gehört mit dem Schlechtesten erschlagen!« – so schätzt das Lager die SSler ein.

*

Heute vormittag war ich zum Schutzhaftlagerführer befohlen und bekam die Erlaubnis, mir die Haare wachsen zu lassen. Diese Begünstigung bekommen Häftlinge, die ausgezeichnet werden sollen.
Das kam so: Seinerzeit habe ich besprochen, daß auch für uns einige Vorbereitungen für eine Flucht getroffen werden sollten. Direkt kann ich Wirths nicht darum bitten, mich für diese Begünstigung vorzuschlagen; ich habe ihn bis jetzt bewußt noch nie um etwas für mich selbst gebeten, es würde ihm also auffallen, wenn ich es nun täte. Da kommt mir Staszek, der polnische Friseur in unserem Kommando, zu Hilfe. Er hat jeden Morgen auch Wirths zu rasieren, und eines Tages nützte er die Gelegenheit, um ihn zu bitten, sich dafür einzusetzen, daß er sich die Haare wachsen lassen darf. Wirths hat zugesagt und diktiert mir ein diesbezügliches Schreiben an den Schutzhaftlagerführer.
»Darf ich auch Zbyszek auf diese Liste setzen? Er hätte sicher eine große Freude, wenn er die Erlaubnis bekäme.« Ich weiß, daß Wirths mit Zbyszek sehr zufrieden ist.
»Gut, schreiben Sie ihn dazu.«
»Und auch Edek in der Küche ist sehr anständig und schon so lange im Lager.«
Schließlich fragt mich Wirths, ob ich sonst noch jemanden vorzuschlagen hätte. Und er fügt hinzu:
»Schreiben Sie sich auch gleich selbst auf diese Liste auf.«
Schließlich stehen wir zu sechst vor der Tür des Arbeitszimmers des Schutzhaftlagerführers, auch Fejkiel ist dabei.
In den nächsten Wochen habe ich viele Witze auszuhalten,

denn ich behalte meine Glatze. Trotz der Erlaubnis will mir keine Frisur wachsen.

*

Jeden Montag laufen die Wochenmeldungen aus allen Lagern bei mir ein. Ich muß sie statistisch bearbeiten und Wirths vorlegen.
Im Stammlager hat es wieder weniger Tote gegeben. Die Belegstärke wächst, wir sind jetzt schon mehr als 18 000. Immer mehr Außenlager entstehen, sie werden auch immer größer. Buna – offiziell Monowitz genannt – erreicht bald 10 000. Insgesamt haben wir jetzt an die 25 verschiedene Arbeitslager. Da braucht's seine Zeit, bis man alle Meldungen durchgerechnet hat.
Was ist das? Die Meldung vom Zigeunerlager zeigt eine Belegstärke über 7000 am Anfang der Woche. Aber Donnerstag hört die Meldung plötzlich auf. Überall sind Striche an Stelle der Zahlen eingesetzt. Was ist da geschehen? Transport ist keiner gegangen. Also Gas? Ich will Sicherheit.
»Herr Doktor, die Meldung vom Zigeunerlager ist diese Woche unvollständig, ich kann daher die Zusammenstellung nicht machen. Kann man nach Birkenau hinübertelefonieren lassen, daß die Meldungen der letzten drei Tage nachgeholt werden?«
»Sie brauchen nicht telefonieren lassen. Ich weiß schon. Lassen Sie das Zigeunerlager aus der Wochenzusammenstellung aus.«
Also doch.
»Warum hat man das gemacht?«
»Befehl aus Berlin.« Er zuckt mit den Achseln.
»Es hat doch immer geheißen, daß die Zigeuner bevorzugt behandelt werden sollen.«
»Höß ist da und braucht Platz.«
Wieder zuckt er mit den Achseln. Bei der Zusammenstellung schreibe ich den Belegstand des letzten Tages zur Totenzahl dazu. So lege ich dann die Statistik Wirths auf den Schreibtisch. Er sagt kein Wort dazu.
Ich sehe die Kinder vor mir, wie sie durch den Schmutz der Lagerstraße waten, die Frauen, wie sie mit ihren Säuglingen auf dem Arm vor der Ambulanz warten.
Das war. – Wieder einmal.

*

Edek Pyś, nachdem er die Erlaubnis erhalten hat, sich die Haare wachsen zu lassen, gezeichnet von Zbyszek Raynoch

»Die Widerstandsgruppe draußen scheint nicht sehr stark zu sein.«
»Ich glaub auch, daß sie mehr schreiben, als wirklich vorhanden ist.«
Wir haben jetzt schon einige Briefe bekommen, in denen uns immer wieder Unterstützung versprochen wird, Handgranaten, Speziallandkarten und dergleichen. Auf Józeks Schreiben haben sie zugesagt, einen genau ausgearbeiteten militärischen Plan für eine Lagerbefreiung in Zusammenarbeit mit einer militärisch organisierten Gruppe im Lager auszuarbeiten – aber noch nichts davon ist da. Auch Józek ist skeptisch.
»Ich glaube, es wird notwendig sein, daß wir jemanden hinausschicken, der von draußen mit dem Lager gemeinsam eine Aktion vorbereitet.«
»Der kennt dann die Verhältnisse hier. Das ist sicher besser.«
»Es müßte jemand sein, auf den wir uns verlassen können.«
»Ja, jemand von unserer Leitung.«
»Vielleicht sollen wir die Leitung unserer Kampfgruppe hinaus zu den Partisanen verlegen?«
Ja, wir selbst müßten hinaus. Oft sprechen wir davon, immer muß ich darüber nachdenken. Ich schaue auf meine Schreibmaschine und denke nur daran. Ich schreibe Listen und addiere Zahlen – immer mit diesem Gedanken im Kopf.
Täglich fährt der Sanka vom Revier weg. Als Gepäck hat er Büchsen mit Zyklon B Grell leuchtet das rote Kreuz auf seinem Dach und der Wagenwand, wenn er mit dem Giftgas den Transporten aus Ungarn entgegenfährt.
»Zyklon B wird knapp.« Neulich hörte ich das Klehr sagen. So viel wird vergast.
Lachmann ist wieder nach Auschwitz rückversetzt worden, zur politischen Abteilung. Höß hat ihn angefordert. Er macht jetzt in Birkenau Dienst.
Ich habe kein gutes Gefühl.

*

Tatsächlich, das Gas wird knapp. Immer neue Transporte kommen. Einmal, als drei Tage die Zufuhren von Menschen zum Krematorium stockten – Waggonmangel, sagte die SS –, ist Höß in Eile nach Budapest gefahren. Dann rollen wieder die Züge und die Schlote rauchen. Auch jetzt läßt er

die Aktion nicht gefährden. Er gibt Befehl, daß weniger Gas in die Gaskammern eingeleitet wird. Viele werden nur betäubt, nicht mehr getötet, kommen also noch lebend auf den Loren zu den Öfen der Krematorien und werden so verbrannt.
Und noch einen Befehl gibt Höß, um Gas zu sparen: Vor den Krematorien werden im Freien Holzstöße errichtet. In das Feuer werden die Kinder der ungarischen Juden geworfen. Die Kinder deshalb, weil sie das geringste Gewicht haben. Aus jedem Transport werden starke Männer ausgesucht, die müssen die Kinder – also auch ihre eigenen Kinder – lebend in die Flammen werfen. Als letzte werden diese Männer vergast.
Unsere Genossen aus Birkenau schreiben uns:
»Wir sehen, wie sich im brennenden Scheiterhaufen kleine Flammenkugeln bewegen und herauskriechen.«
Ich berichte das Wirths mit denselben Worten. Er springt auf und geht erregt auf und ab.
»Nein, das ist nicht wahr, das ist doch unmöglich!«
»Das ist wahr, Herr Doktor. Es handelt sich um Kinder in dem Alter, wie Ihre sind.«
»Das kann nicht wahr sein! Auch Ihre Nachrichten müssen nicht immer stimmen. Ich fahre morgen selber hinaus und werde mich überzeugen.«
Am nächsten Tag, wie er von Birkenau zurückkommt, schaue ich ihn beim Diktat fragend an.
»Ich kann nichts tun, Langbein. Höß hat das Kommando über diese Aktion.«
Seitdem zweifelt er nie mehr an der Wahrheit meiner Nachrichten.

*

Heute haben wir uns entschlossen, Ernst und ich: Wir werden bei der nächsten Besprechung unserer Kampfgruppenleitung beantragen, daß wir – der »Kopf«, wie Tadek immer sagt – fliehen und die Leitung der Aktion hinausverlegt wird. Der Russe drängt – die Zeit drängt. Er hat recht, wenn er sagt, daß die nächste russische Offensive schon bis in unsre Gegend vorstoßen kann.
Lang haben wir gebraucht, bis wir endgültig diesen Entschluß gefaßt haben. Uns beide drängt es, endlich kämpfen

zu können, nicht immer nur warten und abwehren müssen, endlich handeln. Aber persönliche Wünsche dürfen uns nicht beeinflussen. Wir müssen den Entschluß als Verantwortliche der Gruppe fassen. Es fällt uns schwer, niemand anderen um seine Meinung zu fragen, aber niemand darf von einer kommenden Flucht wissen, nur die unmittelbar Beteiligten. Es gab manche Bedenken. Man muß mit Repressalien rechnen. Bei unseren Angehörigen. Und vor allem auch bei unseren Genossen hier im Lager.
Vor einiger Zeit ist es zwei Polen gelungen, aus einem Kommando, das außerhalb der großen Postenkette mit Vermessungsarbeiten beschäftigt ist, zu fliehen. Weil sie nicht mehr gefunden werden konnten, wurden alle übrigen Häftlinge des Kommandos – 14 waren es – abends vor der Küche öffentlich beim Appell gehenkt. Als wir einrückten, sah ich eine Traverse, auf zwei massiven Holzpfosten gelagert. An ihr hingen die 14 Leichen. Gelb, mit unnatürlich gedehntem Hals, mit Speichelfäden aus dem Mund. Wir zogen alle die Mützen, wenn wir vorbeigingen.
Wer wird morgen so baumeln?
Wenn wir Sanktionen fürchten, werden wir nie etwas unternehmen können. Jedenfalls ist die schlimmste Gefahr für das Lager die, daß wir nichts vorbereiten und alle wehrlos im letzten Augenblick liquidiert werden. Die Nazis werden alles tun, damit den Russen keine Zeugen von Auschwitz in die Hände fallen.
Unsere Angehörigen können wir nur in unserem illegalen Briefwechsel auf Sanktionen vorbereiten, mehr nicht. Dieser Entschluß ist nicht leicht.
»Wir müssen uns auch überlegen, wer die Leitung der Kampfgruppe hier im Lager übernehmen soll, wenn wir draußen sind.«
Ich schlage vor, daß Rudl Friemel sie übernehmen soll. Er hat sich hier am besten entwickelt. Er versteht's gut, mit anderen zusammenzuarbeiten. Die französischen Genossen, mit denen er Kontakt hält, haben ihn recht gern und die Polen auch.
So beschließen wir, daß Ernst mit Rudl spricht, ihn als einzigen Nichtbeteiligten in unsere Pläne einweiht und ihm vorschlägt, als österreichischer Vertreter nach unserer Flucht in der Leitung der Kampfgruppe zu arbeiten.

Bei der nächsten Besprechung stimmt Józek unseren Plänen zu. Die Rollen sind vertauscht. Jetzt schlage ich Józek die gemeinsame Flucht vor. Er runzelt die Stirn, seine klugen Augen blicken von einem zum anderen.
»Der Kopf muß fliehen. Das ist nützlich. Aber wie soll ich fliehen? Ich bin doch noch als Kranker im Krankenbau. Die Blockführer kennen mich noch von der Zeit her, wo ich Blockschreiber war. Und seit meiner Fluchtgeschichte erst recht. Ich kann also kaum unbemerkt mit einem Arbeitskommando aus dem Lager marschieren. Vielleicht flieht Ihr beide allein. Jedenfalls muß die Flucht so organisiert werden, daß Ihr außerhalb des Lagers von unsern Genossen abgeholt werdet, mit Waffen selbstverständlich.«
»Es ist besser, wenn Du auch mitkommst, Józek. Schon wegen draußen. Wir beide können nicht gut polnisch.«
Ernstl hat sich nachsichtig ausgedrückt. Er spricht ein bisserl polnisch, ich aber so gut wie überhaupt nicht.
»Besser wär's natürlich«, Józek lacht sein stilles Lachen, »aber ob es möglich ist?«
»Ich glaub, daß wir unsere Flucht überhaupt anders organisieren müssen. Wir können uns nicht drei Tage im Lagerbereich versteckt halten.«
Das ist klar. Wenn wir drei fliehen, zwei »Deutsche«, Józek und ich, die wir beide durch unsere Bunkergeschichten lagerbekannt sind, dann wird die politische Abteilung anders suchen als bei einer gewöhnlichen Flucht.
Schließlich sieht Józek einen Weg: Wir müßten mit einem SSler fliehen, uns von ihm über die Postenkette führen lassen.
»Neulich sind in Birkenau welche mit einem SS-Posten geflohen, dem sie 10 000 Dollar gegeben haben.«
»Das wär ein Weg.«
Unsere Flucht ist endgültig beschlossen. Es ist ein eigentümliches Gefühl, mit dem Wissen um diesen Beschluß im Lager herumzugehen, mit Bekannten zu sprechen.

*

Flucht. – Wir brauchen einen SSler dazu. – Ein Versteck innerhalb der großen Postenkette muß gesucht werden. – Pepi Meisel, der Spanienkämpfer, der mit falschen Papieren nach Wien zurückkehrte und dort die Widerstandsbewegung

leitete, muß so schnell wie möglich weg, denn jeden Tag kann sein Todesurteil von Wien nachkommen. – Kontakt mit dem Kommandanten herstellen, damit möglichst keine Repressalien erfolgen. – Was wird zu Hause geschehn?
Flucht: Alle Gedanken drehen sich darum.
Aber nicht immer kann ich daran denken. Stenogramm und Schreibmaschine halten mich ab. Und auch Zbyszek, mein polnischer Freund von der Schreibstube. Zbyszek will immer mehr von der Kommunistischen Partei und ihren Zielen erfahren. Was ist eigentlich Sozialismus? Wird durch ihn nicht jede Initiative getötet? Und vor allem: Wie kann dann ein Künstler arbeiten?
Wir haben vereinbart, daß wir uns in den Stunden, in denen der Chef weg ist und auch sonst keine Arbeit wartet, systematisch über politische Fragen unterhalten.
Wie schön ist's, Fragen zu beantworten, die ehrlich gemeint sind.
Mutz, unsere Revierkatze, klettert an meinen Hosenbeinen in die Höhe, sie will mit mir spielen. Aber jetzt habe ich keine Zeit für dich, Mutz.
»Im Faschismus werden die Ärzte Mörder.«
»Und im Sozialismus die Arbeitersöhne Ärzte.«
Wir rücken ein. Zbyszek geht in der Reihe vor mir. Er hat jetzt einen aufrechten Gang. Selbstbewußt ist er geworden. Ja, in Auschwitz geht man entweder zugrunde oder man wächst. Wie viele gehen aber zugrunde! Nicht nur alle die, deren Leben endet. Auch alle jene, deren Lebensmoral im Schatten der Krematorien gebrochen wird.

*

Heute sind wir wieder ein Stück vorwärtsgekommen. Wir haben ein Versteck innerhalb der großen Postenkette gefunden. In den Deutschen Ausrüstungswerken ist unter einer Maschine eine Falltür, darunter ein kleiner Raum, groß genug, um darin zu hocken. Luft kommt durch die Ritzen hinein, ersticken wird man dort nicht. Bisher haben sie bei Fluchten dort noch nie gesucht. Auch die Hunde können keine Spur finden, rund um die Maschine gehen täglich viele Menschen. Die SS hat nämlich eine Hundestaffel, die wird bei Fluchten eingesetzt.
»Wer hat denn das Versteck gefunden?« frage ich Ernstl.

»Lokmanis. Ich hab ihm gesagt, wozu wir es brauchen. Jetzt will er auch unbedingt fliehen.«
»Lokmanis? – Er ist doch nicht sehr kräftig. Wird er ein Partisanenleben aushalten?«
»Er sagt, daß er draußen mehr machen kann als hier. Er will versuchen, wenn es noch länger dauert, sich zu den Russen durchzuschlagen.«
Ich denke an seine Schrift über den deutschen Chauvinismus. Er ist viel klüger als wir. Wahrscheinlich denkt er auch hier richtiger als ich. Man muß sich seinen Vorschlag überlegen.
»Was ist, hat Józek schon Antwort bekommen?«
»Ja, gestern. Die draußen schreiben, sie sind jederzeit bereit, Leute von uns zu empfangen. Hinauskommen müssen sie allein. Die Anlaufstelle ist zwei bis drei Kilometer vom Lager entfernt. Sie haben eine genaue Landkarte geschickt.«
»Endlich etwas Konkretes. Die Landkarte müssen wir vervielfältigen. Jede Gruppe, die flieht, braucht eine.«
»Ja. Durchsichtiges Papier haben wir draußen in unserer Schreibstube. Ich kann morgen so was hereinbringen.«
Wenn ich untertags ins Lager gehe, trage ich immer eine Aktenmappe mit mir. Irgendwelche Papiere offizieller Art lege ich stets hinein, das schaut besser aus, wenn mich jemand anhalten und fragen sollte. Die Mappe hat einen doppelten Deckel, dazwischen kann man Papiere verstecken. Zbyszek hat mir sehr geschickt diese Mappe so präpariert.
Dann gibt es noch eine Neuigkeit. Wir haben einen SSler entdeckt, der vielleicht als Hilfe für unsere Flucht in Frage kommt. Rudl hat mich auf ihn aufmerksam gemacht. Er ist Blockführer, ein Sturmmann. Er ist schon lange im Lager und hat nie geschlagen. Günstig ist auch, daß er aus der Umgebung von Gumbinnen kommt, einem Ort in Ostpreußen, dem sich russische Truppen bereits nähern.
»Ist er verheiratet?«
»Nein, er ist ledig.«
Auch das ist gut für unseren Plan.
»Er ist oft bei Karl in der Bekleidungskammer. Die beiden reden ziemlich offen miteinander.«

*

Schon für den übernächsten Abend hat mir Karl, der Capo von der Bekleidungskammer, Rudls Freund, eine Zusam-

menkunft mit dem Blockführer, den wir für die Flucht überreden wollen, vereinbart. Um 9 Uhr sollen wir uns in seinem Block, im Zimmer vom Capo, treffen.
»Ist es Dir lieber, wenn ich nicht bei Euch bleibe?« fragt Karl.
Ja, es ist mir lieber, ihn unter vier Augen zu sprechen. Selbst Karl braucht nichts von unseren Fluchtplänen zu wissen.
Ich bin als erster im Zimmerl auf dem Dachboden. Ich höre Schritte. Deutlich sind die schweren, genagelten Schuhe des SSlers zu vernehmen.
Wenn ein SSler in ein Zimmer kommt, müssen Häftlinge aufstehen und Haltung annehmen.
Ich stehe aber nicht auf, er ist ja jetzt nicht SSler, und ich bin nicht Häftling. Im Sitzen gebe ich ihm die Hand. Er nimmt sie. Die ersten Augenblicke habe ich ein merkwürdiges Gefühl, er anscheinend auch.
Wir sitzen uns allein im Zimmer gegenüber: Er mit einem Ordensband im Knopfloch, ich mit meiner Häftlingsnummer auf der Brust. Ich habe absichtlich keine andere Jacke angezogen. Man kann mich im Lager leicht finden, wenn man will. Und er soll sehen, daß ich keine Angst vor ihm habe.
»Also Du weißt, worum es sich handelt?«
Ich sage ihm Du – das Du unter Kameraden.
»Nein, eigentlich nicht.«
»Ich rede mit Dir im Namen unserer Organisation. Du weißt doch, daß hier im Lager eine Organisation besteht?«
»Ich habe mir's denken können.«
»Gut. Also zuerst: Wie immer Du Dich zu unserm Vorschlag stellen willst: Ich rede ganz offen und erwarte dasselbe auch von Dir. Dein Name und Deine Adresse sind draußen, sowohl bei der Widerstandsorganisation in Polen als auch in London und Moskau. Wenn mir in nächster Zeit etwas geschieht, dann lebst Du nicht mehr lange.«
Ich schaue ihm dabei fest in die Augen. Sein Gesicht verändert sich nicht. Ich beobachte auch seine Hände – ich denke daran, wie ich bei Lachmann war und mir nichts vom Gesicht ablesen ließ. Auch seine Hände zeigen nichts an. Sie liegen ruhig auf seinen Schenkeln.
»Soll ich weitersprechen?«
»Ja, sprich nur.«
Seine Stimme klingt belegt. Er ist beeindruckt.

»Unsere Organisation plant eine Flucht. Willst Du mit uns fliehen?«
»Ich habe gedacht, daß so etwas kommen wird.«
»Dann wirst Du ja auch schon an Deine Antwort gedacht haben.«
Ich lache ihn freundlich an..
»Was geschieht mit mir, wenn die Flucht gelungen ist?«
»Das kannst Du Dir aussuchen. Du kannst mit uns mitkämpfen, wenn Du willst – wir gehen zu den Partisanen –, oder Du kannst Dich so lange verstecken, bis die Russen kommen. Wir garantieren Dir ein sicheres Versteck und auch Dein Leben, wenn die Russen da sind.«
»Wenn die Russen aber nicht kommen?«
Ich muß lachen: »Du hörst doch sicher auch ausländisches Radio. Du kennst doch die Lage. Eure endgültige Niederlage ist doch nur mehr eine Frage der Zeit.«
»Wenn das aber nur ein Versprechen von Euch ist, und Ihr legt mich um, wenn wir draußen sind?«
»Was für ein Interesse sollten wir daran haben? Wir sind gute Kameraden, das solltest Du schon bemerkt haben.«
Schließlich einigen wir uns darauf, daß er sich das Ganze überlegt und mir in zwei Tagen in der Bekleidungskammer Antwort sagt.
»Vergiß also nicht, was ich Dir am Anfang gesagt habe. Es wäre nur unangenehm für uns beide.«
Lächelnd schütteln wir uns die Hände.

*

Heute spielen wir Eisenbahn.
In unserem Zimmer sind Schienen ausgelegt. Unterm Tisch gehen sie durch, bei der Tür ist die Endstation. Ein Wechsel ist vor dem Spind. Zbyszek hat von Dr. Fischer eine Kindereisenbahn zur Reparatur bekommen und nun muß sie ausprobiert werden. Die Lokomotive fährt, und ihre Feder schnurrt laut, die Katze will mitfahren, Emil ist mit Begeisterung dabei. Wir stellen Wechsel und fahren immer wieder. Kein SSler kann uns etwas sagen. »Reparatur für Dr. Fischer«, sagt Zbyszek und schneidet damit jede Frage von vornherein ab.
Ich gehe mittag ins Lager, zu Ernst. Gestern abend war's

schon zu spät, um noch zu ihm zu gehen. Als ich bei der Blockführerstube melde: »Häftling 60-3-55 vorübergehend ins Lager« und meinen Passierschein zeige, steht mein Blockführer von gestern abend da. Er hat Dienst. Kein Zug verändert sich in seinem Gesicht. Er schreibt meine Nummer auf. »Ab.«
Um keinen Ton freundlicher kommt das Wort bei ihm heraus als bei den andern. Gut.
Dann muß ich denken: Er kann sich gut beherrschen, gut verstellen.
»Jetzt müssen wir schauen, daß die Flucht schnell stattfindet, es ist ein riskantes Spiel, das man nicht zu lang treiben soll.«
So ende ich meinen Bericht bei Ernst. Er ist meiner Meinung.
»Auch Lokmanis drängt. Bei ihm ist schon alles bereit. Seine Flucht muß vor unserer sein. Sprich einmal mit Józek, daß er mit draußen einen fixen Termin ausmacht.«
Dann bin ich wieder draußen. Mit lautem Rattern schnurrt gerade das Federwerk der Lokomotive ab. Sie ist aus dem Geleise gestürzt und liegt auf der Seite. Neben ihr steht unsere Mutz mit gekrümmtem Rücken.
»Die Mutz hat sie umgeschmissen, das hättest Du sehen sollen, Hermann!«
Emil kann sich vor Lachen kaum halten.

*

Mein SSler hat »Ja« gesagt. Zuerst hat er gefragt, ob ein Deutscher bei der Flucht mit dabei ist – scheinbar vertraut er den Polen nicht recht. Als ich ihm gesagt habe, daß auch ich mit fliehen werde, hat er zugesagt. Nun können wir mit der konkreten Ausarbeitung unseres Planes beginnen. Am schwersten wird es sein, Józek aus dem Krankenbau herauszubringen. Entlassen darf er nicht werden, sonst wird die politische Abteilung auf ihn aufmerksam. Und Liebehenschel ist nicht mehr da, dafür aber Lachmann.
Ernst hat sich schon ein neues Kommando verschafft. Er fährt einen Wagen mit Trinkwasser an Arbeitsstellen, wo es kein keimfreies Wasser gibt. So kommt er viel herum. Wirths hat befohlen, ein solches Kommando aufzustellen. Auf diese Weise will er den Typhus bekämpfen. Ernst wohnt aber weiter auf Block 4, und das Kellerkammerl dort ist uns weiter zugänglich, Ernst hat das geregelt.

Der SSler soll Ernst, Józek und mich aus der großen Postenkette hinausführen. Dazu ist ein Schein nötig, auf dem die Anzahl der Häftlinge und die Aufgabe des Kommandos vermerkt sind. So einen Schein kann sich unser Blockführer leicht verschaffen, sie werden ja in der Blockführerstube ausgegeben.
»Jetzt wär's noch wichtig, daß wir den Ort besichtigen, den uns die Partisanen als Treffpunkt auf der Kartenskizze bezeichnet haben.«
»Ich glaub', das wird gehen. Ich werde versuchen, ob ich das mit Wirths regeln kann.«

*

Heute soll Lokmanis – Alfred Klahr – zusammen mit einem Polen fliehen. Gestern hab ich noch mit ihm gesprochen. Es war ein kurzer Abschied.
Bedächtig und sachlich hat er erzählt, wie er sich seine Arbeit draußen vorstellt. Was für ein Mensch! Ich bin stolz, mit ihm gemeinsam in einer Bewegung zu stehen.
Es ist nachmittag. Bis jetzt hat die Sirene noch nicht geheult. Je später sie seine Flucht bemerken, desto besser. Zu Mittag versteckt er sich unter der Maschine, so ist es ausgemacht. Die Häftlinge sind draußen beim Essenfassen, da geht's unbemerkt. Szymon hilft dabei, er muß die Maschine nachher wieder an den rechten Platz rücken.
Es wird Abend, noch immer ist's ruhig. Unser Kommando tritt schon zusammen, ich decke meine Schreibmaschine zu. Da – die Sirene. Flucht. Ein langer Ton.
»Es hat sich schon wieder jemand verabschiedet.«
Emil freut sich.
Jetzt muß Lokmanis drei Tage warten. In der Nacht nach dem dritten Tag soll er zur Anlaufstelle. Essen und Trinken hat er genug in seinem Versteck, ich habe ihm auch eine kleine Apotheke hergerichtet. Hoffentlich gelingt's!

*

Wirths diktiert den Monatsbericht, lang und ausführlich. Und dann spricht er Worte des Bedauerns, daß ich nun so viel zu schreiben habe.
»Da habe ich eine Bitte: Kann ich nicht einmal spazierengehen? Es ist der sechste Sommer, den ich eingesperrt bin.«

Er ist überrascht und schaut mich mitleidig an. »Aber wie?«
»Ich habe es mir so gedacht: Sie lassen jetzt doch alle Sümpfe und Teiche in der Umgebung bestäuben, damit die Malariafliegen ausgerottet werden.« – Wirths bemüht sich, die Malaria zu bekämpfen, die zu allen anderen ansteckenden Krankheiten dazugekommen ist – »Ich bin sicher, daß nicht jedes stehende Wasser in diese Aktion einbezogen wird. Die Landkarten sind ungenau und die SSler, die diese Arbeit durchzuführen haben, interesselos. Wenn Sie befehlen, daß ein Posten mit Zbyszek und mir das Gelände der Umgebung abgeht, würden wir alle stehenden Wässer genau einzeichnen. So könnten wir hinauskommen und für die Malariabekämpfung wär's auch von Vorteil.«
»Wollen Sie fliehen, Langbein?«
Er schaut mich an. Jetzt muß ich schnell antworten.
»Ich darf nicht fliehen, Herr Doktor. Sie wissen, ich will hier im Lager meinen Kameraden helfen.«
Der Ton meiner Stimme war überzeugend, ich merke es an seinem Gesichtsausdruck.
»Gut. Ich fahre in den nächsten Tagen nach Berlin. Erinnern Sie mich vorher, daß ich dem Spieß einen Befehl dafür gebe.«
»Jawohl.«

*

Die Anlaufstelle hat einen Brief geschrieben. Lokmanis und der polnische Genosse, der mit ihm geflohen ist, sind ohne Zwischenfälle angekommen. Lokmanis schreibt:
»Wir beide fahren so schnell wie möglich nach Warschau weiter. Wenn es geht, schicke ich Post.«
Er hält es also nach den Gesprächen mit den Genossen auf der Anlaufstelle für besser, sich nach Warschau zu wenden, als hier bei den Partisanen in den Beskiden Anschluß zu suchen. Um so notwendiger, daß wir schnell hinauskommen.
»Der nächste muß der Pepi Meisel sein. Er soll noch vor uns fliehen, vielleicht wird nach unserer Flucht durch irgendwelche Maßnahmen jede weitere erschwert.«
»Er will mit Szymon fliehen. Die beiden haben sich schon besprochen.«
Mit meinem SSler komme ich nicht weiter. Erst hat er »Ja« gesagt, dann zögert er wieder.
»Ich habe hier eine Freundin, mit der muß ich zuerst Schluß

machen.« Dann wieder will er noch seinen nächsten Urlaub abwarten und nach Hause fahren. Seine Eltern sind evakuiert worden, und er will nach dem Rechten sehen.
Wir sitzen wieder im Zimmerl in der Bekleidungskammer beisammen.
»Reden wir doch einmal ganz offen: Ich hab den Eindruck, Du möchtest den Termin hinausschieben. Wir wollen das aber nicht. Bist Du bereit, jetzt gleich zu fliehen? Du kannst es ruhig sagen, wenn Du dazu nicht bereit bist, es wird Dir deswegen nichts geschehen. Aber halt uns nicht mehr hin.«
»Ganz offen gesagt: Jetzt gleich bin ich nicht bereit.«
Er ist sichtlich erleichtert.
»Gut. Dann hilf uns, daß wir ohne Dich fliehen können. Wir brauchen einen Passierschein und eine Uniform. Was kannst Du uns verschaffen, ohne daß Du in Verdacht kommst? Denn daran haben wir kein Interesse, wir wollen ja auch später noch Fluchten organisieren.«
Auch das gefällt ihm. Er will die Brücken zu uns nicht abbrechen.
»Passierschein ist leicht. Ich bringe Dir einen alten, da müßt Ihr nur das Datum fälschen. Das merkt kein Posten, wenn Ihr's geschickt macht. Uniform ist schon schwerer. Eine Hose kann ich Euch bringen, ich habe eine zweite, sie ist schon alt, aber das macht Euch doch nichts?«
»Nein, das macht nichts. Rock können wir uns auch ohne Dich verschaffen, Mütze auch. Schau, daß Du ein Koppel auftreiben kannst.«
Heinz arbeitet jetzt in der SS-Bekleidungskammer als Capo. Er hat verhältnismäßig große Bewegungsfreiheit, leicht Zutritt zu SS-Uniformen und hat auch viel Möglichkeiten, mit SSlern zu sprechen und sie kennenzulernen. Das braucht er als Leiter unserer militärischen Organisation.
Er besorgt den Rock und die Mütze.
Es ist auch heute abend wieder spät geworden. Ich habe zum Schlafen wenig Zeit. Oft passiert's mir, daß ich während der Arbeit einnicke.

*

Es ist der 21. Juli.
Wirths ist nach Berlin gefahren und hat vorher den besprochenen Befehl gegeben. Ullmann, ein SS-Unterscharführer,

führt Zbyszek und mich hinaus. Er ist ein alter Kracher, der fürchterlich nach Pfeife stinkt.
Herrlich ist's, so ins Grüne hinauszugehen. Bald sehen wir kein Lager mehr und keine SS. Zbyszek hat die Landkarte in der Hand und zeichnet mit gewichtiger Miene jeden Tümpel ein. Ich lenke den Weg unauffällig so, daß wir in die Gegend kommen, die als Treffpunkt mit den Partisanen vereinbart ist.
Die Partisanen haben den Weg gut beschrieben. Die Baumgruppe, die sie als Kennzeichen angegeben haben, ist nicht zu verfehlen. Das Gebiet links und rechts von dem Weg zum Treffpunkt ist versumpft, also kann uns hier niemand in die Quere kommen.
Weiter geht's. Wir kommen zu den Fischteichen von Harmense. Von hier beziehen die Herren Führer ihre Fische. Sie sollen vorzüglich schmecken, erzählt man. Sie werden mit der Asche der Krematorien gefüttert.
Ullmann ist müde. Wir legen uns auf einen Damm zwischen den Teichen in die Sonne. Wir machen uns den Oberkörper frei.
»Sie haben es gut, Sie können sich ausziehen. Ich muß die Uniform anbehalten.«
»Wir können auch die Uniform tauschen, Herr Unterscharführer.«
Er lacht schief. Dann kommt er in's Erzählen. Ich habe schon bemerkt, daß er etwas auf dem Herzen hat.
»Wissen Sie schon? Auf den Führer wurde gestern ein Attentat verübt. Er ist unverletzt, aber ein General und mehrere andere höhere Offiziere sind getötet.«
Ein Attentat! Wenn es gelungen wäre! Im Augenblick kann ich gar nichts sagen.
»Von wem ist es denn ausgegangen?« Zbyszek fragt.
»Von Verrätern in der Wehrmacht, adeligen Offizieren. Aber mit denen wird jetzt abgerechnet. Himmler ist oberster Befehlshaber der Heimatfront. Jetzt werden endlich diese Saboteure am totalen Krieg rücksichtslos beseitigt. Jetzt werden alle Mittel für den Endsieg eingesetzt, und wer nicht mittun will, wird liquidiert.«
Also versuchen die Ratten, das sinkende Schiff zu verlassen. Die Sonne strahlt auf uns nieder. Grün ist's ringsherum, Flie-

gen, Vögel, Wolken. Herrlich! Bald werde ich ganz im Grünen sein.
»Auf!«
Wirst nicht mehr lange kommandieren können, du alter Trottel.
»Jawohl!«
Ein Weg zwischen Bäumen, Schilf, Enten im Wasser. In der Ferne die Beskiden. Immer wieder muß ich zu ihnen schauen. Eine staubige Straße und wieder das Lager. SS auf Fahrrädern. Wenn sie an uns vorbeifahren, müssen wir stramm die Hände anlegen.
Der Ausflug ist zu Ende – unser Ausflug kann beginnen.
Als unser Kommando abends ins Lager einrückt, liegt neben dem Tor so, daß alle vorbeimarschierenden Kommandos es sehen müssen, ein grauer Haufen. Vier Leichen. Erschossene. Blutflecken am Häftlingsanzug, ein zerschmetterter Schädel. Sie sind auf der Flucht erwischt worden, jetzt sollen sie uns abschrecken.
Werde ich bald da liegen? Sterben oder kämpfen – handeln, nur handeln können, nicht warten müssen, bis die anderen handeln wollen.

*

Heute fliehen Pepi und Szymon. Wieder warte ich auf die Sirene. Wieder wird erst am Abend Fluchtalarm gegeben. Pepi hat den Auftrag, auf jeden Fall in der Umgebung bei den Partisanen zu bleiben. Wir haben von Lokmanis noch keine Post.
Die russische Offensive hat eingesetzt. Wie haben wir auf sie gewartet! Wie stürmisch dringt sie vor!
Kommt nur, kommt! Wir wollen euch zur Begrüßung entgegen! Alle Polen sind ganz aufgeregt. Ein Teil ihrer Heimat wird befreit. Die, die im Osten des Landes wohnen, triumphieren: Ihre Angehörigen sind schon frei! – Und in den Triumph mischt sich die Angst: Oder beim Rückzug der Deutschen liquidiert? Aber der Rückzug erfolgt sehr rasch, jeden Tag können wir auf der Landkarte abmessen, wie schnell er geht.
Lublin ist frei.
Bei Lublin war ein Konzentrationslager. Wir haben nur wenig darüber gehört, aber sehr Schlimmes.

Eines Tages kommen Zugänge ins Lager – die Lubliner. Nur Deutsche und Österreicher. Es sind auch Spanienkämpfer dabei, der Hans mit den Silberzähnen, der in Gurs und Vernet in der Küche war. Die meisten Ausländer sind vor der Ankunft der Russen vergast worden.
Unsere Bekannten haben bis zum letzten Augenblick in der Rüstungsindustrie arbeiten müssen, dann wurden sie zu Fuß hierhergetrieben.
»Und da seid Ihr nicht geflohen? Habt Ihr denn keine Gelegenheit gehabt?«
Gelegenheit wäre schon gewesen, aber immer nur für einzelne, sie wollten aber beisammenbleiben.
»Unsere Organisation darf nicht so versagen, wie die Lubliner versagt haben. Lassen sich wie die Schafe von Lublin bis Auschwitz treiben. So etwas!«
»Unseren Leuten fehlt's oft an Initiative. Aus dieser Lubliner Angelegenheit müssen wir lernen.«
Mit den Lublinern ist auch ihr Lagerältester mitgekommen, ein Krimineller, der dort schlimm gehaust hat. Er wird hier als stellvertretender Lagerältester eingesetzt. Wieder gibt's Prügel im Lager.
Wörl wurde schon vor einiger Zeit in ein Außenlager versetzt. Er konnte sich der SS gegenüber nicht halten und ließ sich leider nicht raten. Jetzt ist ein andrer Deutscher erster Lagerältester, auf den wir keinen Einfluß haben.
Ich spreche mit Wirths und mache ihn auf die Gefahren aufmerksam, die ein neuer Kurs gerade in der jetzigen Zeit für das Lager haben kann.
»Wir alle haben doch ein Interesse, daß es Ruhe im Lager gibt. Ihnen muß klar sein, daß sich im Lager sehr viele über den Vormarsch der Russen freuen, uns ist klar, daß er für Sie eine Gefahr bedeutet. Die Ruhe aufrechterhalten ist jetzt die Hauptsache, und das, was der neue Lagerälteste aus Lublin tut, ist sicher nicht dazu angetan.«
»Was soll man machen? Vielleicht wäre es möglich, daß Sie diesbezüglich mit dem Kommandanten sprechen?«
»Wenn Sie glauben, daß es nützlich ist?«
»O ja, Baer ist Argumenten zugänglich.«
»Wenn Sie es möglich machen, wären wir Ihnen dankbar.«
Wieder werde ich zum Kommandanten geholt. Jetzt steht der dunkelbraune Schreibtisch anders, schief übers Eck,

auch der Kommandant schaut anders aus. Ich sage ihm dasselbe wie Wirths. Er antwortet kurz, sagt, daß es verboten ist, daß Häftlinge Häftlinge schlagen und daß er an dieses Verbot erinnern lassen wird.
»Wenn Sie etwas zu melden haben, können Sie mir immer schreiben. Hauptsturmführer, Sie können mir jeden Brief dieses Häftlings geben!«
»Jawohl, mein Kommandant.«
Szymon und Pepi Meisel sind draußen gut angekommen. Von Lokmanis haben wir aus Warschau noch immer keine Post.

*

Es ist Anfang August.
Für diesen Samstag ist unsere Flucht festgesetzt. Samstag ist der günstigste Tag, denn ab Mittag haben schon viele SSler Urlaub. Es stehen also nicht mehr so viele für eine Suchaktion zur Verfügung.
Józek kann nicht mit. Ohne Blockführer bringen wir ihn nicht aus dem Lager. Er hat aber darauf gedrängt, daß wir trotzdem ohne ihn fliehen.
Die SS-Montur haben wir beisammen, der Blockführer hat auch das Koppel gebracht. Freilich, Pistole haben wir keine, aber wenn man die Revolvertasche mit irgend etwas anderem füllt, fällt das nicht auf.
Es ist ausgemacht worden, daß ich die SS-Uniform anziehe. Ich habe ja jetzt lange Haare und kenne am besten die Gebräuche der SS, hab ich doch zwei Jahre täglich mit ihnen zu tun gehabt. Einen Passierschein haben wir auch, das Datum ist sorgfältig ausradiert. Wir können das Datum einsetzen, das wir brauchen.
»Jetzt brauchen wir noch einen Ort, wo ich mir die Uniform anziehen kann, und einen Treffpunkt für uns beide. Dann brauchen wir noch einen dritten zur Flucht. Unser Passierschein lautet auf ›2 Häftlinge, 1 Posten‹. Ich glaub, daß es gut wär, wenn wir einen Polen bei uns hätten.«
»Hast Du schon an jemanden gedacht?«
»Ich möcht gern, daß wir Zbyszek mitnehmen. Er will sicher fliehen und ist ein feiner Kerl.«
Ernst ist damit einverstanden.
Die Uniform muß ich vorher ins SS-Revier schaffen. Wenn

ich sie erst am letzten Tag von Heinz hole, bei dem jetzt auch Hose und Koppel deponiert sind, die mir der Blockführer gegeben hat, gibt's zu viele Unsicherheitsmomente. Wir dürfen aber keinem Zufall ausgeliefert sein. Bei mir im Zimmer kann ich die Uniform schon aufheben: In unserem Raum steht ein Spind. In der einen Hälfte haben wir unsere Sachen, die andere Spindhälfte ist versperrt. Hier hat ein SDG, der jetzt in einem Außenlager Dienst macht, seine Wäsche. Er kommt nur alle heiligen Zeiten einmal ins Revier. Zbyszek ist Spezialist im Öffnen von Vorhängschlössern, das weiß ich. So muß ich also mit ihm reden. Länger kann ich es nicht hinausschieben.

*

In der Früh wartet unser Kommando immer in der Lagerstraße vor dem Tor, bis der Posten kommt, um uns zu holen. Wir rücken vor dem Frühappell aus.
Es ist noch Nacht, nur der Scheinwerfer auf dem Turm neben dem Tor gibt Licht.
»Zbyszek, komm, gehn wir ein bisserl spazieren, es ist noch Zeit.«
Wir gehen nach hinten. Hier stehen keine wartenden Häftlinge mehr, der Kegel der Scheinwerfer reicht nicht so weit.
»Ich möcht Dich was fragen. Aber zuerst: Sprich mit niemandem über das, was jetzt kommt.«
»Du kennst mich doch.«
»Ich werde Samstag fliehen. Zu den Partisanen. – Willst Du mitkommen?«
Es ist so still, daß das Echo unserer Schritte von der Hauswand laut zurückgeworfen wird.
»Ich hab gedacht, daß Du einmal weggehen wirst. Wenn Du mich mitnimmst, gehe ich gern.«
»Es geht aber zu den Partisanen, in den Kampf.«
»Ich bin Offizier der polnischen Armee.«
»Denkst Du an Deine Frau und Deinen Sohn?«
»Ja, und an Polen auch.«
»Ich hab gewußt, daß wir nicht lange sprechen müssen.«
Der Himmel im Osten hellt sich auf. In einem ungewissen bläulichen Dämmerlicht scheinen die Ziegelbauten zu beiden Seiten der Lagerstraße größer, unheimlich.
»SS-Revier, antreten!«

Wir laufen nach vorn. Unser Kommando steht schon in Reih und Glied.
»Natürlich, der Hermann ist immer der letzte.«
»Im Gleichschritt marsch!« kommandiert unser Capo. Und dann: »SS-Revier, 18 Häftlinge.« Zbyszek marschiert in der Reihe vor mir. Er geht heute aufrechter, straffer. Oder kommt's mir nur so vor?
Die Straße biegt nach rechts. Vor uns ein heller Himmel, hinter uns die Nacht. Am Horizont das erste Morgenrot.

*

Diesen Samstag geht's nicht, wir müssen unsere Flucht um eine Woche verschieben. Es ist noch nicht sicher, ob wir den Uniformrock bekommen können. Es ist Mittwoch. Heute hätten wir endgültig die draußen vom Termin verständigen müssen, so ist's ausgemacht, damit sie uns noch am Freitag zur Kontrolle ihre Antwort schicken können.
»Also dann nächsten Samstag, aber ganz bestimmt.«
Ich bringe Józek mit unserem Blockführer, der bei der Flucht helfen soll, zusammen, sie sollen sich kennenlernen. Vielleicht kann Józek später mit ihm fliehen. Ernst übergibt die Organisation an Rudl.
Zbyszek schnitzt aus Holz etwas in der Form eines Revolvers, damit die Revolvertasche ausgefüllt wird. Ich hole die Uniform endgültig von Heinz ab. Ich habe überlegt, wie ich sie am besten transportiere. Schließlich habe ich mich entschlossen, sie ganz offen, nur in Papier eingepackt, herüberzutragen, das ist am unauffälligsten. Es gelingt auch. Zbyszek hat inzwischen die zweite Spindhälfte geöffnet, und hier verstauen wir sie, während Emil nicht im Zimmer ist.

*

Von Warschau ist Post gekommen. Nur ein kurzer Brief von dem polnischen Genossen, mit dem Lokmanis – unser Mitglied des Zentralkomitees, Klahr – geflohen ist.
»L. ist hier in Warschau verunglückt. Falsche Adresse.« So übersetzt Józek.
Er ist tot.
Wieder einer, den der Faschismus ermordet hat. Wie viele kenne ich jetzt schon, die seine Opfer wurden!

Zwei Tage vor dem angesetzten Tag unserer Flucht kommt Rudl Friemel zu mir.
»Ich wollte mit Dir noch sprechen, Hermann, weil Du mich doch schon von Spanien her kennst. Ich weiß, welche Verantwortung ich habe, wenn ich nach Euch hier im Lager die Leitung übernehmen soll. Ich hab ein schlechtes Gefühl, weil ich früher manches nicht ganz richtig gemacht hab.«
Er denkt an Gurs, vielleicht auch an Spanien. Hie und da hat's Gegensätze gegeben, hie und da hat er Fehler gemacht.
»Rudl, Du sollst eines wissen: Wir haben volles Vertrauen zu Dir, eben weil wir Deine Arbeit hier im Lager kennen.«
»Es ist gut, daß ich das hör, bevor Ihr geht.«
»Ihr werdet es nach unserer Flucht nicht leicht haben.«
»Sicher nicht.«
»Nicht nur durch die SS. Auch bei uns wird's Leute geben, die das Gefühl haben werden, wir haben sie im Stich gelassen. Die Kampfkraft unserer Organisation darf nicht leiden. Ich glaub aber nicht, daß viele erfahren sollen, mit welcher Aufgabe wir draußen betraut sind. Das ist gefährlich.«
»Ja.«
Dann sprechen wir noch ein bisserl von vergangenen Zeiten. Von Spanien, von unserem Spanien. Dann von unserem Weg, der uns bis Auschwitz geführt hat.
»Mach's gut, Hermann!«
»Du auch, Rudl.«
»Gute Nacht.«

*

Heute ist Freitag.
Das heißt also, morgen –. Schade, daß ich mit Emil nicht sprechen darf. Was wird mit ihm geschehen?
Ich begieße die Blumen am Fenster. Was ist das? Das ist doch Bara, der Unterscharführer, dem die Spindhälfte gehört, in der unsere Uniform steckt. Er steigt unten vom Rad und kommt herein.
»Zbyszek, mach schnell das Schloß auf und räum die Uniform weg, Bara ist da, vielleicht will er in den Kasten.«
Wirklich, nach zehn Minuten kommt er pfeifend herein und hat schon den Schlüssel zu seinem Vorhängeschloß in der Hand. Jetzt findest du aber nichts mehr drinnen, was dir auffallen könnte.

»Was gibt's Neues im Revier?«
»Und was gibt's Neues in der Welt, Herr Unterscharführer?«
»Nicht viel.«
»Nein, ich les täglich in der Zeitung, daß es nicht viel Neues gibt. Nur die Russen stehen an der Weichsel, die Amerikaner sind durchgebrochen und Berlin ist gestern bombardiert worden.«
»Der ganze Krieg ist eine Scheiße.«
»Da haben Sie recht, Herr Unterscharführer. Aber jetzt stinkt die Scheiße schon.«
Bara ist »Volksdeutscher« hier aus der Umgebung, er ist einer von denen, die sich schon um Freunde unter den Häftlingen umschauen.
»Aber was, solange wir leben, leben wir.«
Pfeifend geht er hinaus. Ich bin gut aufgelegt.
Ich spanne einen Bogen ein, mit Durchschlag. Heute muß ich dem Kommandanten schreiben. Ich schreibe nicht in der Einzahl, sondern immer »wir«. Ich schreibe, daß wir mit größter Besorgnis der kommenden Entwicklung im Lager entgegensehen. »Wir haben bis jetzt immer versucht, die Kameraden im Lager zu beruhigen und vor Unüberlegtheiten zurückzuhalten, aber wenn sich an dem Prügelkurs des neuen Lagerältesten aus Lublin nichts ändert, wird es uns nicht mehr gelingen.« Dann schildere ich, wie der neue Lagerälteste das Lager terrorisiert. Neulich hat er den Ausspruch getan: »Wenn die Russen herkommen, dann geht das ganze Lager hier ebenso in die Gaskammer wie in Lublin.« Auch das führe ich an.
In den letzten Tagen wurde eine große Anzahl von Polen aus dem Personal des Krankenbaues auf Block 11 gebracht – ein Transport wird zusammengestellt, heißt's. Unser Läufer Tadek ist dabei, Gralla, der Arzt, der mich, als ich typhuskrank war, behandelt hat, und viele andere.
Wegen dieses Transports herrscht unter den Polen große Unruhe, und auch davon schreibe ich.
»Viele fürchten das Schlimmste von solchen Transporten. Dadurch bemächtigt sich mancher eine gefährliche Verzweiflungsstimmung.«
Dann schreibe ich einen zweiten Brief: Es ist mein Abschiedsbrief, auch an den Kommandanten. Hier schreibe ich, daß es Ernst und mir nicht mehr möglich gewesen sei, unseren Ein-

fluß geltend zu machen, daß eine Panik im Lager herrscht, und daß wir nun gegenüber unseren Kameraden dafür die Verantwortung tragen, daß wir immer zur Ruhe gemahnt haben. »Diese Verantwortung können wir nicht mehr länger auf uns nehmen, und darum haben wir uns schweren Herzens zu einer Flucht entschlossen. Wir haben diesen Verzweiflungsschritt erst getan, als wir gesehen haben, daß Sie leider nicht gegen den Lagerältesten vorgehen und den Transport von Block 11 nicht ins Lager zurückschicken. Vielleicht kann gerade durch unsere Flucht der Ernst der Lage klargemacht werden, und das Lager davor bewahrt werden, in Panik Unbesonnenheiten zu begehen, die nur zum Nachteil aller wären, gleichgültig, welche Uniform sie tragen.«

Die Durchschläge trage ich in meiner Mappe zu Ernst. Er soll sie Rudl zu lesen geben, bevor sie vernichtet werden.

Den ersten Brief gebe ich Wirths.

»Bitte, wär es möglich, daß der Kommandant diesen Brief so schnell wie möglich bekommt? Er hat mich seinerzeit aufgefordert, ihm zu schreiben, wenn die Situation im Lager es erfordert.«

Ich mache dabei ein möglichst ernstes Gesicht. Wirths verspricht es.

Heute ist also der letzte Tag.

Auch mit Schwester Maria habe ich gesprochen, ihr von unserer Flucht gesagt. Das war notwendig, denn sie steht ja in Korrespondenz mit meinem Bruder in Wien. Jetzt darf sie ihm nicht mehr schreiben, sicher wird die Post zu Hause nach meinem Abschied hier kontrolliert. Sie schaut mich nur mit ihren braunen Augen an und sagt:

»Wenn Sie glauben, daß es notwendig ist, tun Sie's. Aber geben Sie acht! Überstürzen Sie nichts.«

Bevor ich aus der Küche gehe, sagt sie noch:

»Wenn ich nicht wüßte, daß Sie so ein gottloser Kommunist sind, würde ich Sie jetzt bekreuzigen.«

»Tun Sie's, Schwester. Und ich danke Ihnen für alles.«

Morgen um diese Zeit sind wir schon unterwegs.

Zbyszek sitzt an seinem Schreibtisch und malt Schilder für die Flaschen der Apotheke, ich klappere auf der Maschine eine Liste sämtlicher SS-Angehöriger unserer Dienststelle herunter. Sie müssen jeden Monat nach Berlin gemeldet werden. Es ist so wie immer und doch so ganz anders. Abends

marschieren wir ins Lager. Das ist also das letztemal, daß ich ins Lager marschiere, morgen geht's nur mehr hinaus.
»Mützen ab!«
Auch den Befehl werde ich morgen nicht mehr hören.
»Arbeit macht frei« steht über dem Tor. Unsere Arbeit macht uns frei, aber so habt ihr das nicht gemeint, meine Herren.
Die Kapelle spielt, die Häftlinge stehen in dichten Haufen auf den Lagerstraßen.
Morgen um diese Zeit wird die Sirene schon Fluchtsignal gegeben haben, vielleicht wird auch manches Schlimme für euch kommen. Wir können's nicht hindern, wir wollen ja hinaus, um euch alle zu befreien. Es ist schwer, daß man das niemandem sagen darf. Morgen um diese Zeit sind wir schon draußen, haben eine Waffe in der Hand. – Wenn alles gut geht.
Ich gehe auf Block 20. Zuerst in mein Zimmer. Hier esse ich. Dann hinunter zu Józek. Er muß ja die Kontrollpost bekommen haben.
Möglichst unauffällig gehe ich in sein Krankenzimmer. Er sitzt oben auf seinem Bett, er hat mich schon gesehen. Ich gehe hinter den Spind. Diesmal kommt er schneller als gewöhnlich nach.
»Mit morgen ist nichts. Es ist keine Kontrollpost gekommen, dafür hat uns der Verbindungsmann berichtet, daß draußen Hochflüge sind, er weiß noch nicht, in welchem Umfang.«
Mit morgen ist nichts.
»Ich werde schaun, daß ich so schnell wie möglich wieder Verbindung bekomme.«
»Ich geh zum Ernstl, ich muß es ihm sagen.«
Mit morgen ist nichts!
Ernstl antwortet lange nichts.
Wie ich dann im Dunkel zwischen den Blöcken nach Hause gehe, ist's mir, als ob mich das Lager erdrückt.

*

Samstag ist's und es heult keine Fluchtsirene. Gerade zu Mittag, um halb zwei, ist's so schön ruhig bei uns im Revier.
Der erste Brief an den Kommandanten ist weg. Den Abschiedsbrief habe ich verbrannt.
Sonntag liege ich mit Ernst zwischen Block 4 und 5 in der

Sonne. Hier sind Stricke gespannt und Decken zum Lüften ausgehängt, wir sind also uneingesehen.
Die Augustsonne brennt.
»Im Herbst wird's schwieriger mit der Flucht und mit dem Leben draußen sein.«
»Und wie es dann mit den Fronten ausschauen wird? Wir müssen damit rechnen, daß die SS besondere Vorkehrungen trifft, wenn die Russen in die Nähe kommen.«
»Ja, dann wird sicher viel Militär in der Umgebung sein.«
»Was soll man machen? Jetzt müssen wir warten. Ohne Verbindung mit draußen fliehen wär ein Unsinn.«
»Und wir können keine Verbindung außer durch Józek herstellen.«
»Am besten ist's, wir schalten uns wieder in die Lagerarbeit ein. Man kann ja nicht wissen, wie lang es dauern wird, bis es wieder soweit ist.«
»Ich bin neugierig, ob der Kommandant auf meinen Brief reagieren wird. Er ist ein bisserl scharf gewesen.«
In den Decken spielt leise der Wind. Wir schweigen und lassen uns braten.
»Wie in der Lobau.«
»Beinah.«

*

Nichts hat sich in den nächsten Tagen gerührt. Die Verbindung mit draußen ist noch nicht wiederhergestellt, auch der Kommandant hat noch nicht reagiert. Die Uniform ist woanders versteckt.
Heute in der Früh holt mich Emil ganz aufgeregt zum Radio ins Zimmer vom Standortarzt. Die SS schläft noch.
Deutlich und unmißverständlich sagt die Stimme des Sprechers: »Rumänien hat kapituliert, die Südfront ist offen. Die Amerikaner eilen auf Paris zu. Die französischen Partisanen befreien Südfrankreich.« Wir stehen hinter dem Schreibtisch von Wirths und schauen uns an. Ich muß an Österreich denken.
Es ist schönes Wetter. Die SSler kommen gemächlich. Sie wissen noch nichts.
Wirths läutet. Auch er ist noch ahnungslos. Unter dem Eindruck dieser Neuigkeit werde ich besser als sonst seine wahre politische Einstellung erkennen.

»Wissen Sie schon, Herr Doktor, daß Rumänien Deutschland den Krieg erklärt hat? – Ja, es ist zu Rußland übergegangen.«
»Was Sie nicht sagen! Woher wissen Sie das?«
»Wir im Lager wissen alles immer ein bisserl früher.«
»Das ist ja schlimm.«
»Das heißt, daß nun der Krieg endgültig verloren ist.«
Beinahe hätte ich gesagt, endgültig gewonnen.
»Meinen Sie wirklich?«
»Selbstverständlich.«
»Wir haben aber doch die Russen an der Weichsel endgültig aufgehalten.«
»Wie oft haben Sie die Russen in den letzten zwei Jahren schon endgültig aufgehalten? Bei ihrer nächsten Offensive sind sie hier in Auschwitz. Und damit auch in Oberschlesien. Es gibt weder im Osten noch im Westen eine feste Front. Der Krieg ist endgültig verloren, Herr Doktor.«
»Das ist ja entsetzlich.«
»Das ist gut, Herr Doktor.«
»Wie können Sie das sagen! Sie sind doch auch ein Deutscher.«
»Ich denke an die Zeichnung, die Sie mir einmal gezeigt haben. Der projektierte Ausbau von Auschwitz. Die Vergrößerung des Lagers nach dem Sieg. Wir beide kennen Auschwitz. Ist es nicht gut, daß es nicht mehr ausgebaut werden kann?«
Wirths hat mir einmal diesen Plan gezeigt, und als ich ihn fragte, wann dieser Lagerausbau durchgeführt werden sollte, sagte er, nach dem Sieg, da brauchen wir doch noch größere Lager. Jetzt antwortet er eine Zeitlang nichts. Sein Kopf ist gesenkt.
»Dann wäre ja die ganze Arbeit mit dem Lazarett umsonst?«
»Freilich.«
Wirths hat sich in den letzten Monaten vor allem damit beschäftigt, ein SS-Lazarett hier einzurichten. Das ist sein Stolz. In den nächsten Wochen soll es eröffnet werden, Pohl und Lolling kommen zur Feier, und er rechnet damit, an diesem Tag zum Sturmbannführer befördert zu werden. Er spricht nicht weiter. Seine Hand liegt kraftlos auf dem Tisch.
»Nur eines war nicht umsonst: Unsere Arbeit hier im Lager, die Hilfe für die Menschen hier.«

Er antwortet nicht. Nein, Wirths ist noch nicht so weit, daß ich ihn in Fluchtpläne einbauen kann. Ich habe nie ernsthaft daran geglaubt, schon seiner Frau, die jetzt wieder schwanger ist, und seiner Kinder wegen. Aber heute spiele ich mit allen Gedanken. Heute ist ein besonderer Tag.
Rumänien hat Deutschland den Krieg erklärt!
Der Emil führt im Zimmerl einen wahren Indianertanz auf, und auch unsere Katze muß sich mitfreuen.

*

Ernst und ich gehen diesen Abend auf der Lagerstraße spazieren. Lange sprechen wir. Auch über unsere Arbeit.
»Manches haben wir schlecht gemacht oder versäumt. Aber im ganzen sind wir doch in den letzten zwei Jahren ein schönes Stück weitergekommen.«
»Und auch Auschwitz ist anders geworden.«
»Freilich nicht nur durch uns. Wenn die Deutschen weiter gesiegt hätten, hätte unsere ganze Arbeit nichts genützt.«
Immer wieder muß ich an Wirths denken. Und an die anderen Ärzte. Was der Faschismus doch aus Menschen machen kann! Wenn wir gesiegt haben, muß es unmöglich gemacht werden, daß der Faschismus noch einmal solche Gewalt über Menschen bekommt.
»Ja, wenn wir gesiegt haben, dann fängt alles erst an.«
Spät gehen wir auseinander. Die Sterne stehen schon am Himmel. Im Westen sieht man zwischen den Dächern den trübroten Brandschein von Birkenau. Immer wieder rollen Transporte aus Ungarn nach Auschwitz.

*

Der nächste Tag fängt an wie jeder andere.
In der Früh Radiomeldungen. Wirths wird sich wieder wundern, woher ich so gut informiert bin. Daß ich mit seinem eigenen Apparat Ausland höre, ahnt er nicht. Dann Arbeit. Nicht viel. Wirths ist heute nicht da. Er hat »Dienst«, ist auf der Rampe. Ein Sanka mit den Gasbüchsen ist gerade weggefahren.
Ein unerwarteter Besuch: der »Arbeitsdienst« kommt in unser Zimmer. Er ist ein »volksdeutscher« Häftling, hat viel zu reden.

»Langbein, Du mußt sofort in die Lagerschreibstube.«
»Weswegen denn?«
»Ich weiß nicht. Befehl vom Schutzhaftlagerführer.«
»Wenn der Wirths kommt, sagt's ihm gleich, daß ich weggeholt worden bin.«
Ich drücke Zbyszek die Hand.
Der »Arbeitsdienst« führt mich aber gar nicht in die Lagerschreibstube, sondern in den Krankenbau.
»Du gehst auf Transport. Heute geht der Transport mit den Polen, die in Block 11 sind, ab. Du bist auch dazu eingeteilt worden. Jetzt mußt Du Dich auf ansteckende Krankheiten untersuchen lassen.«
Auf Transport? – Lachmann! – Mein Brief an den Kommandanten.
Es ist Befehl von Berlin, daß der Lagerarzt bei jedem in ein anderes Lager überstellten Häftling die Transportfähigkeit bestätigen muß. In der Ambulanz des Krankenbaus steht SS-Untersturmführer Dr. Klein. Ein »Volksdeutscher« aus Rumänien, ein alter Kracher, fanatischer Nazi, der mir aber, weil ich privat Schreibarbeiten für ihn gemacht habe, gut gesinnt ist.
»Was machen denn Sie hier, Langbein?«
»Man will mich auf Transport schicken.«
»Weiß der Standortarzt davon?«
»Eben nicht. Er ist nicht im SS-Revier.«
»Ja, was soll man da machen? Der Standortarzt wird doch nicht wollen, daß Sie weggehen.«
»Sicher nicht. Darf ich einen Vorschlag machen, Herr Doktor?«
»Freilich.«
»Untersuchen Sie mich nicht, unterschreiben Sie auch keinen Untersuchungsbefund wegen Transportfähigkeit und so weiter. Geben Sie mir den Befehl, den Krankenbau nicht zu verlassen, bevor Sie zurückkommen und fahren Sie nach Birkenau hinaus, der Standortarzt macht heute dort Dienst.«
»Gut, gut.«
»Also ich hab Befehl, den Krankenbau nicht zu verlassen?«
»Ja, ich befehle es Ihnen.«
Ich gehe zu Józek. Wir besprechen in Eile die Situation und alle Möglichkeiten.
»Was wirst Du machen?«

»Ich werd versuchen, ob Wirths meinen Abtransport rückgängig machen kann.«
Dann informiere ich ihn schnell von allem, was nur ich weiß.
Der Läufer des Krankenbaus kommt.
»Du sollst sofort nach vorn zur Blockführerstube.«
»Sag vorn, daß ich strengsten Befehl vom Lagerarzt habe, den Krankenbau nicht zu verlassen.«
Dann gibt's Fliegeralarm.
Die Kommandos rücken ein. So ist Zeit gewonnen. Zbyszek und Karl kommen zu mir.
»Der Spieß hat versucht, den Chef telefonisch zu erreichen, bis jetzt ist es noch nicht gegangen. Aber er bemüht sich wirklich. Er hat Angst, daß der Chef ihn ausschimpft, wenn du ohne sein Wissen auf Transport gehst.«
Wieder werde ich gerufen, mitten im Fliegeralarm. Diesmal muß ich gehen.
»Der Rapportführer und Unterscharführer Kaduk stehen vor dem Block, Du sollst zu ihnen kommen.«
Kaduk ist der berüchtigtste Schläger im Lager. Ängstlich beobachten meine Kameraden durch die Fenster, was jetzt geschehen wird.
»Häftling 60-3-55 meldet sich zur Stelle.«
Ein gutes Gefühl habe ich dabei nicht.
»Das ist also der Vogel! Du willst nicht nach vorne kommen, wenn man Dich ruft?«
»Ich habe Befehl vom Lagerarzt, den Krankenbau nicht zu verlassen.«
»Was heißt Lagerarzt? Wenn du zur Blockführerstube befohlen wirst, dann gibt's nur eines: Laufschritt marsch, marsch, verstanden?«
Und er packt mich an der Brust am Rock. Ich habe einen schlechten Stand, ich kann nicht zurücktreten, hinter mir geht die Treppe zum Blocktor hinauf.
»Nicht schlagen, Kaduk. Das ist der Schreiber vom Standortarzt. Sonst bekommen wir Scherereien.«
Das sagt der Rapportführer, der neben Kaduk steht. Der beutelt mich kräftig und schimpft weidlich, aber er schlägt wirklich nicht. Abschließend sagt der Rapportführer:
»Wenn der Fliegeralarm abgeblasen wird, meldest Du Dich sofort vorne beim Tor, verstanden!«
»Jawohl, Herr Rapportführer.«

»Wart nur, bis Du dann vorn bist. Kannst Dich jetzt schon drauf freuen!«
Ich geh wieder auf den Block und muß erzählen. Der Blockälteste macht derweil ein Packerl zurecht. Bissel Wäsche und etwas zu essen. Dann werde ich wieder gerufen.
»Langbein, sofort hinunter zum Standortarzt.«
Unten sitzt Wirths auf seinem Motorrad.
»Sie gehen natürlich nicht auf Transport, Langbein. Sie rükken sofort mit unserem Kommando aus, wenn der Alarm zu Ende ist.«
»Bei der Blockführerstube wartet der Rapportführer auf mich, Herr Doktor.«
»Ich werde mit ihm reden. Sie kommen auf dem schnellsten Wege zu mir.«
»Jawohl, Herr Doktor.«
Dann nickt er mir noch zu und tritt seine Maschine an.
Der Alarm dauert heute länger als gewöhnlich. Wir sitzen im Zimmer beisammen und wissen nichts zu reden. Jeder wartet.
Dann werde ich wieder gerufen.
»Ein Blockführer ist unten, du wirst zum Schutzhaftlagerführer geholt.«
»Rufts gleich wieder das SS-Revier an.«
Ich gehe hinunter und werde nach vorn geführt. Also doch weg. Zuerst muß ich auf dem Gang der Baracke warten, die gleich gegenüber vom Lagertor steht, und in der der Schutzhaftlagerführer Obersturmführer Hößler seine Dienststelle hat.
Noch immer ist Alarm.
Er kommt. Sell ist bei ihm, der Obersturmführer, der den Arbeitseinsatz unter sich hat.
»Da ist also dieser Vogel! So eine Frechheit! Bis zum Kommandanten muß ich wegen so einem Dreckfink.«
Er stößt mich vor sich in sein Zimmer, dann haut er mir eine herunter, daß ich an die Wand fliege. Und noch eine, noch eine. Ich kann mich nur schwer auf den Füßen halten, es blitzt mir vor den Augen.
»Hat man so etwas schon gehört, ein Häftling will einfach nicht auf Transport! Das wäre ja noch schöner!«
Und wieder habe ich eine sitzen.

Dann geht er zu seinem Schreibtisch. Ich nehme wieder Haltung an. Sell geht im Zimmer auf und ab.
»Wenn's nach mir ginge, hängst Du morgen am Appellplatz, daß Du's weißt. So eine Mistbiene! Das ist ein ganz Gefährlicher. Hintenherum will er im Lager sein Spiel treiben. Mein lieber Freund, Du bist durchschaut. Lach nicht, Du Dreckfink.«
Sell geht auf mich zu. Mir war gar nicht zum Lachen zumute.
»Kennst Du ihn denn? Ich habe noch nie etwas von ihm gehört.«
Hößler lenkt Sell mit dieser Frage von mir ab.
»Freilich kenne ich ihn. Eine altbekannte Nummer, Schreiber vom Standortarzt. Das ist doch der, . . .« Und dann sagt er Hößler etwas, was ich nicht hören kann.
Der Alarm wird abgeblasen. Lang und laut tönt die Sirene. Sell geht weg, der Rapportführer kommt herein und meldet irgend etwas. Dann schaut er auf mich:
»Was sollen wir jetzt mit dem machen?«
Ich nütze diesen Augenblick: »Herr Schutzhaftlagerführer, darf ich etwas sagen?«
»Ja.«
Es klingt noch unwirsch, aber seine Wut ist schon verraucht. Ich erkläre, daß ich von Dr. Klein den Befehl bekommen habe, im HKB zu bleiben.
Hößler schaut mich an. »Dann sind Sie ja unschuldig.«
»Muß ich jetzt mit auf Transport?« frage ich.
»Ja, freilich. Der Kommandant hat das selbst befohlen.« Und dann, wie um mich zu trösten: »Seien Sie doch froh, wenn Sie von Auschwitz wegkommen. Wer weiß, wie es hier noch zugehen wird. Ich hätte die größte Freude, wenn ich von Auschwitz wegversetzt würde.«
Der Lagerschreiber meldet, daß der Transport angetreten ist.
»Der geht mit auf Transport« – und er zeigt auf mich. – »Stellen Sie ihn in die erste Reihe, er ist schließlich ein Deutscher.« Seine Wut ist verraucht.
Also muß ich auf Transport. Vor dem Tor stehen sie schon, in Fünferreihen, eine lange Kolonne.
»Im Gleichschritt, marsch!«
Gerade gehen die von unserem Kommando mit den Eßkü-

beln vorbei. Sie waren in der SS-Küche. Sie nicken mir zu, ich winke ihnen. Lange Zeit schaun sie sich noch nach mir um. Bei der Fahrbereitschaft geht der Marsch vorbei. Rudl und Vickerl stehen beim Fenster und schauen heraus, und vor dem Fenster steht Ernstl, er hat gerade mit ihnen gesprochen. Jetzt bemerken sie mich. Ganz erstaunt, bestürzt sind sie. Ernst geht vom Fenster weg und schlängelt sich durch unsere Reihen. Bald ist er an meiner Seite.

»Was ist los?«

»Sie haben mich zum Transport geholt.«

»Warum?«

Hinter Ernst geht unser Begleitposten mit dem Gewehr im Anschlag.

»Sell, politische Abteilung.«

Ich sage es so leise wie möglich. Noch ein paar Schritte geht Ernstl mit. Dann gibt er mir im Gehen die Hand.

»Servus, mach's gut.«

Lang und fest drücken wir uns die Hand. Ich schau ihn an. Weißt du, was ich dir verdanke? Was haben wir nicht alles hier miteinander erlebt. So hast du auch ausgeschaut, als ich aus dem Bunker vorgeführt wurde, und du vor deinem Block gestanden bist.

»Leb wohl, Ernst.«

Dann ist er weg, ich bin allein. In einer langen Kolonne ganz allein.

*

Die Posten führen uns nach Birkenau. Vom Bahnhof ist ein Geleise direkt ins Lager gelegt worden. Das war noch nicht, als ich das letztemal hier war. So spart man Benzin für die Vergasungstransporte.

»Wo ist der Schreiber vom Standortarzt?«

Also doch noch etwas? Hat Wirths nochmals interveniert? Ich melde mich.

»Stell Dich auf die Seite.«

Dann werden die anderen einwaggoniert. In Viehwagen. 70 in einen. An mir müssen alle vorbei. Da ist Gralla, der Arzt, und Tadek, unser Läufer, Staszek, der ehemalige Blockälteste von 21. Sie schauen mich verwundert an.

»Du auch?«

Ich zucke die Achseln.
Zum Schluß erinnert sich Hößler wieder an mich.
»Geben Sie den in einen Wagen, wo nicht so viele drin sind.«
Dabei weiß er genau, daß in jeden 70 hineingestopft wurden.
Wir sind nahezu tausend.
Eng ist's in dem Viehwaggon, furchtbar heiß. Neben uns steht ein anderer Güterzug. Drinnen sind polnische Zivilisten. Schlecht schauen sie aus, die meisten haben nur mehr Fetzen an.
»Sie kommen von Warschau.«
Ich habe gehört, daß jetzt auch die, die in Warschau anläßlich der Kämpfe gefangengenommen wurden, vergast werden. Die auf dem anderen Geleise warten also darauf. Posten gehen vor dem Zug auf und ab.
Mittags war's, als wir verladen wurden. Jetzt muß es schon 5 Uhr sein. Wir stehen noch immer.
»60-3-55!«
Meine Nummer wird aufgerufen. Also holt mich der Wirths doch noch heraus?
»Hier!« Ich dränge mich zur Waggontür.
»Den schaut Euch gut an. Der ist fluchtverdächtig. Schau, daß Du ganz in die Ecke kommst, aber schnell!«
Das war einer von der politischen Abteilung. Er hat die Begleitmannschaft instruiert. In unserem Wagen sitzen zwei alte SSler. Endlich ein Ruck, noch einer, wir fahren.
Fluchtverdächtig! Lachmann kann nichts von unserem Fluchtplan wissen. Wenn er auch nur das geringste ahnte, würd er mich nicht auf Transport schicken, sondern aufhängen lassen. Seine letzte Rache –
Auschwitz liegt hinter mir. Die Flucht zu den Partisanen bleibt ein Traum. Die Weichselbrücke, dann wird's dunkel. Wieder sehe ich vom Industriegebiet nur den Feuerschein in der Nacht, wie bei der Herfahrt.
Heute ist der 25 August. Als wir vor zwei Jahren in Auschwitz angekommen sind, war's auch Ende August.
Zwei Jahre Auschwitz!
Das Rattern des Zuges begleitet meine Gedanken.

Das letzte Kapitel

Schweiß, Gestank, Hunger. Vor allem aber Durst. Zwei Tage dauert der Transport. Zum Liegen ist im Waggon kein Platz. In Bremen werden wir ausgeladen und im dritten Stock eines Fabriksgebäudes einquartiert. Unser Kommando ist dazu bestimmt, in den Borgward-Werken, die Kleintanks herstellen, zu arbeiten.

Die Arbeitskommandos werden zusammengestellt. Die »Deutschen« werden, wie überall, mit den Lagerfunktionen betraut. Gralla wird Verantwortlicher fürs Revier, ich werde »Arbeitsdienst«.

Unser Lager ist ein Nebenlager des KZ Neuengamme. Wir bekommen daher auch neue Häftlingsnummern. Ich habe jetzt 48-1-35.

Zeitungen organisieren wir uns bald. Die Amerikaner haben bei Aachen die deutsche Grenze überschritten. Jetzt kämpfen also schon beide auf deutschem Boden, die Russen im Osten und die Amerikaner im Westen.

Schnell gelingt's mir auch, illegal zu schreiben. Es ist ganz einfach. Ich gehe mit einem Posten, der noch nie in einem KZ Dienst gemacht hat, durch die Straßen Bremens von unserer Unterkunft zur Fabrik. Als Arbeitsdienst muß ich ja dort nachschauen, das habe ich unserem Lagerführer klargemacht. Unterwegs werfe ich einfach meine Briefe in ein Briefkastl. Ich tu so, als ob das selbstverständlich sei, und mein Posten hält's auch für selbstverständlich. So schreibe ich nach Hause und auch an Schwester Maria. Die Auschwitzer sollen wissen, wie es uns geht.

Das erstemal spreche ich hier mit freien deutschen Arbeitern, mit den Meistern in den Hallen, in denen unser Kommando arbeitet. Einer gibt sich mir gegenüber als Kommunist zu erkennen. Wie ich ihn aber um Briefmarken bitte, um weiter

korrespondieren zu können, weigert er sich, mir welche zu geben. Er hat Angst.
Was hat doch der Faschismus aus diesem Volk gemacht! Aus dem Arzt einen Mörder, aus dem selbstbewußten Proletarier einen Sklaven.
Bremen wird oft bombardiert. Täglich gibt's zweimal Alarm, vormittags und abends. Ganz regelmäßig. Wir dürfen in keinen Bunker, auch nicht in den Keller. Aus den Fenstern des dritten Stockwerks schauen wir den Fliegern und dem Spiel der Scheinwerfer zu. Wir können nur warten, bis es uns erwischt.
Und am 12. Oktober erwischt's uns.
Ein Bombenteppich prasselt über das Gelände nieder, auf dem unsere Unterkunft steht. Brandbomben setzen unser Haus in Flammen. Nur mit Mühe können wir uns retten. Ich blute am Kopf. Es sind aber nur Glassplitter, stellt Gralla fest. Die SS taucht erst auf, wie der Angriff vorüber ist.

*

Unser Kommando wird ins Stammlager – nach Neuengamme – gebracht. Hier treffe ich Bekannte. Staszek und Milek, die beiden Brüder aus dem Kommando SS-Revier, Jurek Czubak, den Lehrer, der bei meiner Ankunft in Auschwitz mein »Chef« in der Nachtschicht war.
Ich werde dem Kommando »Arbeitseinsatz« zugeteilt. Ich könnte zwar auch als Schreiber in den Krankenbau gehen – Wirths hat den Standortarzt Neuengamme auf die Pfleger und Schreiber aufmerksam gemacht, die bei den Überstellten sind, darunter auch auf mich –, aber ich will nicht. Ich denke nur daran, meine Flucht vorzubereiten. Das geht am besten von einem Außenlager. Im Arbeitseinsatz kann ich mich leicht zu einem Transport dazuschwindeln. Ich schreibe ja selbst die Listen.
Eines Tages bekomme ich ein Paket. Absender ist Maria Stromberger, Zbyszek hat die Adresse geschrieben, ich erkenne seine Schrift sofort. Wäsche ist drinnen und mein Pullover. Auf die Innenseite des Packpapiers hat er Grußworte geschrieben. Mir wird ganz warm ums Herz.
Ein paar Wochen darauf bekomme ich einen Brief von Schwester Maria. Sie schreibt sehr vorsichtig, sie kennt ja die Zensur. Eines muß ich dem Brief entnehmen: Zbyszek ist tot.

Bei einem Fluchtversuch wurde er erwischt und hat sich vergiftet. Das ist alles, was ich enträtseln kann.
Zbyszek ist tot. So haben sie doch die geplante Flucht durchgeführt. Und sie ist mißglückt. Wer war mit Zbyszek? Was ist mit Ernst?
Ich muß daran denken, wie ich in stillen Stunden Zbyszek von unserem Kampf, von unserer Partei erzählt habe, wie seine Augen leuchteten. Und wie wir auf der Lagerstraße im ersten Grau des fahlen Morgens von der Flucht gesprochen haben.
In Krakau warten seine Frau und sein Kind.
Und Ernstl?
Ein Großteil der deutschen politischen Häftlinge wird zwangsweise der SS eingegliedert. Sie werden nicht einmal scheinhalber gefragt. So weit ist's also schon! Ich bin Gott sei Dank nicht dabei.
Anfang Dezember teile ich mich als Arbeitseinsatz einem Transport zu, der in ein Außenlager geht, nach Lerbeck bei Minden. Dort bin ich der Front näher. Die Amerikaner stehen vor dem Ruhrgebiet.

*

Wir fahren durch Landschaften, die wie Mondkrater aussehen. Überall arbeiten Menschen in Häftlingsanzügen. Ganz Deutschland ist ein KZ.
Im Lager Lerbeck sind 500 Häftlinge. Sie arbeiten in einer Fabrik, in der Flugzeugmotore repariert werden. Die Arbeit ist nicht schlimm, die meiste Zeit gibt's keine Ersatzteile für die Reparatur, das deutsche Verkehrsnetz ist völlig zusammengebrochen. Aber der Lagerälteste – ein deutscher Wehrmachtshäftling, Heinz Hagenah – ist ein Verbrecher. Er macht uns das Leben schwer.
Ich werde wieder Schreiber.
Eiskalt ist's in der Baracke. Die Lacken auf dem Appellplatz sind gefroren. Ich spüre aber die Kälte nicht. Die Offensive der Russen hat begonnen.
Wie schnell geht's vorwärts! Die Weichsel überschritten, an Krakau vorbeigestoßen, das oberschlesische Industriegebiet erreicht.
Auschwitz ist frei! Werden sie noch jemanden befreit haben? Wie haben die letzten Tage, von denen wir so oft gesprochen

haben, im Lager ausgeschaut? Wo sind unsere Leute, Józek, Tadek, Vickerl, Rudi?
Und wo ist Ernst?
Die Amerikaner und Engländer stoßen an den Rhein vor. Tag um Tag brummen Bombengeschwader über das Lager. Woche um Woche verrinnt.
Das Eis ist gebrochen. Die Sonne lockt die ersten Knospen aus den Sträuchern, die den Stacheldraht des Lagers umstehen. Tiefflieger brausen bei gutem Wetter übers Land. Die Russen stehen an der Oder, die Amerikaner setzen über den Rhein. Viele Pläne für eine Flucht erwäge ich.
Ich habe mir Landkarten organisiert, auch einen Anzug, der nur schlecht sichtbar als Häftlingskleidung gekennzeichnet ist. Ich ziehe ihn unter meinen Häftlingsanzug an, die Landkarten stecke ich in meine Taschen, wie der Befehl zur Evakuierung des Lagers gegeben wird. Die Amerikaner stehen nur mehr wenige Kilometer von hier.
Es ist der 1. April, Ostersonntag.

*

Wir werden nach Fallersleben, östlich von Hannover, gebracht. Nur eine Woche bleiben wir in diesem Lager. Dann werden wir erneut evakuiert. In den letzten Wochen haben wir keine Zeitung mehr gesehen. Wir wissen nicht, wo die Fronten sind. So frage ich einen SS-Mann, der wienerisch spricht.
»Die Russen kämpfen schon in Wien. Das Lied ist aus.«
Ich steige in den Viehwaggon. Leise beginnt's in mir zu singen. Den vierten Tag sind wir schon im Zug. Wir sind aber nur wenige Kilometer gefahren. Die meiste Zeit stehen wir ohne Lokomotive auf einem Rangiergeleise.
Wir haben schon ein Dutzend Tote auf dem Transport. Es gibt fast überhaupt nichts zu essen. Eng sind wir in den Waggons zusammengepfercht. Die SS läßt uns nicht hinaus.
Am vierten Tag setzt sich der Zug wieder in Bewegung. Nachmittags fahren wir in die Station Salzwedel ein. Der Bahnhof ist verstopft.
Wo fahren wir hin? Zu einer Gaskammer?
Ich habe noch immer den Zivilanzug unter meiner Häftlingskleidung an.

In unserem Waggon sind die Deutschen zusammengezogen. Er bleibt als einziger offen. Posten stehen vor der offenen Schiebetür. SS läuft übers Geleise. Ein Güterzug, der neben unserm Zug steht, wird geplündert. Butter, Käse, Zigarrenschachteln schleppen die SSler von dort weg. Unsere Posten wollen nicht zu kurz kommen. Sie laufen mit dem Schwarm. Und schon sind auch wir Häftlinge bei den Güterwaggons, die diese Reichtümer bergen.
Ich krieche unter dem Zug durch, unter dem nächsten auch. Ich bin allein. Nur mehr unter einer Garnitur muß ich durch, dann bin ich beim Graben, der die Bahn vom freien Feld trennt. Niemand ist zu sehen. Ich brauche nur den Häftlingsanzug auszuziehen, darunter habe ich das andere Gewand. Die Landkarten habe ich auch bei mir.
»Was suchen Sie da?«
Plötzlich steht ein Unterscharführer vor mir.
»Dort gibt's Zigarren!«
Ich zeige hinunter. Und weg ist er. Ich kenne doch die SS!
In einem leeren Waggon ziehe ich meinen Häftlingsanzug aus. Meine Finger zittern, wie ich die Hose herunterstreife. Noch könnte ich zurück. Vielleicht wird mir in den nächsten Sekunden nachgeschossen?
Ich springe vom Waggon hinunter, unter der letzten Zugsgarnitur krieche ich durch, dann bin ich im Graben. Vor mir liegt ein freies Feld. Die Sonne steht über dem Horizont, rot und groß.
Langsam, aufrecht gehe ich über die Wiese, um nicht aufzufallen. Ich drehe mich nicht um.
Kein Schuß, Ruhe.
Es sind meine ersten Schritte in der Freiheit – nach sechs Jahren.
Wie ich die ersten Häuser erreicht habe, gibt's Fliegeralarm. Ich höre das Pfeifen einer Lokomotive. Zwischen aufgeregten Menschen gehe ich den Weg, der mich endlich nach Hause führen soll.
Dunkel steht der Wald am Horizont.

*

Im Wald wird's Nacht.
Wie lang hab ich von einer Flucht geträumt. Wie duften die Bäume! Es ist wundervoll still.
Heut ist der 11. April. Den Tag werd ich mir mein Lebtag lang merken.
Frei! Ich gehe die Nacht durch. Der Wald lichtet sich.
Das erste Morgenrot der Freiheit leuchtet.
Auf der Landstraße fahren in langer Kette Tanks und Lastautos. Amerikaner.
Ich leg mich ins Gras und schau dem Zug nach. Und hätte jubeln können. Auf den Straßen tipple ich nach Südwesten, nach Hannover.
Die Engländer, die Hannover – eine Ruinenstadt – besetzt halten, quartieren mich in einer deutschen Villa ein. Abends sitze ich bei meinen »Gastgebern« und drehe am Radio. Die Russen und Amerikaner haben sich bei Torgau getroffen. Dort ist ein berüchtigtes Militärgefängnis. Alle Städte Deutschlands sind unter Hitler fürchterlich bekannt geworden. Der Moskauer Sender ist schwer zu bekommen. Einmal hab ich ihn und da wird gerade die neue österreichische Regierung bekanntgegeben. Staatskanzler Renner, und dann die Ministerliste. Mir klopft das Herz: Koplenig, Honner, Fischer – jetzt sind in Österreich Kommunisten Minister! Wie der Sprecher Heinls Namen nennt, stutze ich. Manche Namen sind mir unbekannt.
Meine Hausherren hören den deutschen Sender. Sie sind keine Nazis, aber sie sind's gewohnt, den Nazisender aufzudrehen. Die Deutschen kommen mir vor wie Menschen, die jahrelang eine Uniform getragen haben und nun in Zivil nicht wissen, wo sie die Hände hingeben sollen. An die Hosennaht passen sie nicht mehr.
Die Russen stehen bei St. Pölten. Die Alliierten haben sich in meiner Heimat noch nicht die Hände gereicht.
Am 1. Mai bin ich allein. Ein kalter Wind weht. In der Ferne flattern ein paar rote Fahnen, sie wehen über einem Russenlager.

*

Am 5. Mai setze ich mich auf ein Fahrrad und fahre weg, Richtung nach Hause. Die Engländer wollten mich in der

Stadtverwaltung Hannover anstellen – ich will aber nicht, ich bin doch Österreicher. Ich will nicht länger warten. Ich bin noch nie auf einem Fahrrad gesessen, aber es geht. Vor den Autos habe ich Angst, besonders vor den Kolonnen, die von hinten kommen. Jeden Tag komme ich Wien näher. Hinter Halle erfahr ich durchs Radio, daß der Krieg zu Ende ist. Der Weg ist frei! Ich raste so selten wie nur möglich. Im Radio wird zwar ständig durchgegeben, daß der Verkehr auf den Landstraßen verboten ist, ich halte mich aber nicht daran, und kein Mensch fragt mich. Die Deutschen trauen sich kaum auf die Straße.

Die Donau! Ich nehme mir das erstemal Zeit zum Baden.

Der Sand singt zwischen den Ufersteinen – wie in der Kuchelau.

Passau liegt hinter mir.

Ich finde keine Tafel und kein Zeichen, das die Grenze bezeichnet. Ich spür einfach: Jetzt bin ich zu Hause. Die Waldberge drängen an die Donau heran. Wie die Bacherln vom Berg herunterspringen! Die Wiesen, der Himmel, die Luft!

Wenn mich jetzt jemand angesprochen hätt – ich könnt nicht antworten. Am 22. März 1938 war's, da bin ich mit Schiern über die Schweizer Grenze. Heute ist der 14. Mai 1945. Einen langen Weg hab ich in den sieben Jahren zurückgelegt. Jahre davon bin ich geschleppt worden, gezerrt. Trotzdem, ich bereue keinen Schritt.

Wieviel freundlicher schauen die Häuser in Österreich aus! Sie sind rot-weiß-rot beflaggt. In Deutschland hingen überall die weißen Tücher der Kapitulation.

Über die Ennsbrücke geht's in die russische Zone.

Bei Amstetten bekomme ich einen Zug. Ich sitze in der offenen Tür eines Güterwaggons und lese an den Kilometersteinen das Näherkommen ab.

Was werden die zu Hause sagen? Wie werd ich sie finden? Werd ich sie lebend finden?

Der Wienerwald.

Spät abends komme ich in Wien an. In der Nacht darf man nicht auf die Straße, sagt ein Eisenbahner. Ich übernachte in einem 2.-Klasse-Waggon auf dem Bahnhof.

Das erste Licht weckt mich auf. Es ist der 18. Mai. Dreizehn Tage hab ich von Hannover bis hierher gebraucht.

Die Triesterstraße ist arg zerstört. Immer wieder muß ich

über Schutt klettern. Wenn's zu Hause auch so ausschaut? Noch nie ist mir der Weg vom Matzleinsdorferplatz bis zur Spinnerin so kurz vorgekommen.
Da steht der Wasserturm. Dick und freundlich, wie immer.
Zwischen grünen Bäumen grüßt mich unser Haus.
Ich läute an. Laut klingelt's.
Ich bin zu Hause.

Das Leben geht weiter

Damit endet der Bericht über meine Reise durch die Lager. Was ist aus den Menschen geworden, die darin erwähnt wurden? Die österreichischen Spanienkämpfer, die von Gurs oder Le Vernet zum Bahnbau in die Sahara deportiert wurden, sind von den Alliierten befreit worden, nachdem diese in Afrika gelandet waren. Anschließend sind die meisten von ihnen in die Sowjetunion gekommen. Leo Engelmann hat sich dort mit anderen zu einer Gruppe gemeldet, die 1944 mit Fallschirmen über dem damals schon befreiten Teil Sloweniens absprangen, um, wenn möglich, als Partisanen in den Bergen an der Grenze zwischen Kärnten und Steiermark Aktionen durchzuführen. Am 1. April 1945 wurde Leo mit anderen gefangengenommen und erschossen. Vickerl Lackner, der die Volkshochschule in Gurs nach meiner Überstellung nach Le Vernet leitete, ist in Dachau gestorben. Sioma Lechtmann, der in der »Kampfgruppe Auschwitz« so aktiv tätig war, ist bei der Evakuierung von Auschwitz zugrunde gegangen; wie, ist – wie bei so vielen anderen, die zuletzt noch sterben mußten – unbekannt geblieben. Pepi Meisel und Szymon Zajdow wurden nach ihrer geglückten Flucht von Polen verborgen und haben die Befreiung erlebt. Auch die anderen im Bericht Erwähnten konnten in das befreite Österreich zurückkehren.

Unsere vorbereitete Flucht zu den Partisanen, die im August 1944 verschoben werden mußte, sollte später doch noch organisiert werden. Da ich schon nach Neuengamme überstellt war, suchte Ernst Burger einen anderen Weg. Rudi Friemel und Vickerl Vesely haben in der Fahrbereitschaft – wo sie seit langem zu arbeiten hatten – einen volksdeutschen SS-Mann namens Frank dafür gewonnen, mit Ernst und einer Gruppe polnischer Häftlinge zu fliehen. In Kisten sollten sie sich verbergen und von Frank mit einem Lastauto aus dem Lager gefahren

werden. Ein Treffpunkt mit den Partisanen war vereinbart, die Zivilkleider vorbereitet hatten. Frank hatte einen Kameraden, den ebenfalls volksdeutschen SS-Mann Johann Roth, in den Fluchtplan miteinbezogen; warum, konnte nachträglich nicht mehr festgestellt werden. Ernst, Zbyszek, Bernard Świerczyna (von der Bekleidungskammer, der in der militärischen Organisation der Kampfgruppe führend tätig war) und zwei weitere polnische Freunde waren bereits in den Kisten, mit denen am 27. Oktober 1944 Wäsche nach Bielsko gefahren werden sollte. Aber die Fahrt wurde von Angehörigen der politischen Abteilung gestoppt; Roth hatte den Fluchtplan verraten. Der Wagen fuhr zum Bunker, wo die Kisten geöffnet wurden. Als die fünf den Verrat merkten, nahmen sie Gift, das sie vorsorglich bei sich hatten. Aber nur bei Zbyszek und einem anderen Polen wirkte es, denn die SS befahl, sofort die Mägen auszupumpen; sie wollte der Organisation auf die Spur kommen. Auch Friemel und Vesely, von denen Roth ja wußte, daß sie mit den Fluchtvorbereitungen befaßt waren, wurden in den Bunker eingeliefert. An dem vereinbarten Treffpunkt wurden die wartenden Partisanen von der SS überfallen. Alle Foltern blieben ergebnislos, die politische Abteilung konnte die Geheimorganisation im Lager und ihre Verbindungen nach außen nicht aufrollen. Aber am 30. Dezember wurden auf dem Appellplatz vor allen angetretenen Häftlingen drei Österreicher und zwei Polen gehenkt: Ernst, Rudi und Vickerl, Bernard und dessen Freund. Der Plan, gemeinsam mit den Partisanen einen Aufstand zu organisieren, sobald sich die russische Front nähert, mußte fallengelassen werden; Ernst lebte nicht mehr.
In der letzten Phase der Geschichte der nationalsozialistischen Konzentrationslager verloren die meisten ihr Leben. Sie begann mit der Evakuierung von Auschwitz am 18. Jänner 1945 und setzte sich bis nach dem Selbstmord Hitlers fort. Am 3. Mai liefen Schiffe aus der Lübecker Bucht aus, die mit Häftlingen des KZ Neuengamme beladen waren. Sie wurden erwartungsgemäß wie alle Schiffe in diesen letzten Kriegstagen von den Alliierten bombardiert und versenkt. Dabei fanden Czubak, Dr. Gralla, Oszacki, Tadek der Läufer mit so vielen, vielen anderen, die lange Jahre KZ-Haft hatten überleben können, den Tod. Dieser allerletzte Massenmord ist auf das Konto von Dönitz zu buchen, der damals an der Spitze der Regierung stand, die zumindest in Schleswig-Holstein noch Autorität hat-

te. Von denen, die in dem Evakuierungstransport mitfuhren, dem ich im Bahnhof Salzwedel entflohen war, habe ich nie wieder etwas gehört. Auch sie dürften auf diese Schiffe gebracht worden sein.

Maria Stromberger ist zu ihrer Schwester nach Vorarlberg gezogen. Sie wollte und konnte nicht mehr als Krankenschwester tätig werden. Von französischen Dienststellen wurde sie verhaftet, weil sie nicht verheimlichte, daß sie in Auschwitz als NS-Krankenschwester gearbeitet hatte. Ihre Angaben über ihre Hilfe für die Gefangenen wurden nicht geglaubt; zu viele wollten damals glauben machen, daß sie immer nur menschlich gehandelt hätten. Es brauchte längere Zeit, bis sie auf Grund der Aussagen jener, die sie in Auschwitz hatten kennenlernen können, aus der Haft entlassen wurde. Zurückgezogen starb sie, noch nicht 60 Jahre alt, an gebrochenem Herzen.

Karl Lill und ich hatten die Genugtuung, diejenigen jungen Franzosen, denen wir mit Essen hatten helfen können, Jahre später wiederzusehen. Und gegen den Bunker-Jakob wurde zwar in Israel ein Verfahren eingeleitet, aber zahlreiche Aussagen zu seinen Gunsten führten zu dessen Einstellung. Er ist bald darauf gestorben.

Und das Schicksal derjenigen, die mir in SS-Uniform in den Lagern begegnet sind?

Der Kommandant von Auschwitz, Rudolf Höß, hatte sich wie so viele andere prominente SS-Führer falsche Papiere besorgt. Er konnte daher erst im März 1946 in Schleswig-Holstein verhaftet und nach Polen überstellt werden. Ein Jahr später mußte er sich vor einem Warschauer Gericht verantworten. Vorher hatte er im Krakauer Gefängnis eine Art Autobiografie verfaßt, die sowohl über das Vernichtungslager als auch – unbeabsichtigt – über seine Persönlichkeit Auskunft gibt. Auch ich wurde als Zeuge zu diesem Prozeß geladen. Während Höß den zahlreichen Aussagen vorher stumm gefolgt war, wie mir meine Freunde erzählten, die den ganzen Prozeß beobachteten, bemühte er sich, meine Angaben zu entkräften. Er erreichte das Gegenteil: Ich fügte ihnen auf eingehendere Fragen des Gerichts weitere belastende Details hinzu. Damals habe ich in dem völlig zerstörten Warschau viele Freunde aus Auschwitz wiedergesehen. Und ich habe das erstemal das so eigenartige und schwer zu beschreibende Gefühl erlebt, einem Menschen gegenüberzustehen, der, seiner Macht entkleidet, einen An-

blick bot, der sich nicht mit dem vereinbaren ließ, der sich einem im KZ eingeprägt hatte.
Am krassesten fühlte ich das, als mir in Wien Grabner gegenübergestellt wurde, der Österreicher, der als Leiter der politischen Abteilung in Auschwitz wohl der gefürchtetste aller SS-Männer war. Immer wieder beteuerte er weinerlich, er hätte nur das Beste für die Häftlinge gewollt, und er schaute einen dabei so unschuldsvoll, ängstlich und flehentlich an, daß ihm jemand hätte glauben können, der ihm nie in Auschwitz hatte begegnen müssen.
Höß wurde zum Tod verurteilt und im Angesicht des Lagers hingerichtet. Grabner wurde nach Polen ausgeliefert und mit 39 anderen SS-Angehörigen Ende 1947 in Krakau vor Gericht gestellt. 21 wurden zum Tod verurteilt und hingerichtet, darunter die beiden Österreicher, die in SS-Uniform in Auschwitz am schlimmsten gewütet hatten: eben Grabner und die Leiterin des Frauenlagers, Maria Mandel. Die Unmöglichkeit, dem Umfang der Verbrechen adäquate Strafen auszusprechen, illustriert deutlich die Tatsache, daß in diesem Prozeß der Nachfolger von Höß als Kommandant in Auschwitz, Arthur Liebehenschel, dieselbe Strafe wie dieser erhielt, obwohl er sich so stark von Höß unterschieden hatte: Tod durch den Strang.
Da ich in Dachau und Auschwitz vor allem Ärzte zu beobachten Gelegenheit hatte, sind sie auch in diesem Bericht genannt. Entreß und Vetter, Kitt und Rohde, Klein und der bejahrte Professor Schilling, der an Dachauer Häftlingen Malariaversuche anstellte, wurden von Gerichten der Alliierten zum Tod verurteilt. Fischer ereilte dasselbe Schicksal zwei Jahrzehnte später. Unter seinem Namen konnte er bis dahin unbehelligt in der DDR praktizieren. Erst als in Frankfurt ein großer Auschwitz-Prozeß die Öffentlichkeit erregte, wurde die Justiz in der DDR aktiv. Der Luftwaffenarzt Rascher, der als Protegé von Himmler in Dachau Menschen qualvoll sterben ließ, um seine Karriere zu fördern, wurde zuallerletzt auf Himmlers Geheiß getötet; aber nicht wegen dieser Verbrechen, sondern weil er den Reichsführer SS getäuscht hatte. Um bei diesem gut angeschrieben zu sein, mußte man nicht nur nach seinen Intentionen handeln, sondern auch – wie es sich für einen Vertreter der Elite der »Herrenrasse« gehörte – eine entsprechende Anzahl von Kindern aufweisen. Raschers Frau konnte jedoch keine gebären. Also unterschoben sie fremde Kinder. Das kam

Himmler zu Ohren und diesen Schwindel verzieh er seinem Schützling nicht. Clauberg, der andere Arzt, der – ebenfalls kein Mitglied der SS – sich darum bewarb, an Häftlingen Versuche zu erproben, geriet in russische Gefangenschaft, wurde nach einem damals offenbar üblichen kurzen Pauschalverfahren zu 25 Jahren verurteilt, im Jahr 1955 begnadigt und nach Deutschland überstellt. Im Fernsehen ließ er sich als Märtyrer feiern und machte damit auf sich aufmerksam. Strafanzeigen waren die Folge. In der Untersuchungshaft ist er gestorben. Rudolf Brachtels Schicksal verlief günstiger: Trotz wiederholter Strafanzeigen ließen ihn die deutschen Gerichte ungeschoren. Er konnte in Hessen ungehindert praktizieren.

Dr. Eduard Wirths unterschied sich von allen anderen Ärzten, die ich in SS-Uniform kennengelernt hatte; und auch sein Ende unterschied sich von dem der anderen. Er kam in Hamburg in englische Haft, nachdem er in einer umfangreichen Rechtfertigungsschrift sein Verhalten in Auschwitz dargelegt hatte. Der britische Colonel gab ihm bei der ersten Vorführung die Hand und sagte: »Nun habe ich dem Menschen die Hand gegeben, der als leitender Arzt von Auschwitz die Verantwortung für den Tod von vier Millionen Menschen trägt. Morgen werde ich Sie darüber verhören. Denken Sie während der Nacht über Ihre Verantwortung nach.« In dieser Nacht – im September 1945 – hat sich Wirths erhängt.

Der Chef aller in den Konzentrationslagern tätigen SS-Ärzte, Lolling, hat Selbstmord begangen, der Lagerführer Hößler, der mich in Auschwitz zuletzt noch zusammengeschlagen hatte, wurde ebenso zum Tod verurteilt wie der »Desinfektor« Theuer. Dessen Kollege Koch, den ich so wie Theuer dabei beobachtet hatte, wie sie das Giftgas in die Gaskammern schütteten, starb in polnischer Haft. Anderen glückte es, sich der Justiz zu entziehen: dem Arbeitsdienstführer Sell und Lachmann von der politischen Abteilung in Auschwitz. Sein womöglich noch gefürchteterer Kollege Boger wurde ebenso wie der Sanitäter Klehr und der Rapportführer Kaduk ausgeforscht, als infolge von Strafanzeigen das große Auschwitz-Verfahren in Gang kam. Im Frankfurter Prozeß wurden sie zu lebenslangen Freiheitsstrafen verurteilt. Andere Anzeigen blieben unberücksichtigt: Der Leiter der Kohlengrube Jawischowitz, Direktor Otto Heine, der den SS-Arzt Fischer bedrängt hatte, doch arbeitsschwache Häftlinge häufiger gegen neu einge-

lieferte auszutauschen, kam vor kein Gericht; ihm wurde geglaubt, daß er nicht gewußt habe, welches Schicksal arbeitsunfähig Gewordenen in Auschwitz bereitet wurde. In die Reihe derer, die in den Konzentrationslagern gemordet hatten – sei es mittelbar oder unmittelbar –, gehört auch der Dachauer Reviercapo Sepp Haiden. Als er in Tirol verhaftet worden war, sollte ich aussagen. Aber mein Protokoll kam schon zu spät. Haiden hat in der Zelle seinem Leben selbst ein Ende gesetzt. Auch der letzte Kommandant von Auschwitz, Richard Baer, starb in einer Zelle, allerdings nicht durch eigene Hand. Lange Jahre konnte er sich unter falschem Namen verborgen halten, bevor er im Zug des bereits erwähnten von der Frankfurter Staatsanwaltschaft betriebenen Auschwitz-Verfahrens ausgeforscht werden konnte. In eigenartiger Form erhielt Dering die Rechnung dafür, daß er als polnischer Häftlingsarzt so übereifrig an den Menschenversuchen mitgewirkt hatte und damit seine Freiheit erkaufen konnte. Nach England emigriert, führte er dort ein Leben als angesehener Chirurg. Seine Frau drängte ihn, einen Schriftsteller zu verklagen, der in einem Roman seine Operationen an den »Kaninchen« in Auschwitz am laufenden Band, ohne die Instrumente dazwischen zu reinigen, schilderte. Im Jahr 1964 verurteilte ein englisches Gericht zwar diesen Schriftsteller, da er im Zusammenhang damit Zahlen genannt hatte, die nicht bewiesen werden konnten: Aber für die gekränkte Ehre sprach es Dering einen halben Penny Entschädigung zu. Bald darauf ist er gestorben.
Nur zu oft entschied ein Zufall über das Schicksal derer, die in den Konzentrationslagern Schuld auf sich geladen hatten. Das illustrieren auch die hier angeführten Beispiele.

*

Mein Schicksal nach meiner Rückkehr nach Wien habe ich im Vorwort bereits kurz angedeutet: Die übergroße Hoffnung, nun in Freiheit endlich daran mitwirken zu können, wovon wir die langen Haftjahre immer geträumt hatten – wenn es Zeit zum Träumen gab –: am Aufbau einer neuen, gerechteren Welt. Und die langsam wachsende Enttäuschung, die man sich am liebsten selbst nicht eingestehen wollte, als nicht mehr zu übersehen war, daß »meine Partei«, der ich mein Leben gewidmet hatte, so gar nicht den Vorstellungen glich, die ich mir von der Bewegung gemacht hatte, die mit ihrem so verheißungsvoll

klingenden Programm unsere Bereitschaft gefordert und erhalten hat, alles Persönliche hintanzustellen. Bis dahin hatte ich sie ja nur kennengelernt, als sie – verboten und verfolgt – im Untergrund wirkte.
Anfangs belohnte die Parteiführung meine Ergebenheit. Auf dem ersten Parteitag nach der Befreiung Österreichs wurde ich als Kandidat ins Zentralkomitee der KPÖ gewählt, beim nächsten Parteitag als Mitglied dieser Körperschaft, die freilich nur repräsentativen Charakter hatte. Die Entscheidungen wurden vom Politbüro vorbereitet und getroffen, das in Kontakt mit der Zentrale in Moskau stand.
Aber bald änderte sich das. Auf dem nächsten Parteitag wurde ich öffentlich kritisiert und nicht mehr in die Leitung gewählt. Ich hatte geäußert, daß es vielleicht besser wäre, einen anderen Generalsekretär der KPÖ zu wählen, zwar nur in Gesprächen mit anderen Mitgliedern des Zentralkomitees, aber das blieb dem Allmächtigen nicht verborgen, und das genügte. Die Kritik vor den Delegierten des Parteitags bezog sich freilich nicht auf diese Äußerung. Den gründlichsten und heilsamsten Schock erlitten meine Frau und ich (in der Kärntner Parteiorganisation hatte ich Loisi kennengelernt – von da an gingen wir gemeinsam unseren Weg, politisch und persönlich; 1950 heirateten wir), als wir im Sommer 1953 von der österreichischen KP-Führung nach Ungarn geschickt wurden, um dort bei Radio-Sendungen mitzuarbeiten, welche für österreichische Hörer bestimmt waren. Wir lernten die Heuchelei der Propagandamaschinerie kennen, die kleinliche Zensur, der alle Sendungen unterworfen waren, das goldene Ghetto, in dem sich die Parteiaristokratie von der Bevölkerung absonderte; und wir erfuhren, wie die Realität in einer Volksdemokratie aussah, die einem Besucher in der Regel verborgen blieb, dem nur Paradeeinrichtungen gezeigt wurden. Sehe ich von den Jahren meiner Haft ab, so waren diese Monate die schwersten meines Lebens: Nicht nur wegen der wirtschaftlichen Schwierigkeiten, sondern weit mehr noch wegen der nun endgültig zerbrochenen Illusionen, womit meine Frau und ich fertig werden mußten.
Mein Drängen, wieder zurück nach Österreich zu kommen, hatte endlich im Frühling 1954 Erfolg. Und hier erwartete mich eine weitere Enttäuschung: Offenbar wünschte der Generalsekretär der KPÖ nicht, daß ich mit Parteiorganisationen in Arbeitskontakt komme. Ich wurde der von der sowjetischen

Besatzungsmacht herausgegebenen Zeitung als Redakteur zugeteilt. Formell fragte man, ob ich damit einverstanden sei; aber ich wagte damals nicht, darauf mit einem Nein zu antworten. Die Kritik, die auf dem letzten Parteitag an mir geübt worden war, wirkte noch nach.
Ein Ereignis dieses Jahres sollte weitreichende Folgen für mein Leben bekommen: Bei einer Zusammenkunft von Überlebenden von Auschwitz in Wien wurde ein Internationales Auschwitz-Komitee gegründet, und ich wurde zum Generalsekretär gewählt, denn ich war auch Delegierten anderer Länder bekannt, und da der Sitz des Komitees in Wien sein sollte, lag es nahe, einen Österreicher mit dieser Funktion zu betrauen.
Die Arbeit in der Redaktion war deprimierend. Politischen Diskussionen wurde von den maßgebenden russischen Redakteuren ausgewichen, zu schreiben war nach den gleichen Grundsätzen, die ich beim ungarischen Radio kennengelernt hatte, kurz, die Zeitung war unlesbar. So konzentrierte ich mich auf Dinge, die sich aus meiner Funktion im Auschwitz-Komitee ableiten ließen. Hier konnte ich mit gutem Gewissen Initiative entwickeln. Es galt damals, bei Verhandlungen mit den Vertretern der IG-Farben-Werke Entschädigungen für diejenigen ehemaligen Auschwitz-Häftlinge durchzusetzen, die seinerzeit in dem IG-Werk in Buna-Monowitz zur Arbeit gezwungen worden waren. Und vor allem begann ich damals, die Justiz zu drängen, diejenigen zur Verantwortung zu ziehen, die in Auschwitz Blutschuld auf sich geladen hatten und sich bisher deswegen noch nicht verantworten mußten.
Das begann mit dem Auftauchen von Clauberg in der Bundesrepublik Deutschland, das vorhin kurz erwähnt wurde. Und das setzte ich mit Strafanzeigen fort, die ich gegen Wilhelm Boger von der politischen Abteilung und den berüchtigten Lagerarzt Mengele im Jahr 1958 erstattete. Nach Überwindung von beträchtlichen Anfangsschwierigkeiten wurden die Anzeigen ausgeweitet und schließlich wurde ein umfangreiches Verfahren eingeleitet, das zu dem großen Auschwitz-Prozeß führte, der im Dezember 1963 in Frankfurt begann.
Mit dem Abschluß des österreichischen Staatsvertrages im Mai 1955 und dem Abzug aller Besatzungstruppen kam es auch zur Einstellung der von den Russen herausgegebenen Zeitung. Während bei den leitenden Kadern der KPÖ diese Entwicklung Schrecken hervorrief – mir ist die Bemerkung eines

führenden Genossen gut in Erinnerung geblieben: »Der Staatsvertrag ist uns wie ein Ziegelstein auf den Kopf gefallen« –, freuten wir uns und nahmen dafür gern in Kauf, daß sich unsere wirtschaftliche Situation deutlich verschlechtert hatte; die Zeitung hatte nämlich ihre Redakteure gut bezahlt.

Meine Aktivitäten im Auschwitz-Komitee führten dazu, daß ich des öfteren nach Polen fahren mußte und Bekannte aus der Auschwitzer Zeit wiedersah, auch Józek Cyrankiewicz, der zuerst Sekretär der polnischen Sozialistischen Partei und nach der Vereinigung der Kommunistischen und der Sozialistischen Partei Ministerpräsident dieses Landes geworden war. Es wurde uns zu einer selbstverständlichen Gewohnheit, daß ich ihn – wenn ich nach Warschau kam – anrief, und wir uns zu einem Gespräch trafen, das in alter Freundschaft und selbstverständlicher Offenheit geführt wurde.

Als Chruschtschow auf dem 20. Parteitag der KPdSU im Feber 1956 Enthüllungen über Verbrechen Stalins machte, wurde diese Rede längere Zeit vor den Kommunisten geheimgehalten. Wir lernten sie nur bruchstückweise aus bürgerlichen Zeitungen kennen, deren Inhalt wir mit Mißtrauen aufzunehmen gelernt hatten. Józek hat diese Rede vervielfältigen und – freilich streng geheim – unter den Funktionären seiner Partei zirkulieren lassen. Als ich wieder einmal in Polen war, borgte er mir ein Exemplar und ein gemeinsamer Freund – er war in Auschwitz Pfleger gewesen und sprach ausgezeichnet deutsch – übersetzte sie mir.

Die Wirkung dieser Enthüllungen auf uns, die wir schon vieles kritisch betrachteten, aber noch nicht den Mut hatten, diese Kritik offen auszusprechen, war unvorstellbar stark. Nachdem das größte Tabu – die Unfehlbarkeit Stalins – gebrochen war, glichen viele Diskussionen einem Dammbruch: Lange aufgestaute Zweifel wurden geäußert, die Autorität der Spitzenfunktionäre auch der österreichischen Partei war geschwunden, hatten sie doch die langen kritischen Jahre als Privilegierte in der Sowjetunion gelebt, als Massendeportationen und Massenmorde dort an der Tagesordnung waren, wie nun zugegeben wurde. Auch österreichische Kommunisten sind damals spurlos verschwunden.

Im Herbst dieses für jeden Kommunisten, der nicht korrumpiert und zum Apparatschik degeneriert war, so entscheidenden Jahres 1956 standen die Ungarn auf, walzten russische

Truppen mit Brachialgewalt diesen Aufstand nieder. Meine Frau und ich waren dadurch noch stärker betroffen als andere; kannten wir doch die Mißstände nur zu gut, die zu dieser Explosion geführt hatten. Damals trat mein Bruder Otto aus der Kommunistischen Partei aus. Meine Frau wollte seinem Beispiel folgen, wartete aber auf meinen Entschluß – ich war in diesen Tagen gerade wieder in Polen.

Ich machte mir auch diesen Schritt nicht leicht. Als Lehrer und Leiter der Parteischulen in den ersten Jahren nach der Befreiung hatte ich vielen den Glauben vermittelt, daß man der Partei, der Sowjetunion unbedingt zu vertrauen hatte, daß man Ursachen von aufkeimenden Zweifeln selbstkritisch zuallererst bei sich selbst zu suchen hat, daß Schwierigkeiten dazu da seien, um überwunden zu werden – und wie die gängigen Phrasen alle lauteten. Ich wußte, daß ich damit manchen Schüler beeinflußt hatte. Nun fühlte ich mich ihnen gegenüber verantwortlich. Ich stellte mir daher die Aufgabe, an meinem Beispiel zu demonstrieren, wie weit man sich innerhalb der Partei für das einsetzen kann, was man nun als richtig erkannt hatte. Mir war klar, daß das früher oder später zu meinem Ausschluß führen mußte. Doch meinte ich, damit bei denen einen Lernprozeß fördern zu können, die zu mir Vertrauen hatten.

Es kam auch so. Vorsorglich hatte die Parteiführung das Ausschlußverfahren nicht wie üblich der Grundorganisation anvertraut, der ich angehörte, sondern der zentralen Schiedskommission, die so zusammengesetzt war, daß das Politbüro sicher sein konnte, das Verfahren wird in seinem Sinn beendet. Drei Vorwürfe wurden gegen mich erhoben:

Damals wurde ein Buch über Auschwitz, das in tschechischer Sprache erschienen war, in der DDR in deutscher Übersetzung herausgegeben. Als Generalsekretär des Internationalen Auschwitz-Komitees wurde ich vom Verlag gebeten, ein Vorwort zu schreiben. In einem einleitenden Satz erwähnte ich, daß es »leider noch immer in verschiedenen Ländern Konzentrationslager« gibt. Obwohl ich kein Land nannte, fühlte man sich in der DDR offenbar durch diese Bemerkung betroffen. Das Buch wurde eingezogen und erschien später mit einem anderen Vorwort.

Des weiteren wurde mit angelastet, daß ich in einem Artikel über Ungarn, den ich in der – offiziell als überparteilich gelten-

den – Zeitung »Der Mahnruf« des kommunistisch geleiteten österreichischen KZ-Verbandes veröffentlicht hatte, die Ereignisse im Herbst 1956 – ohnedies vorsichtig formulierend – weder als Revolution noch als Konterrevolution – wie sie parteioffiziell bezeichnet wurden – charakterisierte. Damals wurde mir die Redaktion dieser Zeitung entzogen.
Der letzte und schwerwiegendste Vorwurf war der, daß ich ein Protest-Telegramm der Leitung des KZ-Verbandes gegen die Hinrichtung von Imre Nagy nach einem von Russen geführten Geheimprozeß durchgesetzt hatte. Nagy war seit Jahrzehnten Spitzenfunktionär der ungarischen Kommunistischen Partei. Nach dem so offenkundigen Versagen der Parteiführung unter Rákosi wurde er Ministerpräsident und hat sich bemüht, durch eine selbständige Politik die kritische Lage zu meistern. Auch während des Aufstandes stand er an der Spitze der Regierung. Das Argument, daß man nicht weiter Geheimprozesse durchführen darf, nachdem durch die Rede Chruschtschows bekanntgeworden war, daß so viele Kommunisten, die sich um die Arbeiterbewegung verdient gemacht hatten, nach ähnlichen Verfahren ermordet worden waren, überzeugte die Mitglieder der Leitung des KZ-Verbandes. Ich sorgte dafür, daß dieses Telegramm nicht nur beschlossen, sondern auch tatsächlich abgesandt wurde.
Die Schiedskommission forderte mich auf, Selbstkritik zu üben. Ich weigerte mich. Was folgte, haben viele erlebt, die einen ähnlichen Weg gegangen sind: Ich wurde ausgeschlossen und galt für Mitglieder der Partei fortan als Unperson. Pepi Lauscher, mit dem mich in Dachau Freundschaft verbunden hatte, begründete in der Parteiorganisation, warum ich nun als Feind zu betrachten sei. Poldi, Peter Loisl, Pepi Meisel – um nur diejenigen Spanienkämpfer zu nennen, die der Leser dieses Berichts kennengelernt hat – zählten zu denen, die mir auswichen und mich nicht mehr grüßten. Daß ein Jahrzehnt später nach der Niederwalzung des »Prager Frühlings« durch russische Tanks Poldi und Pepi zusammen mit vielen anderen ebenfalls mit der KPÖ gebrochen haben und Pepi Lauscher in Ungnade fiel, mag das Groteske dieser Situation aufzeigen.
Damals war uns freilich nicht zum Lachen zumute. Unser Freundeskreis war zerbrochen – nur ganz, ganz wenige haben weiteren Kontakt mit uns nicht gescheut. Denjenigen aber, die Kommunisten ablehnend gegenüberstanden, waren meine Frau

und ich als langjährige, bekannte Funktionäre dieser Partei weiterhin unheimlich. Wir waren schrecklich isoliert.
Am schmerzhaftesten wirkte sich das im Kreis meiner Freunde aus Auschwitz aus. Da ich nach Ansicht der KPÖ-Führung auch als Generalsekretär des Internationalen Auschwitz-Komitees untragbar war, teilte sie den Parteileitungen der Länder mit, die Vertreter in diesem Komitee hatten – wie bei vielen Organisationen ehemaliger Widerstandskämpfer und KZ-Häftlinge waren Kommunisten auch dort am aktivsten –, daß ich ein Feind sei. Und nun begann ein Kesseltreiben, an das ich selbst heute nicht gern zurückdenke: Der Vertreter der DDR im Auschwitz-Komitee streute das Gerücht aus, ich sei von den Nachfolgern der IG-Farben-Werke bestochen worden, als ich mit ihnen Verhandlungen wegen einer Entschädigung geführt hatte. Tadek Holuj, mit dem ich in der Leitung der Kampfgruppe Auschwitz zusammengearbeitet hatte, tat im Plenum der Generalversammlung des Auschwitz-Komitees und hinter den Kulissen alles, damit ich nicht zum Sekretär wiedergewählt werde. Und Józek zog zu dem üblichen Gespräch – die Generalversammlung tagte ja in Warschau – erstmals einen Dolmetscher zu. Vor diesem schlug er vor, daß ich aus gesundheitlichen Gründen demissionieren soll, er wolle dann dafür sorgen, daß mir eine Pension zugesprochen werde. Ich antwortete, daß ich gesund bin. Wenn ihm Geld zur Verfügung steht, soll er das dem Komitee geben, damit ich die Möglichkeit bekomme, Mengeles Adresse in Argentinien auszuforschen und seine Auslieferung zu erreichen. (Wir hatten nämlich ermitteln können, daß er sich in diesem Land verborgen hält, und ich hatte erreicht, daß die zuständige deutsche Staatsanwaltschaft einen Haftbefehl ausstellt. Bis dahin konnte verhindert werden, daß der Fall öffentlich bekannt wurde. Erst als hinter meinem Rükken die »Mengele-Story« Zeitungen verkauft wurde, mußten solche Versuche scheitern, denn er war gewarnt.) Cyrankiewicz erklärte sich nach dieser Antwort außerstande, weiter auf meiner Seite zu stehen. Für lange Jahre war das unser letztes Gespräch. Als er bald darauf nach Wien kam, ließ er einige »Auschwitzer« zu einer Zusammenkunft einladen, mich aber nicht. Und wieder folgte eine Groteske diesem Bruch, der mich mehr verletzte, als ich mir eingestehen wollte: Nachdem sich Cyrankiewicz als Mitglied des Politbüros und Ministerpräsident für so üble Handlungen wie die blutige Niederwer-

fung eines Arbeiteraufstands, die Organisierung von antisemitischen Maßnahmen der Behörden und den Einmarsch in die Tschechoslowakei im August 1968 mitschuldig gemacht hatte, wurde er schließlich von seiner Funktion entfernt, nicht mehr in das Zentralkomitee gewählt und auf den unbedeutenden Posten eines Vorsitzenden des polnischen Friedensrates abgeschoben. Dieses Beispiel zeigt, wie gefährlich der Posten eines Ministerpräsidenten in einer Volksdemokratie ist: Józeks Moral konnte in Auschwitz nicht gebrochen werden, im Ministerpräsidium in Warschau wurde sie verschlissen. Nahezu zwei Jahrzehnte, nachdem er den Kontakt mit mir abgebrochen hatte, rief er mich in Wien an, als er dort eine seiner Reisen zu irgendeiner internationalen Konferenz kurz unterbrach. Es war meine Tochter, die mir riet, seine Aufforderung zu einem Wiedersehen anzunehmen: »Jetzt seid ihr beide alt, in Auschwitz wart ihr Freunde, vergiß jetzt, was er Dir nachher angetan hat.« Nun ruft mich Józek an, wenn er durch Wien kommt, und wir sprechen uns hier. Andere polnische Freunde haben dem Druck widerstanden und weiterhin Kontakt mit mir gehalten. Sie bekleideten allerdings keine exponierten Posten. Edek und Fejkiel – die dem Leser bekannt sind – zählten zu diesen, ebenfalls Karl Lill, der in der DDR Schwierigkeiten auf sich nahm, indem er seine Freundschaft mit mir offen bekannte.

Der Bruch mit dem Internationalen Auschwitz-Komitee wurde auf Raten durchgeführt. Denn nicht wenige Freunde, die an keine kommunistische Parteidisziplin gebunden waren, traten für mich ein. Im Sommer 1961 erfolgte er nach üblen Tricks endgültig. Neben allem anderen brachte er uns wirtschaftliche Schwierigkeiten. Mehrere Jahre blieb ich arbeitslos, während ringsum das Wirtschaftswunder blühte. Wir hatten zwei Kinder großzuziehen, die all diese Probleme miterlebten. Nun, auch diese Epoche ist vorbeigegangen und hat vielleicht meinen Kindern bei ihrer Entwicklung sogar geholfen.

Es wäre in dieser Epoche der Vorbereitung des Frankfurter Auschwitz-Prozesses schlimm gewesen, wenn ich meine Tätigkeit dafür – Suche nach Zeugen und Unterlagen – völlig hätte einstellen müssen. Das konnte vermieden werden. Auf Initiative einer in demokratischen Ländern tätigen Organisation von Widerstandskämpfern wurde ein »Comité International des Camps« – eine Organisation von Überlebenden der national-

sozialistischen Konzentrationslager – ins Leben gerufen. Ich nahm die Stelle eines Sekretärs an, nachdem die mir auf Grund meiner Erfahrungen unerläßliche Voraussetzung akzeptiert worden war, daß sich dieses Comité jeglicher parteipolitischer Schritte enthält. Denn dazu ist keine Organisation berufen, die beansprucht, im Namen der Überlebenden und der um so vieles größeren Zahl der Opfer des nationalsozialistischen Terrors zu sprechen. Sie hat zu respektieren, daß sich diese in ihrer Weltanschauung voneinander unterschieden hatten.
In diesen Jahren holte ich das nach, was ich mir früher selbst verboten hatte: Ich bemühte mich, zu erfahren, was in der Zeit tatsächlich vor sich gegangen ist, in der ich als gläubiger Kommunist alles als wahr hingenommen hatte, was die von Moskau gesteuerte Propaganda verbreitet hat, und alles als Verleumdung abtat, was andere sagten und schrieben.
So erfuhr ich von dem manchmal recht zynischen Spiel, das während des Spanischen Bürgerkriegs hinter den Kulissen geführt wurde, wobei nur zu oft russische »Berater« die Drahtzieher waren. Ich nahm zur Kenntnis, daß der »Kurzgefaßte Lehrgang der Geschichte der Kommunistischen Partei der Sowjetunion«, den wir in Gurs als eine Art Bibel Abschnitt für Abschnitt durchgearbeitet hatten, und der auch in der Parteischule der KPÖ Grundlage der Schulungsarbeit war, eine reichlich demagogische Vereinfachung mit Fälschung vieler historischer Fakten war. Und ich mußte von polnischen Freunden erfahren, daß die Massenmorde an polnischen Offizieren in Katyn tatsächlich von Russen und nicht von den Nazis verübt worden waren.
Daß die Nazis auch die Morde von Katyn auf dem Gewissen hatten, glaubte ich, als ich das niederschrieb; zuzutrauen wäre es ihnen sicher gewesen. Aber wider besseres Wissen habe ich unsere Diskussionen in den südfranzösischen Lagern dargestellt, welche dazu führten, daß wir uns freiwillig zurück nach Deutschland meldeten. Die Leitung der Parteigruppe im Lager erhielt von dem Apparat der KPÖ draußen – mit der sie Kontakt hielt – die Weisung, daß sich alle bis auf die Juden und politisch Gefährdeten zu melden hätten. Damals vertraten die Führungen der Kommunistischen Parteien die Auffassung, daß der Krieg ein »von beiden Seiten ungerechter« sei und wir daher – wenn schon interniert – besser in der Heimat gefangengehalten werden sollten. Erst als Hitler den Krieg auf die So-

wjetunion ausdehnte, revidierte die Parteiführung diese Einstellung. Da wir nachträglich wußten, wie falsch das war, retouschierte ich diese Episode in meinem Bericht.
Meine Schlußfolgerung aus den ersten fünf so inhaltsreichen Jahrzehnten meines Lebens lautet: Ich tue nur mehr das, was ich guten Gewissens vor mir und den Meinen verantworten kann. Die Träume, bei einer radikalen Veränderung der Welt zum Besseren, ja zum absolut Guten mithelfen zu können, waren ausgeträumt. Geblieben ist die Bemühung, auf Grund meiner eigenen Erfahrung den nachwachsenden Generationen wenn möglich zu helfen, damit sich ein Auschwitz nie mehr wiederholen kann; also das Aufzeigen des wahren Charakters des nationalsozialistischen Systems, der eben in den Vernichtungsstätten am krassesten und deutlichsten sichtbar wurde, und der Ursachen, die dieses System im 20. Jahrhundert in Mitteleuropa möglich gemacht haben.
Langsam kam unser Leben wieder in normalere Geleise – freilich in andere als seinerzeit. Ich publizierte, beobachtete den großen Frankfurter Auschwitz-Prozeß. Dadurch bekam ich auch neue Freunde, meine Isolation wurde durchbrochen. Als sich schließlich die Periode langsam dem Ende zuneigte, in der die Justiz die kriminellen Delikte aufzuarbeiten hatte, die der Nationalsozialismus in einem bis dahin unvorstellbaren Ausmaß begangen hatte, und daher das Drängen und Helfen bei der schwierigen Arbeit der Gerichte an Bedeutung verlor, verlagerten wir Überlebenden der Konzentrationslager unsere rein altersbedingt reduzierte Kraft vor allem darauf, der Jugend behilflich zu sein. Denn es mußte erschrecken, daß in vielen Ländern Rechtsextremisten und Neonazis aktiver wurden; und vor allem, daß diese Bewegungen von Jungen getragen wurden, die die Zeiten der nationalsozialistischen Herrschaft selbst nicht kennengelernt hatten.
Diskussionen in Schulen, Veröffentlichungen, die jungen Menschen etwas sagen können, Kontaktaufnahmen mit Kreisen, die ebenfalls die Gefahr sahen, daß die jüngste Geschichte verfälscht und damit einer Propaganda von neonazistischem Gedankengut Vorschub geleistet wird – damit befaßten und befassen wir uns; und ich bin froh, daß ich hier die Mehrzahl »uns« gebrauchen kann. Die Zeiten, in denen ich manchmal das Gefühl hatte, mit meinen Bemühungen alleinzustehen, sind vorbei.

Was meine Publikationen betrifft, so sollen auch die letzten – also dieser Bericht zusammen mit meinen aus Spanien geschriebenen Briefen – dazu dienen, der jungen Generation unsere Erfahrungen zu vermitteln, damit sie aus der Geschichte der schlimmsten Jahre Schlußfolgerungen ziehen kann.

*

Unversehens ist aus diesen beiden Büchern – zusammen mit den Bemerkungen in den Vor- und Nachworten – eine Art autobiografische Skizze geworden. Die entscheidenden sieben Jahre vom März 1938, als Österreich besetzt wurde, bis April 1945, als es endlich befreit wurde, sind geschildert. Sie haben die Menschen meiner Generation geformt – und manche verformt. Und so sehr ich auch, nicht nur durch den natürlichen Prozeß des Alterns, sondern vor allem durch die Lehren, die ich aus den Enttäuschungen nach 1945 zu ziehen hatte, ein anderer geworden bin, in manchem blieb ich derselbe. Wenn auch der so demonstrativ betonte österreichische Patriotismus – eine Folge der Besetzung unserer Heimat durch das deutsche nationalsozialistische Regime –, der aus meinen Briefen aus Spanien und aus meinem Bericht über die Lagerjahre spricht, nun nicht mehr ständig hervorgehoben werden muß, geschwunden ist er nicht. Eine kritische Zuneigung zu Österreich ist geblieben.
Mein Handeln in den Lagern, das in der Kampfgruppe Auschwitz gipfelte, war nicht nur eine Fortsetzung des Kampfes gegen den Nationalsozialismus, den ich schon als junger Mensch für nötig erkannt habe – deswegen bin ich ja im Jänner 1933 der Kommunistischen Partei beigetreten und nach der Besetzung Österreichs zu den Internationalen Brigaden nach Spanien gegangen. Das natürliche menschliche Gefühl, wenn irgend möglich nicht tatenlos zuschauen zu müssen, wenn Unrecht geschieht, war die stärkste Triebkraft. Ich habe das besonders stark empfunden, als bei unserer Einlieferung in Dachau der Lagerführer Zill den ältesten von uns geschlagen hat und wir mit den Händen an der Hosennaht hatten danebenstehen müssen, daß sich mir diese im Vergleich zu all dem später Erlebten unbedeutende Episode deutlich eingeprägt hat. Und am stärksten war der zwingende Grund zum Handeln, als ich immer wieder Zeuge der Menschenvernichtung in Auschwitz werden mußte. Wenn man große Worte nicht scheut, könnte man sagen, daß ein natürlicher Humanismus

uns veranlaßt hat, uns nicht zu Objekten im System der nationalsozialistischen Konzentrationslager verwandeln zu lassen, sondern allen damit verbundenen Gefahren zum Trotz als Subjekte zu handeln. Ich wage zu sagen, daß ich mir dieses Gefühl auch im Alltag eines normalen Lebens bewahrt habe. Wenn ich mich nicht in ein beschauliches Pensionistendasein zurückzog, so geschah dies in der Hoffnung, die gewonnenen Erfahrungen weitervermitteln zu können; damit also – um wieder ein großes Wort zu strapazieren – die Opfer der Vernichtungslager nicht ganz umsonst gestorben sind. Und bewahrt habe ich mir ebenfalls eine optimistische Grundtendenz, auch wenn die Hoffnungen von seinerzeit schon lange begraben sind. Oft spreche ich mit jungen Menschen, die – selbst pessimistisch – sich wundern, daß ich trotz allem Erlebten nicht verzweifelt bin. Der Leser dieses Berichts wird das verstehen: Ich bin in dieser Zeit oftmals nicht *gestorben. Und muß einem, der Auschwitz kennengelernt hat, nicht manches vergleichsweise weniger tragisch erscheinen, was andere ohne diese Vergleichsmöglichkeit verzweifeln lassen kann? Ist nicht das Leben nach Auschwitz ein Geschenk, das verpflichtet? Da mich meine Erfahrungen gezwungen haben, bescheidener zu werden, erlebe ich nun auch seltener Enttäuschungen.*

Was soll ich noch hinzufügen, damit meine Leser mich besser verstehen?

Es bedeutet mir sehr viel, daß ich Kinder habe. Und ich bin froh, daß sie Verständnis für mich zeigen; und ich bemühe mich, sie – ihre Freunde, ihre Generation – zu verstehen, soweit das einem Alt-Gewordenen möglich ist. Darum habe ich auch schließlich ihren Rat angenommen, diesen Bericht nochmals und – als eine Art Einleitung dazu – meine aus Spanien geschriebenen Briefe zu veröffentlichen, trotz aller Bedenken, die ich hatte, weil ich beides als gläubiger Kommunist geschrieben hatte und jetzt jeden warnen muß, sich irgendeiner Autorität unkritisch unterzuordnen.

Meine Kinder sind jetzt in dem Alter wie ich damals. Vielleicht haben sie deshalb ein besseres Verständnis für den Hermann Langbein, der aus dem Bericht spricht, als für den alten, der mit seinen anderen Büchern zeitgeschichtlich wichtige Fakten zu sammeln und zu bewahren bemüht war.

Ich vertraue ihrem Urteil. Und damit schiebe ich einen kleinen Teil der Verantwortung für diese Wiederherausgabe auf sie ab.

Und – wenn das Buch akzeptiert werden sollte – jedenfalls allen Verdienst dafür.
Es ist ihnen gewidmet: Lisl, Kurt, ihren Freundinnen und Freunden, die auch die meinen sind.

Anhang

Auszug aus den Protokollen, die mit Rudolf Höß, dem ehemaligen Lagerkommandanten von Auschwitz, während seiner Untersuchungshaft aufgenommen wurden.

»Ich, Rudolf Franz Ferdinand Höß, erkläre hiermit, nachdem ich dementsprechend verwarnt wurde, daß die folgenden Angaben der Wahrheit entsprechen:
Am 25. 11. 1900 wurde ich als Sohn des Kaufmanns Franz Xaver Höß in Baden-Baden geboren. Im Juni 1923 wurde ich wegen Mitbeteiligung an einem Fememord verhaftet und wurde 1924 vom Staatsgerichtshof zum Schutz der Republik zu zehn Jahren Zuchthaus verurteilt. Nach fünf Jahren Strafverbüßung wurde ich amnestiert.
1922 trat ich in München der NSDAP bei. Ich kam im November 1934 nach Dachau, woselbst ich nach nochmaliger militärischer Ausbildung als Blockführer in das Schutzhaftlager eingestellt wurde. In Dachau wurde ich 1935 SS-Untersturmführer. 1938 kam ich als Adjutant des damaligen Lagerkommandanten Baranowski nach dem Konzentrationslager Sachsenhausen. Im November 1939 wurde ich als Schutzhaftlagerführer im Range eines SS-Hauptsturmführers eingesetzt, bis zu meiner Versetzung nach Auschwitz am 1. Mai 1940.
Von meiner vorgesetzten Dienststelle, der damaligen Inspektion der Konzentrationslager, hatte ich den Auftrag, auf dem Gebiet der ehemaligen polnischen Artilleriekaserne bei Auschwitz ein Quarantänelager für die aus Polen kommenden Häftlinge zu schaffen. Nachdem Himmler 1941 das Lager besichtigte, erhielt ich den Befehl, das Lager als großes Konzentrationslager für den Osten auszubauen.
Im Sommer 1941 – den genauen Zeitpunkt vermag ich zur

Zeit nicht anzugeben – wurde ich plötzlich zum Reichsführer SS* nach Berlin befohlen. Entgegen seiner Gepflogenheit, eröffnete er mir ohne Beisein eines Adjutanten dem Sinne nach folgendes:
›Der Führer hat die Endlösung der Judenfrage befohlen, wir – die SS – haben diesen Befehl durchzuführen. Die bestehenden Vernichtungsstellen im Osten sind nicht in der Lage, die beabsichtigten großen Aktionen durchzuführen. Ich habe daher Auschwitz dafür bestimmt. Alle für uns erreichbaren Juden sind jetzt während des Krieges ohne Ausnahme zu vernichten.‹
Im Herbst 1941 wurden durch einen geheimen Sonderbefehl in den Kriegsgefangenenlagern die russischen Politruks, Kommissare und besonderen politischen Funktionäre durch die Gestapo ausgesondert und dem nächstgelegenen Konzentrationslager zur Liquidierung zugeführt. In Auschwitz trafen laufend kleinere Transporte dieser Art ein, die durch Erschießen in der Kiesgrube bei den Monopolgebäuden oder im Hof des Blockes 11 getötet wurden. Gelegentlich einer Dienstreise von mir hatte mein Vertreter, SS-Hauptsturmführer Fritzsch, aus eigener Initiative Gas zur Vernichtung dieser russischen Kriegsgefangenen verwendet, und zwar derart, daß er die einzelnen im Keller gelegenen Zellen mit den Russen vollstopfte und unter Verwendung von Gasmasken ›Zyklon B‹ in die Zellen warf, das den sofortigen Tod herbeiführte.
Das Gas ›Zyklon B‹ wurde in Auschwitz durch die Firma Tesch & Stabenow laufend zur Ungezieferbekämpfung verwendet, und es lagerte daher immer ein Vorrat dieser Gasbüchsen bei der Verwaltung. In der ersten Zeit wurde dieses Giftgas, ein Blausäurepräparat, durch Angestellte der Firma Tesch & Stabenow unter größten Vorsichtsmaßnahmen angewandt, später wurden einige SDGs (Sanitätsdienstgrade) als Desinfektoren bei der Firma ausgebildet, und es haben dann diese die Gasverwendung bei der Entseuchung und Ungezieferbekämpfung durchgeführt. Wir entschlossen uns, bei der zukünftigen Massenvernichtung dieses Gas zur Anwendung zu bringen.
Zu welcher Zeit nun die Judenvernichtung begann, vermag

* Himmler

ich nicht mehr anzugeben. Wahrscheinlich noch im Dezember 1941, vielleicht aber auch erst im Januar 1942. Es handelte sich zuerst um Juden aus Oberschlesien.
Während es sich im Frühjahr 1942 noch um kleinere Aktionen handelte, verdichteten sich die Transporte während des Sommers. Noch gegen Ende des Sommers fingen wir mit der Verbrennung der Vergasten an; zuerst auf einem Holzstoß mit zirka 2000 Leichen, nachher in den Gruben mit den wieder freigelegten Leichen aus der früheren Zeit. Die Leichen wurden zuerst mit Ölrückständen, später mit Methanöl übergossen. In den Gruben wurde fortgesetzt verbrannt, also Tag und Nacht. Ende November 1942 waren sämtliche Massengräber geräumt. Die Zahl der in den Massengräbern vergrabenen Leichen betrug 107 000.
Der Reichsführer SS sah sich anläßlich seines Besuches im Sommer 1942 den gesamten Vorgang der Vernichtung genau an, angefangen von der Ausladung bis zur Räumung des Bunkers II. Er hatte nichts zu beanstanden, hat sich aber auch nicht darüber unterhalten. Zugegen waren der Gauleiter Bracht und Obergruppenführer Schmauser. Kurze Zeit nach dem Reichsführerbesuch kam Standartenführer Blobel* von der Dienststelle Eichmann** und brachte den Reichsführer-SS-Befehl, wonach sämtliche Massengräber freizulegen und die Leichen zu verbrennen seien. Ebenso sollte die Asche so beseitigt werden, daß man in späterer Zeit keine Rückschlüsse über die Zahl der Verbrannten ziehen könne.
Ursprünglich waren laut Reichsführer-SS-Befehl alle durch die Dienststelle Eichmann nach Auschwitz transportierten Juden ausnahmslos zu vernichten. Dies geschah auch bei den Juden aus dem Gebiet Oberschlesiens, aber schon bei den ersten Transporten deutscher Juden kam der Befehl, alle arbeitsfähigen Juden – Männer und Frauen – auszusuchen und im Lager für Rüstungszwecke einzusetzen.

* Blobel, später Führer einer Einsatzgruppe, wurde in Nürnberg zum Tod verurteilt.

** Adolf Eichmann leitete die Deportation derjenigen zu den Vernichtungslagern, denen laut nationalsozialistischer Ideologie das Lebensrecht abgesprochen worden war – also der Juden und Zigeuner. Er wurde in Jerusalem zum Tode verurteilt.

Die Aussuchung der arbeitsfähigen Juden hatte durch SS-Ärzte zu erfolgen. Es ist aber wiederholt vorgekommen, daß auch Führer des Schutzhaftlagers, bzw. Arbeitseinsatzes dies ohne mein Wissen oder gar ohne meine Billigung durchführten. Dadurch entstanden stets Reibereien zwischen den SS-Ärzten und den Arbeitseinsatzführern.

Ich selbst war der Anschauung, daß nur wirklich gesunde und kräftige Juden für den Arbeitseinsatz ausgesucht werden durften. Die Aussortierung ging so vor sich: Die Waggons wurden nacheinander entladen. Nach Ablegung des Gepäcks mußten die Juden einzeln an einem SS-Arzt vorbeigehen, der im Vorbeimarschieren die Tauglichkeit entschied. Die Arbeitseinsatzfähigen wurden in kleineren Abteilungen sofort ins Lager geführt. Der Tauglichkeitsprozentsatz war 25 bis 30 im Gesamtdurchschnitt aller Transporte, schwankte aber sehr. So war z. B. der Durchschnittsprozentsatz der arbeitsfähigen griechischen Juden nur 15. Und es gab Transporte aus der Slowakei, die 100prozentig arbeitsfähig waren.

Schon bei den ersten Verbrennungen im Freien zeigte es sich, daß dies auf die Dauer nicht durchzuführen sei. Bei schlechtem Wetter oder starkem Wind trieb der Verbrennungsgeruch viele Kilometer weit und führte dazu, daß die ganze umwohnende Bevölkerung von den Judenverbrennungen sprach, trotz der Gegenpropaganda von seiten der Partei und der Verwaltungsdienststellen.

Obige Gründe führten nun zu der mit allen Mitteln vorwärtsgetriebenen Planung und zum schließlichen Bau der beiden großen Krematorien und 1943 zum Bau der zwei weiteren kleineren Anlagen. Eine später noch beabsichtigte, die im Bau befindlichen bei weitem übertreffende Anlage kam nicht zur Durchführung. Die beiden großen Krematorien I und II wurden im Winter 1942/43 gebaut und im Frühjahr 1943 in Betrieb genommen. Sie hatten je fünf Dreikammeröfen und konnten innerhalb von 24 Stunden zirka 2000 Leichen verbrennen. Die Verbrennungskapazität zu steigern, war feuerungstechnisch nicht möglich. Versuche führten zu schweren Schäden, die mehrmals zum gänzlichen Außerbetriebsetzen führten. Die beiden Krematorien I und II hatten unterirdisch gelegene Auskleide- und Vergasungsräume, die be- und entlüftet werden konnten. Die Leichen wurden durch einen Aufzug nach den oben befindlichen Öfen gebracht. Die

Vergasungsräume faßten je 3000 Menschen, diese Zahlen wurden aber nie erreicht, da die einzelnen Transporte ja nie so stark waren. Die je erreichte Höchstzahl an Vergasungen und Verbrennungen innerhalb von 24 Stunden war etwas über 9000 – im Sommer 1944, während der Ungarn-Aktion, als durch Zugsverspätungen anstatt der vorgesehenen drei Züge fünf Züge innerhalb von 24 Stunden einliefen und diese außerdem noch stärker belegt waren.
Die Zahl der in Auschwitz zur Vernichtung eingelieferten Juden gab ich in früheren Vernehmungen mit zweieinhalb Millionen an. Diese Zahl stammt von Eichmann, der sie kurz vor der Einschließung Berlins, als er zum Rapport zum Reichsführer SS befohlen war, meinem Vorgesetzten, Gruppenführer Glücks, gab.
›*Aktion Reinhard*‹ war die Deckbezeichnung für die Erfassung, Sortierung und Verwertung aller Dinge, die durch die Judentransporte und deren Vernichtung anfielen.
Unvorstellbare und nicht abzuschätzende Werte von Hunderten von Millionen sind erfaßt worden. Ungeheure Werte sind gestohlen worden von SS-Angehörigen und Polizisten, von Häftlingen, Zivilangestellten und Arbeitern, vom Bahnpersonal. Beim Entladen der angekommenen Judentransporte blieb das gesamte Gepäck auf der Rampe liegen, bis alle Juden nach den Vernichtungsstellen, bzw. ins Lager gebracht waren. Danach wurde durch ein besonderes Transportkommando das gesamte Gepäck in der ersten Zeit nach der Sortierstelle – Kanada I – gebracht, um dort sortiert, bzw. desinfiziert zu werden. Auch die Kleidung der in den Bunkern I und II, bzw. Krematorien I bis IV Vergasten wurde nach der Vergasung nach der Sortierstelle gebracht. Schon 1942 war Kanada I nicht mehr in der Lage, die Sortierung laufend zu erledigen. Trotz immer wieder neu erstellter zusätzlicher Schuppen und Baracken, Tag- und Nachtarbeit der sortierenden Häftlinge und andauernder Verstärkung dieser Kommandos, türmte sich das noch unsortierte Gepäck, obwohl täglich mehrere Waggons, oft bis zu zwanzig, mit sortiertem Material verladen wurden. Berge von unsortiertem Gepäck türmten sich zwischen den Baracken. Die Arbeitskommandos konnten noch so verstärkt werden, während des Ablaufens der einzelnen Aktionen – die immer zirka vier bis sechs Wochen dauerten – war an ein Nachkommen

nicht zu denken. Erst in längeren Pausen wurde annähernd aufgeräumt.
Nach der Sortierung nach Abschluß größerer Aktionen wurden die Wertsachen und das Geld in Koffer gepackt und mit Lastwagen nach Berlin zum Wirtschaftsverwaltungshauptamt gebracht, von da zur Reichsbank. Eine besondere Abteilung der Reichsbank befaßte sich nur mit diesen Sachen aus den Judenaktionen. Wie ich einmal von Eichmann hörte, wurden die Pretiosen und Devisen in der Schweiz verhandelt, ja man beherrschte damit den gesamten Schweizer Pretiosenmarkt.
Das Zahngold wurde im SS-Revier von den Zahnärzten zu Barren eingeschmolzen und monatlich dem Sanitätshauptamt zugeführt. Die abgeschnittenen Frauenhaare wurden einer Firma in Bayern für Rüstungszwecke zugeführt.
Für das Lager selbst entstanden durch diese Judenwertsachen nicht abzustellende ungeheure Schwierigkeiten. Sie wirkten demoralisierend auf die SS-Angehörigen, die nicht immer so stark waren, sich den Verlockungen der leicht zu erreichenden jüdischen Wertsachen zu entziehen. Auch die Todesurteile und schwersten Freiheitsstrafen konnten nicht genug abschrecken. Den Häftlingen eröffneten sich durch die Judenwertsachen ungeahnte Möglichkeiten. Die meisten Fluchten sind wohl damit in Verbindung zu bringen. Das Judengold wurde im Lager zum Verhängnis.
Der Vernichtungsvorgang verlief in Auschwitz wie folgt:
Die zur Vernichtung bestimmten Juden wurden möglichst ruhig – Männer und Frauen getrennt – zu den Krematorien geführt. Im Auskleideraum wurde ihnen durch die dort beschäftigten Häftlinge des Sonderkommandos in ihrer Sprache gesagt, daß sie hier nun zum Baden und zur Entlausung kämen, daß sie ihre Kleider ordentlich zusammenlegen sollten und sich vor allem den Platz zu merken hätten, damit sie nach der Entlausung ihre Sachen schnell wiederfinden könnten. Die Häftlinge der Sonderkommandos hatten selbst das größte Interesse, daß der Vorgang sich schnell, ruhig und reibungslos abwickelte. Nach der Entkleidung gingen die Juden in die Gaskammer, die, mit Brausen und Wasserleitungsröhren versehen, völlig den Eindruck eines Baderaumes machte. Zuerst kamen die Frauen mit den Kindern hinein, hernach die Männer, die ja immer nur die wenigeren

waren. Dies ging fast immer ganz ruhig, da die Ängstlichen und das Verhängnis Ahnenden von den Häftlingen des Sonderkommandos beruhigt wurden. Auch blieben diese Häftlinge und ein SS-Mann bis zum letzten Moment in der Kammer.

Die Tür wurde nun schnell zugeschraubt und das Gas sofort durch die bereitstehenden Desinfektoren in die Einwurfluken durch die Decke der Gaskammer in einen Luftschacht bis zum Boden geworfen. Dies bewirkte die sofortige Entwicklung des Gases. Durch das Beobachtungsloch in der Tür konnte man sehen, daß die dem Einwurfschacht am nächsten Stehenden sofort tot umfielen. Man kann sagen, daß ungefähr ein Drittel sofort tot war. Die anderen fingen an zu taumeln, zu schreien und nach Luft zu ringen. Das Schreien ging aber bald in ein Röcheln über, und in wenigen Minuten lagen alle. Je nach Beschaffenheit des Gases – das nicht immer gleich war – und nach der Zusammensetzung des Transportes – ob Gesunde, Alte, Kranke oder Kinder – dauerte die Wirkung des Gases fünf bis zehn Minuten.

Die Bewußtlosigkeit trat schon nach wenigen Minuten ein. Schreiende, Ältere, Kranke, Schwächlinge und Kinder fielen schneller als die Gesunden und Jüngeren. Eine halbe Stunde nach dem Einwurf des Gases wurde die Tür geöffnet und die Entlüftungsanlage eingeschaltet. Es wurde sofort mit dem Herausziehen der Leichen begonnen. Eine körperliche Veränderung konnte man nicht feststellen, weder Verkrampfung noch Verfärbung; erst nach längerem Liegen, also nach mehreren Stunden, zeigten sich an den Liegestellen die üblichen Totenflecken. Auch waren Verunreinigungen durch Kot selten. Verletzungen irgendwelcher Art wurden nicht festgestellt. Die Gesichter zeigten keinerlei Verzerrung. Den Leichen wurden nun durch das Sonderkommando die Goldzähne entfernt und den Frauen die Haare abgeschnitten. Hernach wurden sie durch den Aufzug nach oben gebracht, vor die inzwischen angeheizten Öfen. Je nach Körperbeschaffenheit wurden bis zu drei Leichen in eine Ofenkammer gebracht. Auch die Dauer der Verbrennung war durch die Körperbeschaffenheit bedingt. Sie dauerte im Durchschnitt 20 Minuten.

Insgesamt sind aus Ungarn wahrscheinlich nicht mehr als eine halbe Million Juden abtransportiert worden. Als näch-

stes Land war Rumänien vorgesehen. Die Verhandlungen mit den rumänischen Regierungsstellen waren sehr schwierig, die judenfeindlichen Kreise wollten die Judenvernichtung im eigenen Land durchführen.
Gleich darauf sollte Bulgarien folgen. Die dort zuständigen Stellen waren mit dem Abtransport einverstanden, wollten aber erst den Verlauf der Verhandlungen mit Rumänien abwarten.
Weiter sollte Mussolini die Auslieferung der italienischen Juden und der Juden aus dem von den Italienern besetzten Teil Griechenlands durchführen.
Zuletzt sollte Spanien kommen. Einflußreiche Kreise waren an die deutsche Vertretung herangetreten, um die Juden loszuwerden.
Der Verlauf des Krieges hat diese Pläne zerrissen und zahlreichen Juden das Leben gerettet.

Ich habe das vorher Angeführte gelesen und bestätige, daß es meinen eigenen Ausführungen entspricht und daß es die Wahrheit ist.

14. März 1946, 2 Uhr 30.

Rudolf Höß«

Dieses Protokoll wurde unmittelbar nach der Verhaftung von Höß am 11. März 1946 von britischen Militärbehörden aufgenommen. Nachdem Höß an Polen ausgeliefert worden war, hat er im Krakauer Gefängnis eine weit ausführlichere Schilderung niedergeschrieben, die später veröffentlicht wurde (»Kommandant in Auschwitz«).

Unterricht in der »Österreichischen Volkshochschule Gurs«

Das Stammlager Auschwitz – Teilansicht

Die »Schwarze Wand« im Hof von Block 11. Rechts der Bunker. In Kniehöhe die Schächte, die zu den Zellenfenstern führen

Eine Pferdestallbaracke in Birkenau. So wurde sie bei der Befreiung vorgefunden

Die Leitung der Kampfgruppe Auschwitz

Ernst Burger, von einem Kameraden im Lager gezeichnet

Hermann Langbein

Józef Cyrankiewicz

Tadeusz Holuj

Von den Aufnahmen, die bei der Einlieferung der Häftlinge gemacht wurden, sind viele erhalten geblieben

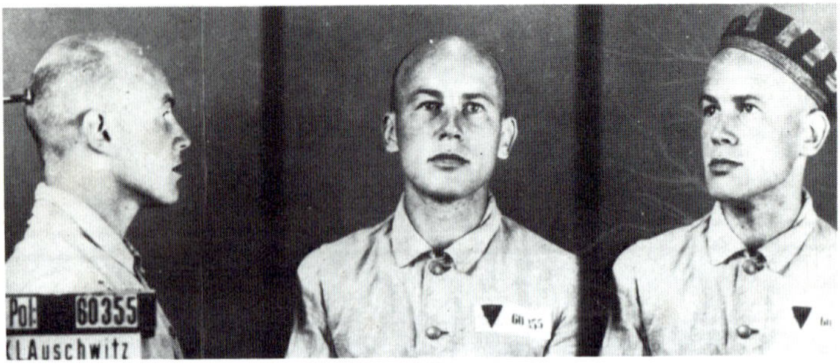

Hermann Langbein, der Verfasser dieses Berichts

Karl Lill

Tadek Jurkowski

Wladyslaw Fejkiel

Zbyszek Raynoch

Vickerl Vesely

Hiasl Neumeier